城市轨道交通车站机电设备

主编　邓小燕
主审　朱永祥

合肥工业大学出版社

前　　言

进入 21 世纪,随着经济的发展和城市化进程的加快,我国的城市轨道交通正处于前所未有的蓬勃发展期,中国已经成为世界上最大的城市轨道交通建设市场。

蓬勃发展的城市轨道交通对人才需求量巨大,而当前国内开设城市轨道交通相关专业的职业学校较少。尽管高等院校该专业领域的教材建设在不断推进,但缺少面向高等职业学校的教材,尤其缺少介绍城市轨道交通机电设备方面的教材。本书就是在此契机下组织编写的。

本书是为高等职业院校城市轨道交通机电技术专业、通信信号技术专业、车辆与检修技术专业和运营管理专业编写的教材,结合城市轨道交通车站设备的实际情况,按照职业和岗位工作的需要并围绕着车站的主要设备系统展开,其主要具有以下特点:

(1)课程思政,立德树人。本书秉承思想政治教育与能力知识教育相结合的教学理念,尽可能选取既切题,又能够体现职业素养、卓越创新等理念的案例。用"思政视窗"模块进行引入,将"自信中国""科技兴国""工匠精神""时代楷模""中国精神"等内容潜移默化地融入知识和技能教育中,力求培养有担当、高素质、高水平的专业型人才。

(2)校企合作,工学结合。本书邀请相关企业的专家指导编写,结合企业对轨道技术人才的实际需要,通过增加设备的维护、保养、故障处理等实际应用内容,充分发挥学校和企业在人才培养方面的各自优势,实现学生职业能力与企业岗位要求之间的无缝对接。

(3)图文并茂,内容生动。书中配有大量的车站设备实物图片,有助于学生理解,同时增加了本书的趣味性,能帮助学生更轻松地了解和掌握相关的知识。

(4)体例新颖,互动性强。本书采用项目化教学方法,共分为七个项目,每个项目又包含若干个教学任务,每个教学任务中采用"引导案例"→"相关知识"→

"知识拓展"的知识结构。首先用"引导案例"举出城市轨道交通中的相关案例，引出需要讲解的理论知识，激发学生的学习兴趣；然后通过"相关知识"讲解基础理论知识；最后通过"知识拓展"让学生了解基础理论知识的延伸知识。

（5）手机扫码，立体教学。本书在大学生慕课平台开设课程，学生可以进入平台学习。同时，书中配备了大量的微课视频二维码。这些二维码内容丰富，通过微课的形式对所讲的知识进行拓展，可以吸引学生的学习兴趣，加深学生对所学知识的理解，拓宽他们的视野。

本书由江苏航运职业技术学院邓小燕担任主编，江苏航运职业技术学院夏长凤、陆炎参与编写，全书由江苏航运职业技术学院朱永祥教授担任主审。同时，为了保证教材内容的思想性、科学性、适宜性，能够更准确地反映当今轨道交通领域最新的理论成果和行业动态，本书还特别邀请了南京城市轨道交通有限公司高级工程师/机电技术主管王晖、给排水专业工程师赵孝云参与本书的编写，感谢两位专家为本书提供了许多宝贵的建议和资料。同时，本书在编写过程中得到了南通城市轨道交通有限公司和南京城市轨道交通有限公司多位专家的指导，在此表示诚挚的感谢。

鉴于编写人员学术水平和实践经验的局限，书中纰漏之处在所难免，恳请专家同仁和广大读者批评指正。同时欢迎广大师生提出宝贵意见，以便再版时修改完善。

编　者

2024 年 3 月

目　　录

绪　　论

　　城市轨道交通是以电能为动力,采取轮轨运行方式的快速大运量公共交通的总称。广义的城市轨道交通是指以轨道运输方式为主要特征,城市公共客运交通系统中具有中等以上运量的轨道交通系统,主要为城市内公共客运服务,是一种在城市公共客运交通中起骨干作用的现代化立体交通系统。城市轨道交通车站既是轨道交通系统对外提供客运服务的窗口,又是系统内部最主要的生产基地。

一、初识城市轨道交通车站

　　城市轨道交通车站是城市轨道交通路网中一种重要的建筑物,它是供旅客乘降、换乘和候车的场所,应保证旅客使用方便,能安全、迅速地进出车站,并有良好的通风、照明、卫生、防火设备等,能给旅客提供舒适、清洁的环境。车站又是城市建筑艺术整体的有机部分,一条轨道交通线上的各车站在结构和建筑艺术上,应既要有共性,又要有个性。

绪　论

二、车站分类

1. 按车站与地面的相对位置分类

　　按车站与地面的相对位置不同,城市轨道交通车站可分为地下车站、地面车站、高架车站,如图0-1所示。

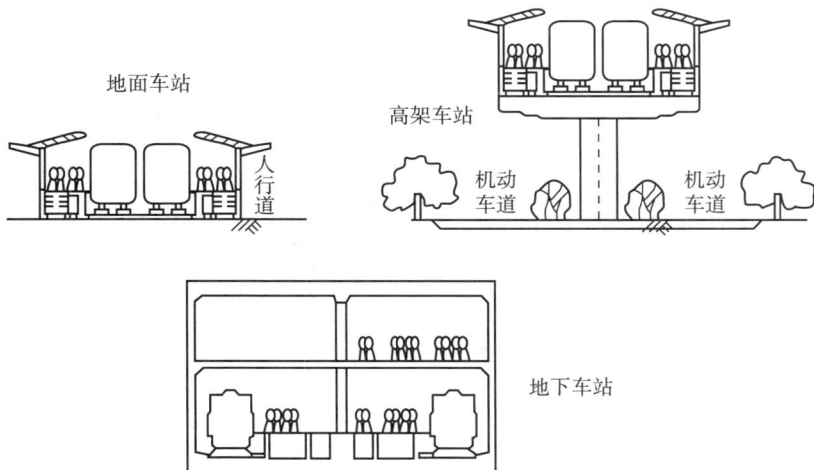

图 0-1　城市轨道交通车站示意图

（1）地下车站

受地面建筑物的影响，轨道交通线路设置于地下，其车站也随之设置于地下，主要是为了节省地面空间。地下车站一般由地面出入口、中间站厅、地下站台三个主要部分组成，如图0-2所示。

图0-2　地下车站

地面出入口：它是乘客进入车站或由车站上到地面的通道，是车站的门户。地面出入口的位置应满足城市规划及交通的要求，选择人流量集中的地点，尽量与城市的过街地道相结合，与地下商场、公共建筑楼群相连通，以方便乘客和过街行人。

中间站厅：一般设在地下一层，其主要功能是集散乘客、售票检票、服务、设置管理与设备用房，部分车站设置有商铺。站厅由自动检票机隔离成付费区和非付费区两大功能区。

地下站台：设在地下二层，供列车停靠、乘客乘降的功能层。它由站台、线路（股道）、乘降设备等组成。

（2）地面车站

地面车站设置在地面上，其建筑风格应与周围的环境相协调，一般建于道路比较宽广的路段，如图0-3所示。

图0-3　地面车站

（3）高架车站

高架车站位于高架桥梁的桥面上,建筑要和城市的风格、周围的环境相协调,如图 0-4 所示。由于桥面的面积有限,可考虑将设备用房放在路边。高架车站结构比较简单,造价大大低于地下车站。

图 0-4　高架车站

2. 按运营性质分类

城市轨道交通车站一般可分为终点站、中间站、换乘站,如图 0-5 所示。

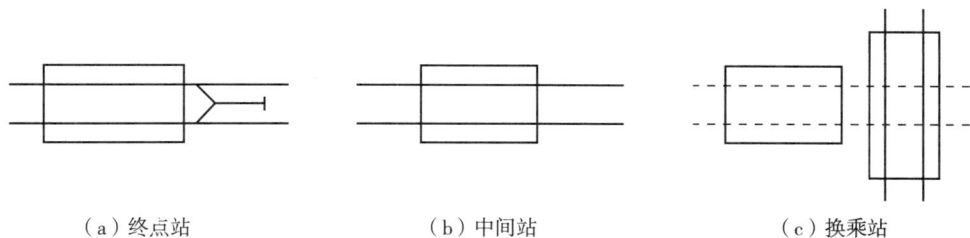

（a）终点站　　　　　　　（b）中间站　　　　　　　（c）换乘站

图 0-5　城市轨道交通车站分类图

（1）终点站

终点站是线路两端的车站,除供乘客上下车外,还供列车折返、停留和临时检查,一般具有多股停车线。

（2）中间站

中间站是指行车线路两终点站之间的沿途车站,其主要作用是供乘客上下车。有些中间站还设有折返线、渡线、存车线等。

（3）换乘站

换乘站设在不同线路的交会地点,除供乘客上下车之外,还供乘客由一条线路的列车换乘到另一条线路的列车上去。其最大的特点是节省了乘客出站、进站及排队购票的时间,为乘客换乘提供了方便。

3. 按站台形式分类

城市轨道交通车站一般可分为岛式车站、侧式车站和岛侧混合式车站。

（1）岛式站台

站台位于上行、下行行车线路之间，这种站台布置形式称为岛式站台，如图 0-6 所示。岛式站台对站台的利用率高，管理集中方便，便于乘客中途折返。

图 0-6　岛式站台

（2）侧式站台

站台位于上行、下行行车线路的两侧，这种站台布置形式称为侧式站台，如图 0-7 所示。侧式站台对站台的利用率低，管理分散，需增加工作人员，乘客中途折返不方便。

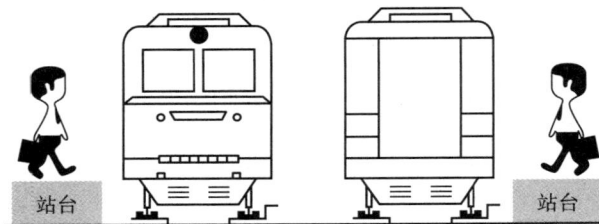

图 0-7　侧式站台

（3）岛侧混合式站台

车站内既有岛式站台又有侧式站台，如图 0-8 所示，一般在换乘站采用。

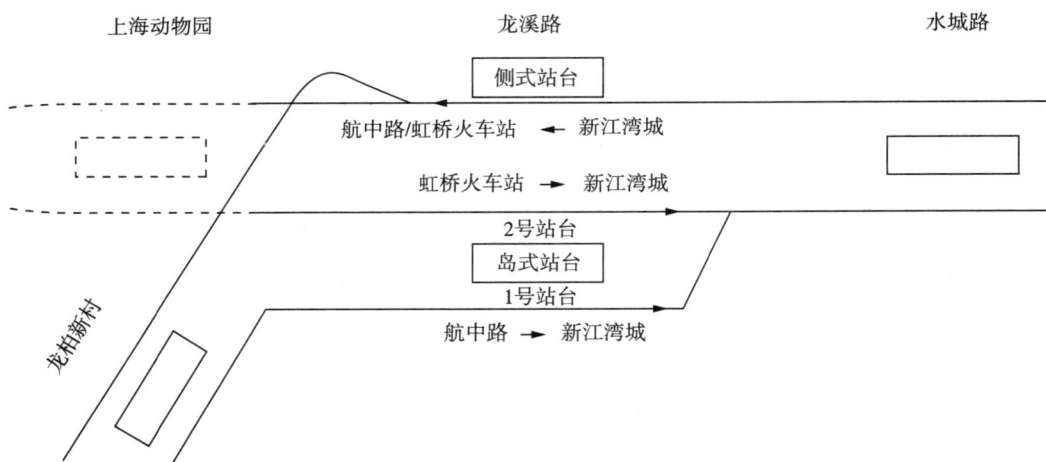

图 0-8　岛侧混合式站台

三、车站主要设计原则

（1）车站选址要满足城市规划、城市交通规划及城市轨道交通路网规划的要求，并综合考虑该地区的地下管线、工程地质、水文地质、地面建筑物的拆迁及改造的可能性等情况。

（2）车站总体设计要注意与周围环境的协调，如要与城市景观、地面建筑规划相协调。随着社会的进步和人民生活水平的改善，人们对建筑艺术的要求日益提高。地处城市中心区域的车站，人流十分集中，作为一种永久性建筑物，在经济许可的前提下改善车站的建筑设计，与城市景观和地面建筑规划很好地协调，对美化城市环境、改善人民生活质量是很有意义的。

（3）车站的规模及布局设计要满足路网远期规划的要求。车站是乘客候车、上下列车及列车停靠的场所，站台长度、宽度、容量必须满足远期的旅客乘降和疏散要求；车站客流集中，一般都与地面交通有大量的换乘，车站布局设计应有效地组织人流集散，力求换乘路径便捷，减少乘客的换乘距离，给乘客带来便利。车站要考虑防灾设计，确保车站的安全性。

（4）贯彻"以人为本"的思想，车站需解决好通风、照明、卫生等问题，为乘客提供安全、快捷和舒适的乘降环境。在经济许可的条件下，车站应尽量从"以人为本"的出发点来考虑设计标准，如自动扶梯配置的数量、环控设备的设置、车站内各种服务设施（如免费 Wifi、自动售票、残疾人通道、公厕、座椅、垃圾桶）的布置等。尽管人们在车站内逗留的时间是短暂的，但还是要创造一个满足人的基本行为所需的场所，使人们在生理和心理上获得舒适感。

（5）车站设计要考虑其经济性。城市轨道交通建设投资巨大，根据我国城市轨道交通建设经验，车站土建工程的造价约占城市轨道交通系统总投资的 13% 左右。因此，在车站建筑设计时，在满足功能的前提下，应尽量压缩车站的长度及控制车站的埋深或车站架空高度，以降低造价、节约投资。

项目一 自动售检票系统

学习目标:

1. 了解地铁车票的分类;
2. 认识自动售检票系统;
3. 掌握自动售票机、自动检票机、半自动售票机的结构组成及其功能;
4. 掌握自动售票机、自动检票机、半自动售票机的常用操作及基本故障处理。

任务一 初识自动售检票系统

引导案例

　　自世界上首条地下铁路系统于 19 世纪在英国伦敦诞生以来,成熟、高效、便捷的轨道交通已经逐渐成为大型城市里的主流交通方式。人们都钟爱这种乘坐舒适、准时高效、安全环保的出行方式,于是近年来轨道交通在各地的发展势头喜人。

　　轨道交通是一项复杂的系统工程,集聚了各种高科技,其中自动售检票系统就是一个很关键的部分。自动售检票系统是国际化大城市轨道交通运行中普遍应用的现代化联网收费系统,它对于乘客的快速购票、检票起到了支撑作用。高效的自动售检票系统,提升了整个轨道交通的运行效率,提高了乘客出行的满意度。

　　思考:什么是自动售检票系统?它是由哪些设备组成?它的工作原理是什么?

☞ 相关知识

　　自动售检票系统(Automatic Fare Collection System,简称AFC),是以磁卡(纸制磁卡、Polyethylene terphthalate card,PET 磁卡)或智能卡(Intergrated circuit card,非接触式 IC 卡)为车票介质,利用自动售票机、半自动售票机、自动检票机、自动查询机等终端设备,在计算机、通信、网络、自动控制等技术的基础上,实现轨道交通售票、检票、计费、收费、统计、清分、管理等全过程的自动化系统。

售检票系统 AFC1

一、自动售检票系统的简介

　　1967 年,世界上第一套 AFC 系统在法国巴黎地铁安装并使用成功。

　　1979 年,香港地铁首条线路开通时就采用了 AFC 系统,是中国的首套 AFC 系统。

　　1999 年 2 月 16 日,在广州地铁 1 号线开通试运营的同时,AFC 系统也投入了使用;同年 3 月 1 日,上海地铁 1 号线 AFC 系统投入使用,这是中国内地最初的两套 AFC 系统。

　　目前,自动售检票(AFC)系统已在众多城市轨道交通系统中投入运行,但由于地域文化和使用条件不同,选用的自动售检票系统终端设备有很大差异。国外轨道交通自动售检票系统起步较早,依赖当时条件,磁卡技术发展比较成熟,因此车票媒介基本上以磁卡为主(如法国巴黎轨道交通收费系统),并逐步使用非接触 IC 卡。国内目前已开通的轨道交通都采用自动售检票系统,车票媒介使用非接触 IC 卡。

　　自动售检票系统的主要功能有:

　　第一,实现中央系统、车站系统和终端设备之间的数据传输和处理;

　　第二,完成车票制作、售票、检票、票务统计分析等工作;

　　第三,及时、准确地进行客流、票务数据的收集、整理、汇总和分析;

　　第四,实现轨道交通收益方的清分结算以及与关联系统等外部接口之间的清分结算,同时可通过银行或金融机构实现账务划拨。

　　车站 AFC 系统的配置如图 1-1 所示,自动售检票系统具有如下特点:

　　(1)网络结构清晰,数据及时上传与清算;

　　(2)集中控制、统一的票务管理;

　　(3)各线设备独立运营,线路之间能实现无障碍换乘,互联互通;

（4）各线路应用系统兼容，预留系统扩展的条件；

（5）紧急情况下能实现乘客快速通行疏散。

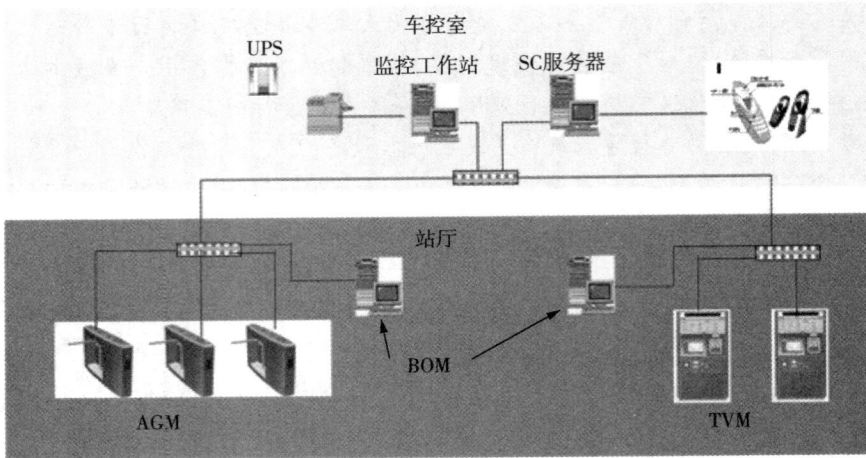

图 1-1　车站 AFC 系统配置

二、轨道交通线网 AFC 系统架构

轨道交通线网 AFC 系统架构是按照全封闭的运行方式，以计程收费模式为基础，采用非接触式 IC 卡为车票介质，根据各层次设备和子系统各自的功能、管理职能和所处的位置进行划分。

AFC 系统的层次架构共分为清分中心计算机系统、线路中央计算机系统、车站计算机系统、车站终端设备、车票媒介（读卡器）五个层级，如图 1-2 所示。

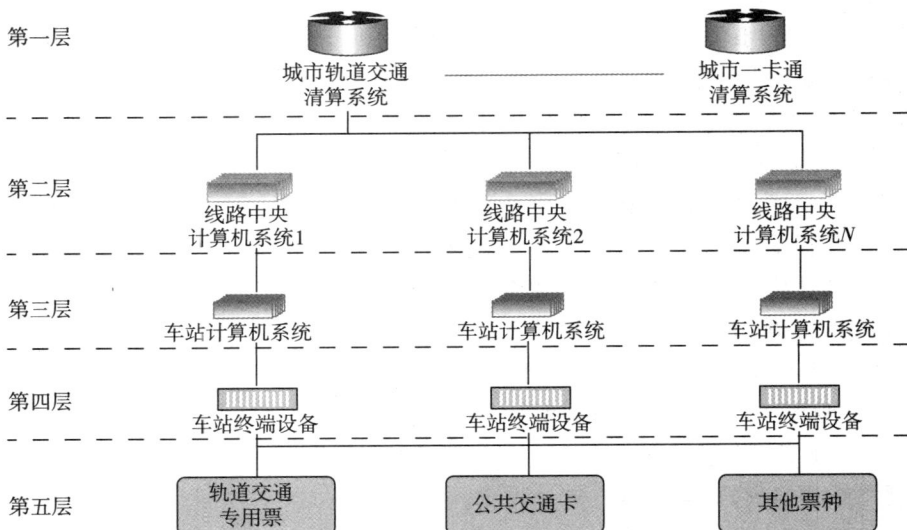

图 1-2　轨道交通网络线网 AFC 系统的架构

第一层——清分中心计算机系统(简称清分系统)。清分系统的主要功能是统一轨道交通自动售检票系统内部的各种运行参数、收集城市轨道交通自动售检票系统单程票产生的交易和审计数据并进行数据清分和对账,负责单程票的初始化和调配、应急票的制作、进行线路之间的票款清分和客流统计,进行数据挖掘,并辅助各业务部门进行分析决策,同时负责城市轨道交通自动售检票系统与城市"一卡通"清算系统之间的对账、清分和结算等。

第二层——线路中央计算机系统。线路中央计算机系统的设备安装在线路控制中心内,由若干台服务器、磁盘阵列、磁带机、工作站(系统管理工作站、数据管理工作站、网络通信管理工作站、参数下载工作站、车票管理工作站、设备监控工作站、报表查询工作站、中央及远程维修工作站)、千兆交换机、路由器等局域网设备、打印机、不间断电源及编码机等组成。

线路中央计算机系统是自动售检票系统的管理控制中心。线路中央计算机系统与各车站计算机系统进行通信;可自动采集全线路自动售检票系统的交易数据和设备运营状态信息,进行财务和客流统计;线路中央计算机系统能下传费率表、优惠表、黑名单及其他参数和控制命令至各车站计算机系统及车站终端设备。

线路中央计算机系统将需要清分的信息上传给清分系统,接收清分系统下传的清分数据、黑名单、费率表等数据,实现本线路自动售检票系统数据的集中采集、统计及管理;实现本线路自动售检票系统运行、收益及设备维护集中管理;实现对本线路自动售检票系统内所有设备的监控。

线路中央计算机系统可通过通信系统的时钟子系统获取标准时间,自动进行同步,并将标准时间信息下传至车站计算机系统和各车站终端设备。线路中央计算机系统具有备份和及灾难恢复功能。

第三层——车站计算机系统。车站计算机系统的设备包括车站服务器、监控工作站、票务工作站、紧急按钮控制箱和打印机等。

车站计算机系统是车站自动售检票系统的核心部分,可对本车站内部的所有设备进行实时监控,实现对车站自动售检票系统运营、票务、收益及维修的集中管理功能。

车站计算机系统可收集、处理车站内各类数据,并上传到线路中央计算机系统;接收线路中央计算机系统下传的各类系统参数,并下载到车站各设备;可接收线路中央计算机系统下达的各类系统指令,并下传到各车站设备;同时可根据需要自行向车站设备下达控制指令,并将该操作记录上传到线路中央计算机系统。

第四层——车站终端设备。车站终端设备安装在各车站的站厅,是直接为乘客提供售检票服务的设备。车站终端设备又分售票类设备、检票类设备及验票类设备三种,主要包括自动售票机、半自动售票机、自动检票机以及验票机等设备。

车站终端设备接受线路中央计算机系统和车站计算机系统的管理,按照系统参数配置的方式上传交易数据、设备状态和事件报警,接收运营参数和控制指令,根据需要在正常运营模式和降级运营模式下工作。

第五层——车票媒介(读卡器)。车票是乘客的乘车凭证,车票记载了乘客从购票开始,完成一次完整行程所需要和产生的费用、时间、乘车区间等信息。由于车票上记载了相关乘车信息,因而也将其称为车票媒介。

目前确定的五层结构形式,是根据我国城市发展现状,综合考虑了轨道交通建设的特点(如线路多而复杂、建设周期长、存在多个业主单位等情况)而设置的,具有一定的可伸缩性。例如,第二层(线路中央计算机系统)随着计算机运算速度与处理能力的不断提升,其功能也可由第一层(清分系统)兼并处理,尤其是多元化支付技术的应用,此类需求愈发明显。目前我国已经有城市建立了云清分平台,利用虚拟化、集群及云计算等技术将票务清分系统与线路中央计算机系统合并,实现自动售检票系统的扁平化,有效地提升系统的效能。

三、轨道交通自动售检票系统的发展趋势

近年来,随着科技的进步、思维的转变、智能手机的普及等,金融和科技碰撞出更多的火花,移动互联网经济发展迅猛,越来越多的小额高频现金支付场景开始被多元化支付取代。在移动电子商务增长强劲的大背景下,地铁售检票系统的多元化支付业务应运而生,其主要是指基于无线通信业务,通过移动终端实现的非现金方式的货币资金的转移以及支付行为。地铁自动售检票系统多元化支付包括互联网购票、互联网过闸、金融 IC 卡、地铁云卡和地铁乘车码等多种支付方式,其改变了传统购票过

售检票系统 AFC2

闸模式,为乘客提供了多样的购票和过闸体验。乘客支付变得更加快捷,随时随地能购票,也能省去兑零钞的时间,避免排长队购票的麻烦,同时可以省去车站人员对自动售票机定期补充钱币、回收钱币等工作,避免收到伪币。

随着城市轨道交通的快速发展、相应技术的进步,城市轨道交通自动售检票系统总的发展趋势是标准化、简单化、集成化和人性化。

1. 标准化

为实现轨道交通自动售检票系统的简捷和大集成,必须制定标准和规范,统一系统设备和终端设备,使车票媒介达到统一,实现不同线路之间的方便换乘。

2. 简单化

为适应快节奏的社会生活,乘客必然选择操作简单、出行高效的交通工具。轨道交通自动售检票系统必然向操作简单化方向发展。

自动售检票系统的简单化包括:

(1)将复杂的自动售检票系统通过系统集成,简化乘客的使用操作;

(2)通过人性化的设计,提高乘客的操作效率。

3. 集成化

轨道交通网络化运营的形成,使自动售检票系统规模越来越大,同时轨道交通与其他交通方式之间的关系也越来越密切,互相兼容、联乘优惠、跨系统结算等,必然造成各种系统的关联度越来越高。建立统一、标准化、跨平台、跨系统的自动售检票系统应用平台是未来自动售检票系统发展的必然方向。

采用通用件、通信和数据交换技术,构建可靠、安全、易用、可扩展、互联性高的系统架构,是自动售检票系统的要求,也是发展趋势。在实施过程中,必须注意针对自动售检票系统数据结构的特点和系统对安全性的要求,加强系统的集成管理,以满足自动售检票系统规

模扩大和关联度增加的要求。

4. 人性化

自动售检票系统本来就是密切结合应用和利益的系统,从"以人为本"的理念出发的自动售检票系统的操作方式和界面也必然越来越人性化,自动售检票系统的人性化包括:

(1)根据人体工程学基本原理设计终端设备的人机界面;

(2)设计符合乘客习惯的操作方式;

(3)设计合适的出入口通道,方便乘坐轮椅人士、推折叠式婴儿车的乘客;

(4)系统能向人们提供越来越多的相关信息。

知识拓展:

我国轨道交通的 AFC 系统从无到有,再到当下的运用互联网+的多元化新型支付方式,AFC 系统的快速发展极大地丰富了 AFC 运作模式。随着互联网+的引入,车票的介质从纸质车票、磁卡、IC 卡,逐步发展到现在的手机车票、二维码车票等。

互联网 AFC

互联网+AFC 系统的不足有:发展历史短;缺乏全国性产品标准;供货商多,系统功能和数据五花八门;设备共享性差;融合度低、无法满足长远发展需求;建设、开发、运营、维护成本居高不下等。为了解决上述问题,中国城市轨道交通协会技术装备专业委员会牵头,各大轨道交通运营主体、设备厂商共同编制了"互联网+AFC"团体标准。

2015 年 12 月,实现二维码购票。目前,在地铁已经实现了银联金融 IC 卡、地铁云卡、银联云闪付、Apple pay、二维码等多元支付过闸方式,取得了良好的效果。

2018 年,在广州地铁二维码改造项目中,搭建了 AFC 网络多元化支付系统,覆盖广州地铁权限网 257 个站点、8000 多台闸机。在项目建设过程中,参照"互联网+AFC"团体标准,有效降低了研发和运营成本。

"互联网+AFC"团体标准的出炉,明确传统的旧线设备也可通过二维码技术的改造,以实现新旧线设备的兼容统一性。统一了"城轨票务系统流程机数据规范",发挥了行业引领作用。目前各大地铁自身的 APP 入口,以及各大主流支付线上入口均已实现二维码出行,打破了技术壁垒和屏障,促进了各区域间的互联互通。

任务二　车　票

引导案例

最近几天,小小的地铁单程票在网络上火了起来。先是天津地铁喊话,让拿走"绿牌牌"的网友赶快归还,话题一度登上微博热搜,引发全国网友大讨论。随后的 12 月 5 日,武汉一位网友在抖音上晒出 19 张单程票,也引来武汉地铁运营公司的急切留言。

> 硬币大小的单程票,看似不起眼,为何不能随意拿走?如果在车站捡到,又该怎么处理?据介绍,地铁单程票属于国有资产,乘客购买后只有使用权,没有所有权。所以很多城市的地铁单程票上会印"国有资产,用后回收"字样。如果捡到车票,每个车站都有专用回收箱,放入即可。
>
> 思考:我们在乘坐地铁的时候捡到单程票该如何处理呢?你见到过哪些类型的车票?

☞ 相关知识

车票是自动售检票系统信息的主要媒介,是乘客进出轨道交通车站站台、乘坐地铁车辆必备的有效凭证。城市轨道交通使用的车票以单程票和储值票为主。

一、车票体系的发展历程

车票相当于自动售检票系统这条生产流水线的最终产品,是乘客乘车的重要凭证。轨道交通的车票体系的发展历程大致可分成三个阶段:

第一阶段:轨道交通运营初期阶段,采用纸质车票,单一票价。北京地铁纸质车票直到2007年才取消。

第二阶段:自动售检票系统的初始阶段,采用计程、计时票价制。车票媒介包括磁卡车票和IC卡车票,如上海地铁大多采用磁卡车票。

第三阶段:现代化联网收费系统阶段,使用非接触式智能卡作为车票媒介,除单程票等形式的车票外,还推出"一票通"和"一卡通"两种通用性车票媒介,方便服务乘客。"一票通"车票是用于城市轨道交通系统内出行,实现不出站换乘不同线路的乘车凭证。"一卡通"车票是可在城市公交、轨道交通、出租汽车、轮渡等交通系统中使用的一种乘车付费媒介,具有储值功能。

二、车票的类型

车票按照材质、计价方式和使用功能有多种分类形式。

1. 按材质分

(1)纸质车票

常见的纸质车票有普通纸票和条形码纸票。

普通纸票是将车票的所有信息都直接印刷在车票上,由票务人员识读确认,如图1-3所示。票面上的基本信息包括车票编号、售票站点、乘车日期、乘车车次、乘车区间、票款金额、时间限制以及换乘信息等。不能做储值票,只能做单程票或特殊用途的车票。普通纸票主要由存根、主券、进站副券、出站副券组成。

票卡媒介之车票分类

条形码纸票是将车票的相关信息通过条形码编码存储,由条形码扫描仪完成信息识别,编码的信息只供读取而不能改写,如图1-4所示。条形码纸票的主要优点有可靠性强、效

图 1-3　普通纸质车票

率高、构造简单、成本低、易于制作等。

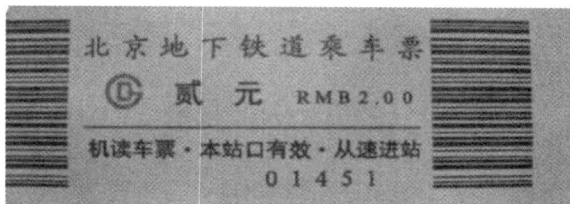

图 1-4　条形码纸质车票

（2）磁卡车票

磁卡车票有纸质磁卡车票和塑质磁卡车票，如图 1-5 所示，两者多是在基片上设置磁记录区域来储存有关信息，由磁卡读写设备获取相关信息，信息是可修改的。自动售检票系统的车票起初为接触式磁卡车票，磁卡车票具有工艺比较简单、成本低廉等特点，但也容易出现消磁，传动读写过程中容易卡票等现象，维护成本高。

（a）纸质磁卡车票　　　　　　　　　　　　（b）塑质磁卡车票

图 1-5　磁卡车票

（3）非接触式智能卡车票

非接触式智能卡（Contactless Smart Card 或 Integrated Circuit Card，简称 IC 卡）是将车票的所有信息储存在车票的集成电路中，用非接触式智能卡读写设备获取相关信息。随着技术的发展，目前大部分城市的轨道交通采用非接触式智能卡。非接触式智能卡可实现在城市内的"一卡通"，如在城市轨道交通、公交车、出租车、渡轮、便利店等地方均可使用。非接触式智能卡具有安全性更高、使用寿命更长、不容易磨损等特点，非接触式智能卡能记录更多的信息，使用更加稳定和更加安全。

非接触式智能卡车票有卡型 IC 车票、筹码型(Token)IC 车票和 CPU 卡三种类型。

① 卡型 IC 车票

某些城市轨道使用的单程车票是卡型塑质非接触式智能卡,即卡型 IC 车票,如北京、上海、苏州、宁波等,其形式如图 1-6 所示,其尺寸通常为长 85.9mm、宽 54mm、厚 0.5mm。卡型 IC 车票具有成本低、票面可承载信息量大等特点。

图 1-6 卡型 IC 车票

② 筹码型 IC 车票

部分城市轨道交通使用的单程票是筹码型非接触式智能卡,简称筹码型 IC 车票,如广州、深圳、南京等,如图 1-7 所示。

筹码型 IC 车票是在直径为 30mm、厚度为 2mm 的非工程塑料圆盘内,嵌装集成电路及接收天线,通过电感耦合方式与筹码读写器进行操作的非接触式智能卡。筹码型 IC 车票有利于单程票的自动发售、自动回收、保管和多次循环使用。广州地铁是世界上首家使用筹码型单程票的城市轨道交通企业。

图 1-7 筹码型 IC 车票

③ CPU(Central Processing Unit)卡

随着黑客攻击手段的升级,传统的逻辑加密卡由于没有算法和密钥的保护,在黑客的攻击下,已经没有任何安全屏障可言。为了对付黑客攻击,某些城市的城市轨道交通系统,乃至在整个公共交通系统中推出了一种 CPU 卡,如图 1-8 所示。

CPU 卡又称微处理器卡,由一个或多个集成电路芯片组成,封装在便于人们携带的卡片内。在集成电路中有中央处理器、随机存储器、程序存储器、数据存储器及片内操作系统。CPU卡具有暂时或永久数据存储能力,其内容可供外部读取或供内部处理和判断之用,同时还具有逻辑处理、命令处理和数据安全保护等功能。CPU卡由于其安全性高,功能完善,将成为技术和市场发展的趋势。

图1-8 CPU卡

（4）虚拟车票

在多元化支付的背景下,地铁车票除了兼容传统的实体车票,也陆续出现了手机二维码（地铁乘车码）、人脸识别等虚拟车票,如图1-9所示,乘客不用购买实体车票就能进出站搭乘地铁。虚拟车票较实体车票具有使用方便、不易丢失、安全性高等特点。

（a）手机二维码虚拟车票示意图　　（b）人脸识别虚拟车票示意图

图1-9 虚拟车票示意图

2. 按计价方式分

（1）计次票

计次票是指在车票规定的有效期内,使用该车票可在任何地铁车站进站乘车,由出站闸机扣除一个乘次,不计站数,每次扣除的费用是相同的,如图1-10所示。

（2）计程票

计程票是按照乘客乘坐距离长短计费的票制,中国大部分城市轨道交通均采用此票制,日本的东京地铁也是沿用此票制。

票卡媒介之车票术语

图 1-10 计次票

一般计次票比计程票优惠，有政府补贴的运营公司才能承担得起由于优惠而减少的利润。

3. 按使用功能分

自动售检票系统车票按照使用功能分类，可分为单程票、出站票、储值票、优惠票、免费票、纪念票、员工票、测试票、限时票、备用票种等，见表 1-1。

表 1-1　地铁车票简介

票卡定义		票卡特点
轨道交通专用票卡	单程票	由乘客直接购买，只能进出闸一次，出闸回收
	出站票	在特殊情况下，如丢失单程票、单程票损坏等，由工作人员处理后发给乘客，用于当站出闸的票卡
	储值票	地铁储值票如同公交卡一样，乘客可以先往卡里充入一笔钱，每次乘车刷卡后，从卡里扣除本次消费额；卡内余额不足时可到指定地点充值，适用于经常乘坐地铁出行的人群
	优惠票	和储值票类似，但票价会有优惠，只能发售给特定范围内的乘客
	免费票	发售给特定乘客，如老人、残疾人等，每次乘车都免费
	纪念票	为了纪念特定事件而特别发行的定值票。票卡图案特制，一般不能充值。其他和定值票一致
	员工票	由轨道交通运营公司员工使用的票卡。由于员工与乘客有本质的区别，一般员工都有特殊的进出闸需求
	测试票	专门为轨道交通 AFC 系统测试而发行的票卡，只能由内部测试人员在测试时使用
	限时票	购买后在规定时间内可以任意乘坐列车的票卡
	备用票种	为了轨道交通业务扩展需要，根据乘客使用需求，要准备多种备用票种，以备随时根据情况投入使用，如多日票、月票等
非轨道交通专用票卡	公交卡	可以在轨道交通 AFC 系统内使用

知识拓展：

车票的使用：乘客通过地面出入口进入地铁站厅层后，在非付费区可以选择在自动售票机上购买车票或是在票房售票机通过人工服务购买车票，然后通过进站自动检票机刷卡进入车站收费区，根据自己的行程安排乘坐相应的地铁列车。到站后，通过出站自动检票机检票出站，如果车票无法在自动检票机检出，可通过票房售票机进行换票或补票后出站，如图1-11所示。

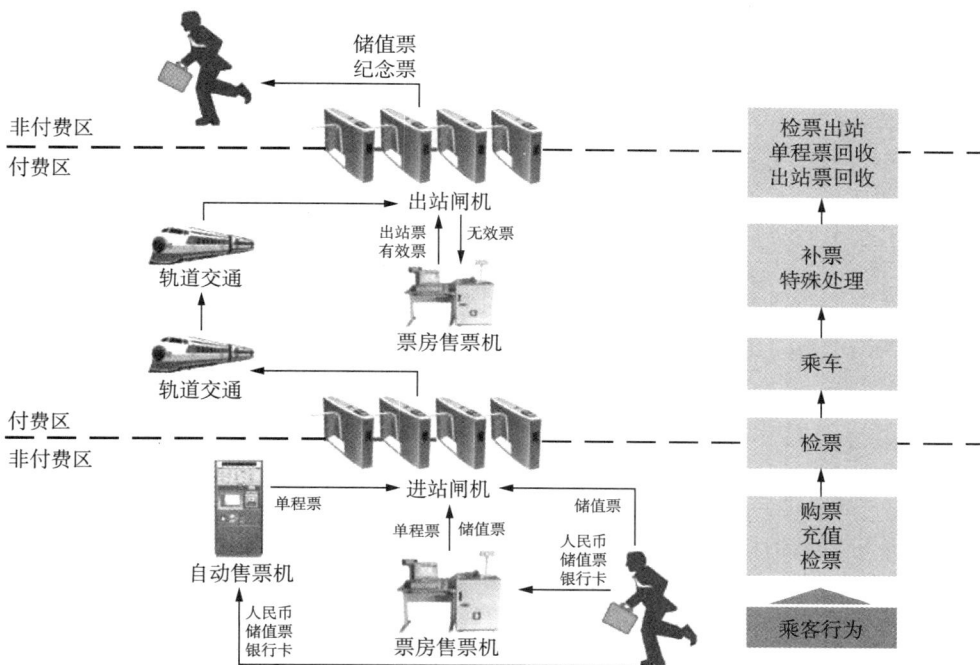

图1-11　车票使用流程

任务三　自动售票机

目前,天津地铁 9 号线将 104 台售票机作为试点,已经正式启动拆除,将通过模块更新、软件编写、外观"克隆"等改造,未来给地铁 10 号线一期和 8 号线一期使用。通过对自动售票机的核减和"利旧",天津轨道交通集团将进一步节省建设投资,盘活闲置国有资产,持续落实创新、协调、绿色、开放、共享的新发展理念。

思考:什么是自动售票机? 你使用过自动售票机吗? 在使用的过程中你碰到过什么特殊的事情吗? 你是怎么处理的呢?

☞ 相关知识

自动售票机(Ticket Vending Machine,TVM)设于车站非付费区,用于乘客自助式购买地铁单程票和对储值票进行充值,自动售票机的外观如图 1-12 所示。

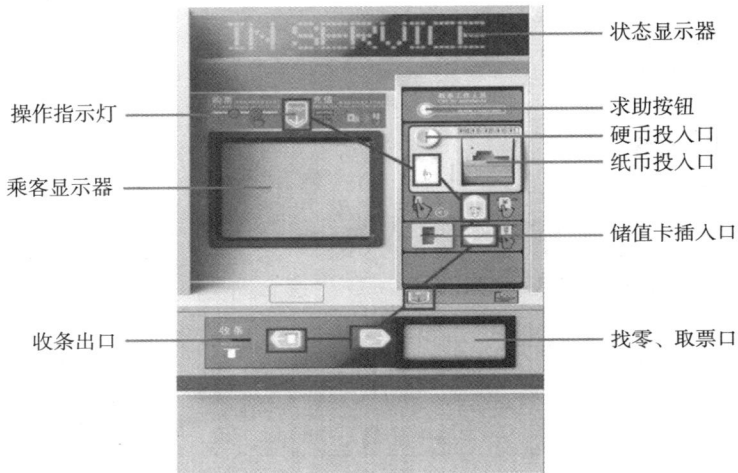

图 1-12 自动售票机的外观

一、自动售票机的功能

自动售票机的基本功能是通过乘客的自助操作完成自动售票。自动购票的基本过程包括购票选择、接收购票资金、自动出票及找零等过程,在必要时还可包括购票凭证打印等。

自动售票机的应用功能主要包括:

(1)接受乘客的购票选择,并在购票过程中给出提示信息及操作指导;

(2)接受乘客投入的现金(或储值票、信用卡等其他付费介质)并自动完成识别,对无法识别的现金(或储值票、信用卡)予以退还;

(3)计算乘客投入的现金数量及购票金额,自动找零;

(4)完成车票校验、车票赋值及出票;

(5)对各部件的工作状态进行自动监测,并上报车站计算机系统;

（6）接受车站计算机系统下发的参数和控制命令，并执行相应的操作；

（7）对本机接受的现金及维护操作进行管理；

（8）存储并向车站计算机系统上报状态信息和交易数据。

二、自动售票机的结构组成

自动售票机由主控单元、现金处理模块、车票发售模块、维护面板、乘客显示器、打印机、电源等模块组成，还可以根据需要配置触摸屏、运营状态显示器、银行卡读写器及密码键盘等部件，自动售票机的内部结构如图 1-13 所示。

图 1-13　自动售票机的内部结构图

1. 主控单元

主控单元（也称为工控机）采用工业级计算机，要求具有良好的阻抗电磁噪声的性能，可以 24 小时不间断工作，即使电源中断，数据也不会丢失。主控单元负责运行控制软件，完成车票处理、现金处理、显示、数据通信、状态监控等功能。它是自动售票机的核心控制模块，统一协调和控制各主要模块。

2. 现金处理模块

现金处理模块分为纸币处理模块和硬币处理模块两部分。纸币处理模块又分为纸币识别设备和纸币找零设备，硬币处理模块又分为硬币识别设备和硬币找零设备。

在实际使用中，纸币识别设备和硬币识别设备允许识别的币种除了识别设备本身的设置以外，还可以通过运营参数设置。同时，允许找零的个数也应由运营参数设置。

（1）纸币处理模块

纸币识别设备通常包括入币口、传输装置、识别模块、暂存器和钱箱等部件。当纸币通过入币口进入纸币识别设备后，纸币传输装置将纸币输送到纸币识别模块，识别模块将对纸币进行面额和防伪标记的识别，合法的纸币将被送入纸币暂存器，不合法（无法识别）的纸币将被退回给乘客。纸币钱箱采用全密封的结构，通过两把安全锁来保证现金安全。自动售票机的纸币处理模块见图 1-14 所示。

图 1 - 14　自动售票机的纸币处理模块

纸币找零设备相对简单,通常只提供固定面额的纸币用于找零。用于找零的纸币一般需要在运营开始之前人工放入纸币找零箱内。在纸币找零设备和硬币找零设备同时存在时,一般采用先找纸币、后找硬币的找零原则,即需要找零的金额小于找零用纸币的面额时,才会使用硬币找零。

（2）硬币处理模块

硬币识别设备主要由硬币识别器、缓存找零器、备用找零箱、补币箱、硬币回收箱等组成。乘客投入的 1 元硬币经过硬币识别器识别后进入暂存区,等待下一步的处理:不合格的硬币直接掉入出币口,返还顾客;当乘客取消交易时,硬币分拣机构将投入的硬币原币返还顾客。

硬币找零设备一般包括循环找零机构、补充找零机构、清币机构及硬币回收机构。硬币找零设备一般会与硬币识别设备采用一体化的设计方法,以提高处理速度和优化硬币模块的结构。所谓循环找零机构是指可以使用乘客投入的硬币来补充找零的找零机构,而补充找零机构则需要人工添加硬币,通常在循环找零机构内的找零硬币不足时使用。当循环找零机构已满时,乘客投入的硬币将通过硬币回收机构回收到硬币钱箱中。当运营结束时,可以使用清币机构将循环找零机构（也可以包括补充找零机构）中保存的硬币清空,被清出的硬币将被硬币回收机构回收到硬币钱箱中,以便车站管理人员清点。

3. 车票发售模块

车票发售模块包括综合控制板、读写天线装置、模块状态检测装置和出票机构。出票机构包括票箱检测装置和发卡器。票箱检测装置和发卡器分别与综合控制板相连接,综合控制板通过总线与自动售票机工控机相连接,用于检测单程票发售模块各装置状态信息。车票发售模块外形如图 1 - 15 所示。

4. 维护面板

车站维修管理人员可以通过维护面板对设备进行设备维护、故障诊断及参数设置等操作。维修管理人员通过输入 ID 号和密码,可以进入维修面板的维修系统操作界面,操作界面可设计成菜单式或指令式。自动售票机的维护面板如图 1 - 16 所示。

维护面板一般包含以下内容:

(1)设备运营状态信息;

(2)设备时钟显示和设置;

(3)设备运行版本信息;

(4)部件运行状态信息;

(5)硬币清零菜单或指令;

(6)更换钱箱菜单或指令;

(7)打印账单菜单或指令;

(8)设备部件测试菜单或指令;

(9)设备关机、复位菜单或指令。

图 1 - 15 车票发售模块外形

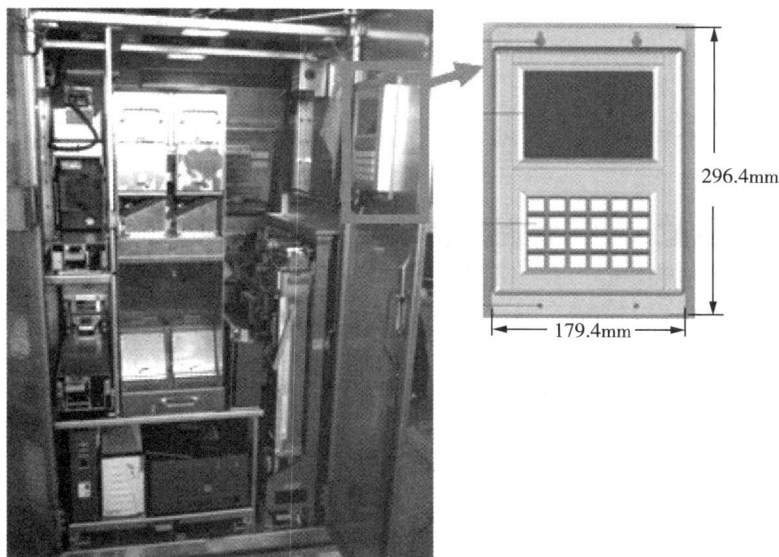

图 1 - 16 自动售票机的维护面板

三、自动售票机的常规操作

自动售票机的常规操作,包括购票操作、充值操作、票箱更换操作、更换纸币回收箱操作、硬币补币箱更换操作等。特别是操作员在对自动售票机进行操作、维护、检修前,必须做好准备工作。要严格执行公司各级制定的规章制度,做好维护维修记录。在维护、维修安装

完成后,必须由现场负责人检查正确后才能通电测试。具体要注意以下几项要求:

(1)进行操作前,请确保没有乘客操作;

(2)不要插拔设备的连接线,如果必须插拔,请先退出系统,关机断电后再进行;

(3)不要互换模块的连接端口;

(4)打开维修门后在规定的时间内必须登录;

(5)在登录维修面板前不要移动纸币模块、硬币模块、钱箱、票箱;

(6)登录维修面板后,在系统规定的时间内没有任何操作,则自动签退,要继续操作只能关闭主维修门,再打开重新登录;

(7)当在推入或拉出上述部件发生阻碍时,不可强行进行操作,以免损坏部件。

1. 购票操作流程

(1)在 TVM 主界面按照线路选择目的地;

(2)选择购票张数;

(3)投入对应数量的 1 元硬币或 5 元、10 元的纸币,点击"确定"或"取消";

(4)若点击"确定",在下方出票口处取出票卡及找零硬币。

(5)若点击"取消",投入的钱币退回,返回主界面

购票操作流程如图 1-17 所示。

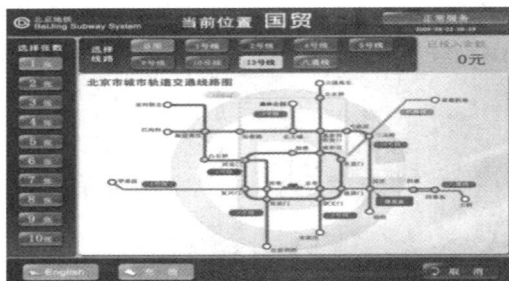

（a）在TVM主界面选择目的车站所在的线路　　　　（b）选择目的车站

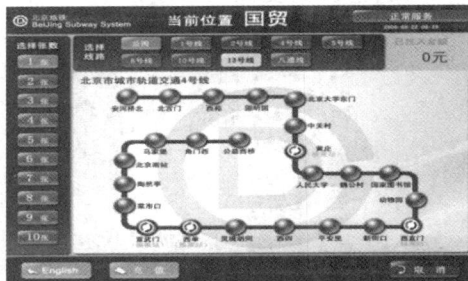

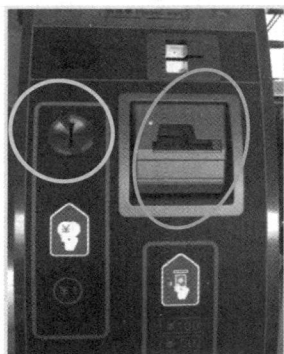

（c）选择购票张数后投入相应的硬币或纸币　　　　（d）确认后取出车票和找零

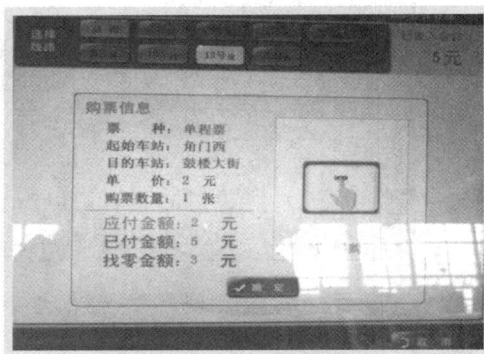

图 1-17　购票操作流程

2. 充值操作流程

(1)在主界面选择"充值"按钮;

（2）插入储值卡,屏幕显示卡内余额;

（3）投入 10 元、20 元、50 元或 100 元的纸币,点击"确定"或"取消";

（4）若点击"确定",屏幕上会显示本次充值后卡内余额,然后可以点击"充值并打印收据"收取相应的交易凭证;

（5）若点击"取消",将退回投入钱币,并返回主界面。

充值操作流程如图 1-18 所示。

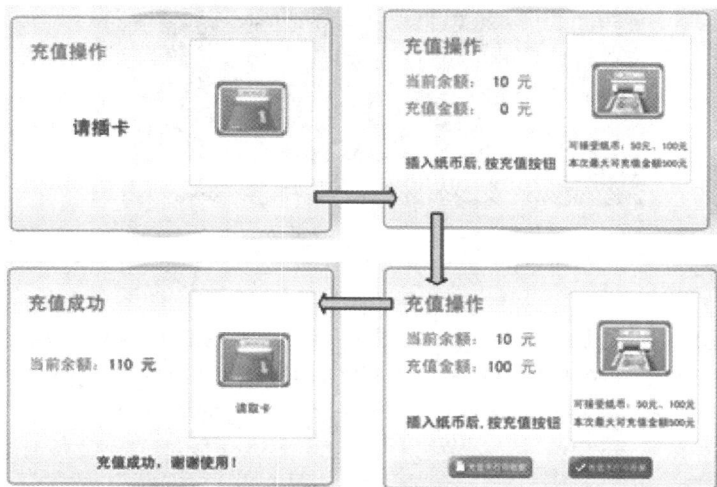

图 1-18　充值操作流程

3. 票箱更换操作

（1）打开维修门

用钥匙将维修门的钥匙孔扳至"竖位",按动"PUSH"按钮,开门扳手弹出,搬动扳手逆时针旋转 90 度,向外拉动扳手,打开维修门。打开维修门如图 1-19 所示。

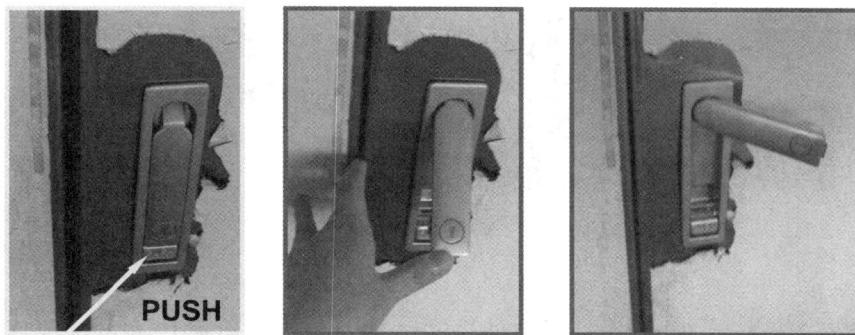

图 1-19　打开维修门

（2）登陆维护面板

登录维护面板,输入 ID 号及密码,在维护面板上,选择"运营服务"→"更换票箱"→"卸下 A 票箱"→"确认"。此时票箱指示灯闪烁(绿色),登录维护面板如图 1－20 所示。

图 1－20　登录维护面板

（3）卸票箱

拉动票箱模块下方的"PULL"把手,如图 1－21 所示,拉出票箱模块,将票箱盖手动抬起,推入箱体,用钥匙将开关扳至"开"位,向下按动卡槽的波动开关,使卡槽下降实现退槽。待卡槽下降完毕,逆时针拨动票箱的杠杆至开位,右手拉动箱体正面的把手,左手托住票箱,卸下票箱 A。

图 1－21　票箱下方"PULL"把手

（4）装票箱

安装票箱的操作流程就是卸下票箱的逆过程:开始时维护面板上选择"装载 A 票箱",操作结束后,还要在维护面板上输入新添加卡数。双手推入票箱到位,逆时针拨动杠杆,按下波动开关,卡槽上升,用钥匙将开关扳至"关"位。推回票箱盖,推回票箱模块,在维修面板上输入票箱内票卡数量,之后退出登录。取回凭条打印机打印的凭条,翻转至立位后推回,关闭并锁好维修门。

4. 更换纸币回收箱操作

(1)操作人员对 TVM 进行操作时,首先应该通过键盘按确认键,然后进行操作人员 ID 号和密码的输入界面,当系统确认输入无误后,则进入维护屏工作主菜单。选择"更换钱箱"→"更换纸币回收箱",如图 1-22 所示。

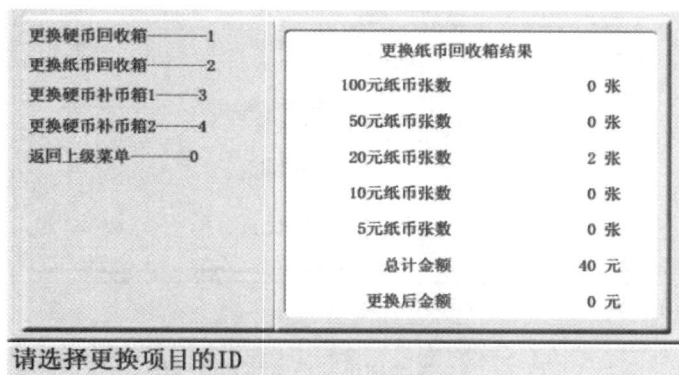

图 1-22 更换纸币回收箱的界面操作

(2)使用钥匙解除纸币回收箱和外壳的连接,将纸币回收箱从滑轨中拉出,如图 1-23 所示。

图 1-23 纸币回收箱从滑轨中拉出

(3)用钥匙将纸币回收箱打开,取钱时钱箱平放。

(4)反向操作以上步骤,最后关闭维护门。

5．硬币补币箱更换操作

(1)登录,选择"更换钱箱"→"更换硬币补币箱—1"命令,如图1-24所示。

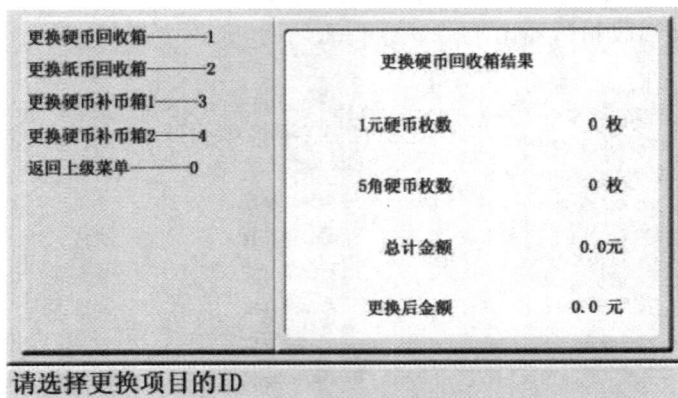

图1-24　更换硬币补币箱的界面操作

(2)拉出硬币模块,解锁硬币补币箱。如果登录者无权限更换硬币补币箱,TVM将报警。

(3)取下硬币补币箱,补币完成后装入满的硬币补币箱。

(4)将硬币模块推回TVM内,关闭维护门。

四、自动售票机常见故障处理

自动售票机的常见故障及处理方法见表1-2所列。

表1-2　自动售票机的常见故障及处理方法

序号	故障现象、原因分析与处理方法
1	故障现象:开机无显示
	原因分析:(1)无电源输入;(2)部件连接异常
	处理方法:(1)打开工控机电源;(2)检查显示器连接线路
2	故障现象:提示暂停服务(非上一级系统控制)
	原因分析:(1)单程票处理单元异常;(2)硬币处理单元、纸币处理单元异常;(3)维修门在打开状态或维修门状态检测传感器异常
	处理方法:(1)检查维修门并将维修门全部关紧上锁;(2)检查维修面板是否已注销
3	故障现象:自动售票机启动后显示"只收纸币"
	原因分析:硬币处理模块有卡币或者硬币箱没有正确安装
	处理方法:(1)启动设备后机器内部逻辑会对硬币模块进行测试,如果测试失败会进入"只收纸币"状态,这种问题一般是硬币识别模块被硬币或其他异物堵塞导致,请检查硬币识别模块并重新启动设备;(2)正确安装硬币箱或进行补币操作

（续表）

序号	故障现象、原因分析与处理方法
4	故障现象:自动售票机屏幕显示"网络连接失败"
	原因分析:网络出现故障
	处理方法:(1)请检查自动售票机和服务器之间的网络连接是否正常;(2)请检查系统服务器软件是否正常运行
5	故障现象:自动售票机屏幕显示"只收硬币"
	原因分析:纸币识别模块有卡币或者纸币钱箱没有正确安装
	处理方法:(1)纸币识别模块被纸币或其他异物堵塞导致,检查纸币识别模块并重新启动设备;(2)正确安装纸币钱箱
6	故障现象:自动售票机屏幕显示"无找零"
	原因分析:硬币识别模块内没有放入找零用硬币或者硬币找零钱箱没有正确安装
	处理方法:(1)放入找零用硬币;(2)正确安装硬币找零钱箱
7	故障现象:自动售票机屏幕显示"只充值"
	原因分析:单程票发售模块内没有放入车票或者票箱没有正确安装
	处理方法:(1)放入发售用车票;(2)正确安装票箱
8	故障现象:自动售票机启动后显示"暂停服务",不能进入工作状态
	原因分析:可能是由于维修门没有关上
	处理方法:检查维修门并将维修门全部关紧上锁;(2)检查维修面板,若故障需联系厂家检查维修面板
9	故障现象:自动售票机屏幕显示"只发售"
	原因分析:储值票读卡器有故障或连接错误
	处理方法:(1)检查连接线缆;(2)联系厂家更换储值票读卡器
10	故障现象:自动售票机启动后乘客显示器没有显示
	原因分析:自动售票机内部工控机没有开机或显示器处于关闭状态
	处理方法:(1)打开工控机电源或打开显示器电源;(2)检查显示器连接线路

知识拓展:

数字人民币走进地铁售票机

2021年8月1日起,北京轨道交通新增支持数字人民币线下购票/卡、补票和充值以及亿通行App线上购票等场景的应用。

当日上午,记者第一时间对数字人民币线下购买地铁票进行了体验。记者发现,目前,无论是自动售票机还是非现金支付互联网售票机,均添加了数字人民币支付选项。其中在互联网售票机页面,点开购票,选择目的车站和购票数量后,页面会提醒将付款码朝向扫描窗口进行扫描。支付方式上，数字人民币选项被列为首位，其次为支付宝、微信支付、云闪付。记者打开数字人民币 App 付款码后，一靠近扫描窗口，秒速完成了购票。

此外，在现金支付售票机上，记者点击购票后，发现除了现金支付、扫码支付外，同样也已支持数字人民币支付。点开数字人民币支付后，售票机会出现一个数字人民币支付二维码，这时同样需要记者打开数字人民币 App，通过扫一扫，即可完成支付。

总体来看，多次体验过程中，记者发现，通过数字人民币购票乘车，整个支付过程和现金支付、第三方支付无异，操作便捷，扫一扫就可完成，全程无卡顿。

北京市交通委称，对于已下载数字人民币 App 的乘客，可在全路网 24 条线、428 座车站现场的人工售补票处、自动售票机、自助补票充值机及互联网自动售票机上使用数字人民币办理购票/卡、补票及充值等业务。此次升级改造实现了数字人民币在轨道交通中多种场景化的应用，可大力提升乘客数字化出行体验。

记者在地铁站发现，目前仍有市民使用现金进行地铁购票。一地铁站工作人员告诉记者，目前不管是地铁站闸机、线下购票还是人工服务窗口，均可以支持数字人民币支付，但不同乘客有不同需要，不管是现金支付、第三方支付，还是数字人民币支付，均会有相关工作人员进行引导帮助。

任务四　自动检票机

引导案例

地铁人的一天｜AFC 检修工：车站售检票设备的守护者

在人来人往的地铁站，与行色匆匆的乘客们相比，他们的安静、沉着与周遭热闹的环境相比显得格外"与众不同"，他们就是 AFC 检修工。身着一身牛仔蓝、携带便捷工具箱，时而伫立在售票机后，时而蹲在进出站闸机处，他们专心致志地研究票务设备，以最快速度为乘客解决进出站、无法照常购票等问题。

早晚高峰期间，进出闸机人流如梭，而 AFC 检修工带着工具包在站内待命，看到排队刷卡进的乘客离通道过近，他们一边提醒乘客站在黄线外刷卡，一边引导乘客分流。一旦出现闸机门扇无法正常开合、购票机无法顺利出票等状况，他们便会立即上前，摆放检修提示牌，做好乘客引导。"往往上一秒没问题，下一秒故障就发生了，"他们对设备故障的发生十分敏感，"开合频率不对，提示音有细微差别"，凭借在实战中修炼出的"千里眼"和"顺风耳"，他们总能精准判断故障发生点。操作一气呵成，一秒进入状态，这是 AFC 检修工用心陪伴、护航万千乘客顺畅出行的生动写照。

思考：你们在乘坐地铁的时候是如何过闸机的呢？碰到闸机故障应该如何处理呢？

☞ 相关知识

　　自动检票机(AGM,Automatic Gate Machine),又称为闸机,如图1-25所示。自动检票机是实现乘客自助进出站检票交易(在非付费区和付费区之间通行)的设备,凡持有效车票的乘客,检票机通道阻挡解除(释放转杆或门扇开启),允许乘客进出站。组成一个通道需要两台自动检票机:一个主机柜和一个相邻机柜。

自动检票机

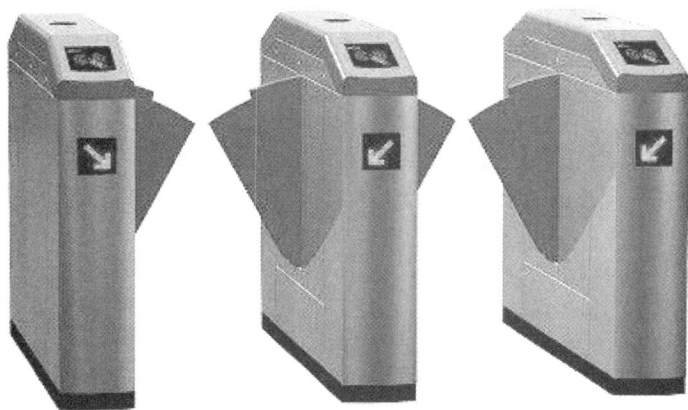

图1-25　自动检票机

一、自动检票机的分类

1. 按照功能分类

自动检票机根据功能可以划分为进站检票机、出站检票机和双向检票机三种。

(1)进站检票机

进站检票机设置在车站的进口处,检票端在非付费区,用于对进站乘客所持车票的有效性进行检查和判断,并做出相应的处理或发出相应的警告和提示。当票卡进入读卡区范围,读卡器将对车票进行有效性检查,若为有效票,则自动将进站站名、进站时间和设备号等信息写入车票中,然后打开扇门,检测到乘客通过后,关闭扇门并返回到开始状态;若为无效票,则提示车票无效或报警,并维持扇门关闭状态禁止通行。

(2)出站检票机

出站检票机用于完成出站检票,检票端在付费区,可对出站乘客所持车票的有效性进行检查和判断,并做出相应的处理或发出相应的警告和提示。当票卡进入读卡区范围,读写器对车票进行有效性和车费检查,若为有效票,自动检票机自动打开扇门,检测到乘客通过后关闭扇门并返回到开始状态;若为无效票或费用不够,则提示无效或欠费,并维持扇门关闭状态禁止通行。

（3）双向检票机

双向检票机既可完成进站检票也可完成出站检票，在非付费区和付费区可分别按进站和出站的处理规则完成检票功能。双向检票机同时具备进站检票机和出站检票机的功能，可根据运营需要，通过车站计算机对其功能进行设定。可设定为下列三种运行状态：

① 进站检票使用；

② 出站检票使用；

③ 进出站双方向检票使用，检票机根据乘客使用方向，随时调整运行状态。

2. 按照阻挡装置类型分类

自动检票机根据阻挡装置的类型不同可以分为三杆式检票机、扇门式检票机和拍打门式检票机三大类型。

（1）三杆式检票机

三杆式检票机的阻挡装置是由 3 根金属杆组成空间三角形，一般采用中空封闭的不锈钢管。其坚固不易变形，通过旋转实现拦阻和放行，如图 1-26 所示。三杆式检票机是最早出现的自动检票机类型，也是至今发展最为成熟完善的，但有逐渐被后续的扇门式检票机和拍打门式检票机取代的趋势。

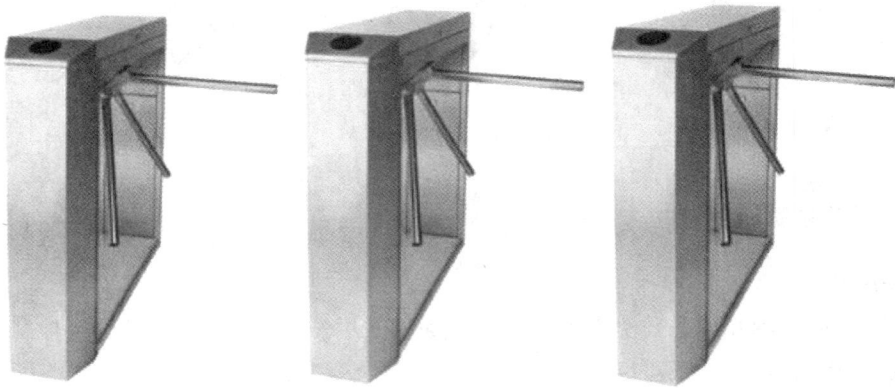

图 1-26　三杆式检票机

（2）扇门式检票机

扇门式检票机在轨道交通行业一般称为剪式门，国外很多地方也称为速通门，其阻挡装置一般为扇形平面，垂直于地面，通过伸缩实现拦阻和放行，如图 1-27 所示。阻挡装置的材质常用有机玻璃、钢化玻璃，有的还采用金属板外包特殊的柔性材料（减少撞击行人的伤害）。

（3）拍打门式检票机

拍打门式检票机的阻挡装置是具有一定面积的平面，垂直于地面，通过旋转摆动实现拦阻和放行，如图 1-28 所示。阻挡装置的材质常用不锈钢、有机玻璃、钢化玻璃，有的还采用金属板外包特殊的柔性材料，以减少撞击行人的伤害。

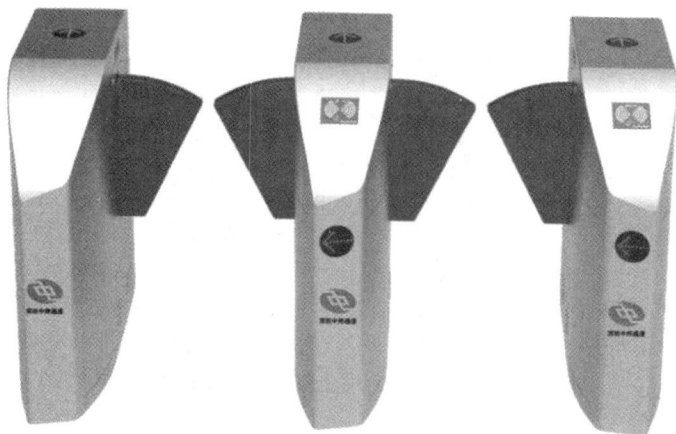

图 1-27　扇门式检票机

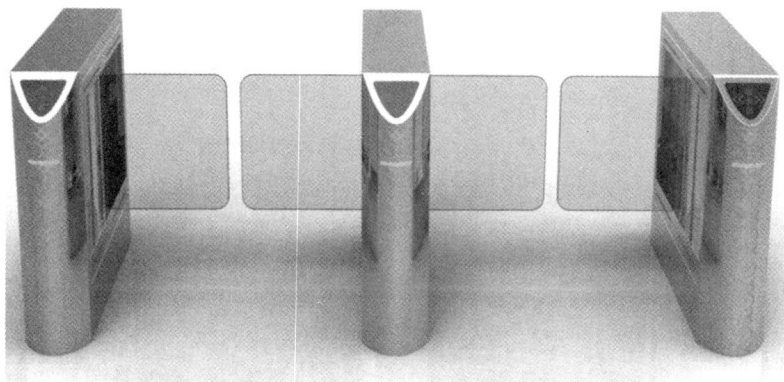

图 1-28　拍打门式检票机

二、自动检票机的结构组成

自动检票机的结构组成包括主控单元、机芯、箱体、拦阻体和辅助模块等,扇门式自动检票机外观结构组成如图 1-29 所示,扇门式自动检票机内部结构如图 1-30 所示。

1. 主控单元

主控单元作为自动检票机的核心,向下负责控制协调外围下位机的工作,向上负责向 SC 系统发送交易数据,寄存器数据和状态数据,同时接收 SC 系统下发的参数,命令和软件,完成车票处理、数据处理、显示控制、数据通信、状态监控等功能。

主控单元通常用用嵌入式工业控制计算机系统,可靠性高具有良好的抗振动、抗冲击、电磁兼容和防尘防潮能力,能保证整机 24 小时不间断稳定运行。此外,主控单元还需要具有丰富的外部接口以支持外部设备的连接,并需要保留部分接口以支持未来设备的扩展。

2. 机芯

自动检票机机芯由各种机械部件组成一个整体(包括驱动电机、减速机等),利用机械原

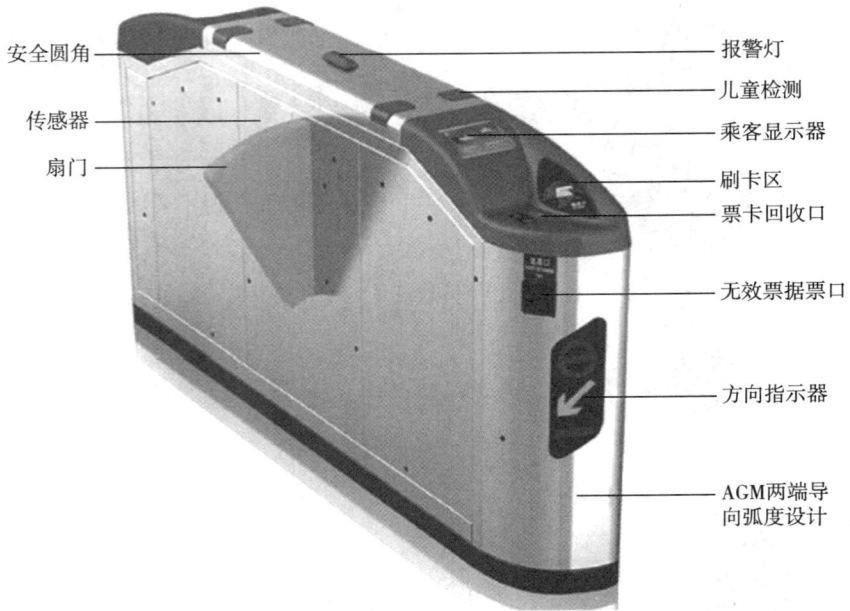

安全圆角
传感器
扇门

报警灯
儿童检测
乘客显示器
刷卡区
票卡回收口
无效票据票口
方向指示器
AGM两端导向弧度设计

图1-29 扇门式自动检票机外观结构组成

维修面板
电源模块
扇门

票箱

图1-30 扇门式自动检票机内部结构

理控制拦阻体的开启和关闭动作。影响机芯性能和使用寿命的关键因素包括机械部件的加工工艺和材质,以及最重要的驱动电机和相配套的减速机。要求其机械部分应保证每天超过10000次的使用以及超过500万次的使用寿命。

驱动电机通常采用直流有刷电机或直流无刷电机。直流有刷电机成本较低,控制技术比较简单,因此被国内闸机厂商广泛采用,但其中的碳刷属于易损耗件,需要定期维护和更换。直流无刷电机无碳刷,不存在损耗,使用寿命也较长,其可靠性和耐久性都是普通电机所无法达到的,但成本很高,控制技术也很复杂。

3. 箱体

自动检票机箱体可保护机芯和控制模块等内部部件,并起到支撑作用。其主体材质通常采用 304 或 316 不锈钢,辅助材质包括机玻璃、钢化玻璃、树脂、石材或木材等。选材一般需考虑坚固、美观、不易变形、防刮防划痕、防锈防腐蚀、较易加工固定等。

4. 拦阻体

自动检票机拦阻体在不允许行人通过的时候起拦阻作用,允许行人通过时会打开放行,一般以门或栏杆的形式实现。其选材一般需考虑坚固,能承受一定的冲击力,但自身的冲击力对人不能有伤害,重量尽量小,美观,防锈防腐蚀,易于加工固定,损坏后不伤人等。目前自动检票机采用最多的拦阻体是扇形门。

5. 辅助模块

辅助模块包括车票处理装置、声光提示装置、乘客通行检测装置等模块组成。

(1)车票处理装置

车票处理装置负责完成车票读写、传送及回收处理。车票处理装置主要包括两大部分:车票读写设备和车票传送回收装置。

① 车票读写装置

目前使用的基本上都是非接触式智能卡车票,只要车票停留在天线感应的范围内都可以读写。因此,对于进站检票机,只需要使用车票读写器就可以完成进站处理而不需要配置传送装置。出站使用的单程票都需要回收,车票投入(筹码型)或插入(卡型)车票处理装置中,车票通过传送装置到达天线感应区并在此完成车票的读写操作。交易成功的车票继续经传送装置回收到票箱中,非法车票或交易失败的车票将返回给乘客,由乘客到车站服务中心完成票务更新后再次使用。对不需要回收的储值票,与进站类似,仅使用车票读写器就可以完成出站处理。

读写器结构紧凑,能够耐受地铁环境下的温度、湿度、震动、电磁干扰,手机、列车等电子电气设备的使用不会对其造成影响。读写器和车票具有匹配良好的天线品质因素,保证乘客所持非接触车票以任何角度、任何划动速度进入有效读写区域,均可完成可靠的、有效的读写操作。

② 车票传送回收装置

车票传送回收装置一般配置两个票箱,并实时监控票箱的状态,在票箱未安装、票箱将满或票箱已满时需要向自动检票机主控单元发送相关信息,主控单元将相关信息上传到车站计算机系统。票箱通常还需要具有计数功能,或由主控单元进行计数。车票传送回收装置可以根据主控单元的命令将车票回收到指定的票箱中。

出站检票机车票投入口一般设置在乘客行进闸方向右侧,设置标志引导乘客投票。非接触式智能卡可以正反前后 4 个方向中任一方向投入。一般在出站车票投入口设置车票投入口挡板,防止异物投入。在已投入车票未处理完毕时或非服务状态下,舌挡关闭禁止车票投入。对于设定在双向模式下的双向检票机,当一端乘客使用车票时,另一端舌挡关闭禁止车票投入,直至乘客通过。

(2)声光提示装置

声光提示装置包括乘客显示器、方向指示器、语言提示、警示灯等,见表1-3所列。

表1-3 声光提示装置

类型	作用	示例
乘客显示器	向乘客显示车票处理结果、显示设备运行模式、状态等提示信息	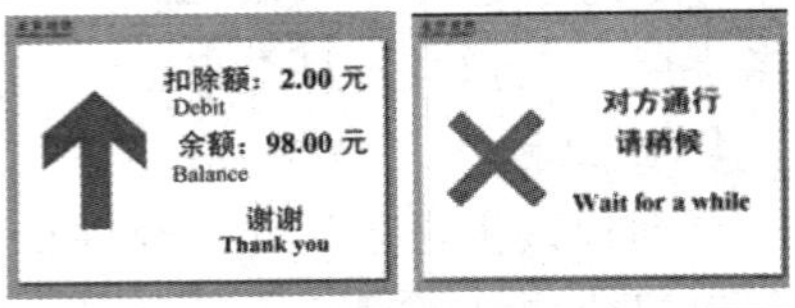
方向指示器	方向指示器位于检票机面向乘客的前面板上,显示通道的通行方向标志,远距离指示乘客通道的通行状态	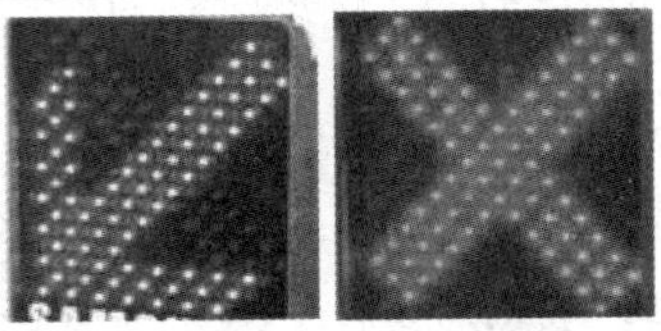
警示灯	无效票时报警闪烁	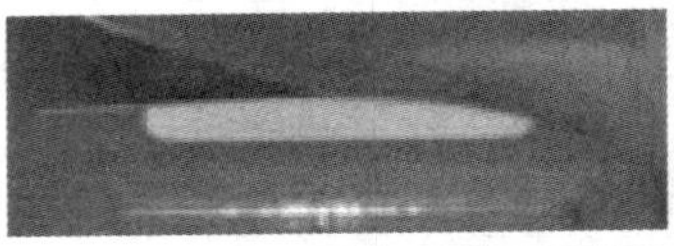
员工票灯	使用员工票时显示	
优惠票灯	当乘客使用优惠类车票(例如:福利票)时显示	
刷卡指示灯	根据模式显示	
语音提示	乘客正确使用车票、正确过闸等语言提示信息	例如:"请您通知工作人员"

(3)乘客通行检测装置

乘客通行检测装置安装在闸门开关区域内,当监测到闸门区域有障碍物时,闸门维持当前状态,并发出报警提示。乘客通行检测装置包括通行传感器和高度传感器,如图1-31所示。

自动检票机一般采用两种传感器:透过型传感器和漫反射型传感器。

通行传感器能够监控乘客通过自动检票机的整个过程以及监测通过自动检票机的人数。对于双向模式下的自动检票机,当一端有乘客使用时能够监控另一端逆向进入的乘客,并禁止逆向乘客通行。

高度传感器是自动检票机上装设的检测身高的漫反射型传感器,用于检测通过的乘客

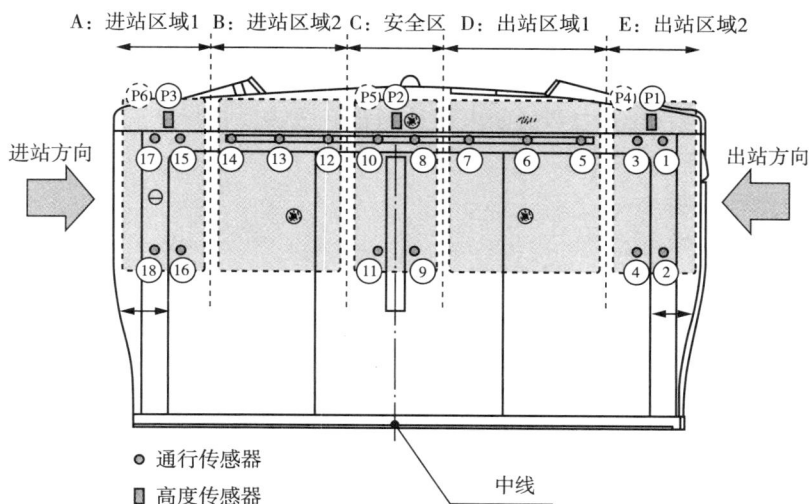

图 1-31 乘客通行检测装置示意图

是否是身高为 1.2m~1.4m(高度可调)以下的儿童。

每对(个)传感器都不是单独使用的,通行控制单元对一组或者所有传感器的检测反馈信息进行分析处理,保证通行控制的准确性和安全性。

A:进站区域 1:采用透过型传感器,主要监测是否有乘客进入通道;

B:进站区域 2:采用透过型传感器和漫反射型传感器组合使用,判断无票乘客的通行行为;

C:安全区:采用透过型传感器,安装于不同的高度,监测通行情况,反馈信号控制闸门,保护已进入通道的乘客,防止闸门夹住乘客;

D:出站区域 1:采用透过型传感器,监测乘客是否已经通过闸门,如果发现乘客已经通过闸门,且有跟随通行行为,反馈信号控制闸门关闭,防止第二个乘客通过;

E:出站区域 2:采用透过型传感器和漫反射型传感器组合使用,监测与自动检票机设定方向相反的乘客进入通道,如有逆行通行行为,检票机将关闭闸门并报警。

三、自动检票机的操作

自动检票机的常用操作包括:开关机操作、系统自检和更换票箱操作。

1. 开关机操作

(1)开机操作

① 打开自动检票机检修门;

② 打开总电源控制开关;

③ 打开 UPS 后备电源;

④ 打开电源控制箱开关;

⑤ 打开工控机开关,自动检票机自动启动操作系统和检票系统,无需工作人员干预;

⑥ 关闭并锁好维修门,观察自动检票机是否进入正常工作模式。

（2）关机操作

① 打开自动检票机检修门；

② 维护面板显示登录界面，输入用户名和密码，进入维护菜单主界面，选择"关机"；

③ 待自动检票机系统关闭后，关闭电源控制箱开关；

④ 关闭 UPS 后备电源；

⑤ 关闭总电源控制开关；

⑥ 关闭并锁好维修门。

2. 系统自检操作

系统自检可以检查自动检票机各部件的工作状态，当自动检票机出现故障时，可及时发现故障部位，具体操作如下：

（1）打开自动检票机检修门；

（2）登陆维护面板进入维护菜单主界面；

（3）点击"系统自检"选项，进行系统自检，并将自检结果信息显示到主界面上；

（4）点击"返回"选项，点击"退出程序"选项，退出维护菜单，自动检票机恢复正常状态。

3. 更换票箱操作

当自动检票机票箱将满或已满时，需要更换票箱，回收单程票，操作步骤如下：

（1）打开自动检票机检修门，登陆维护面板进入维护菜单主界面，点击"票箱"选项；

（2）进入票箱操作菜单后，点击"更换 A 票箱"选项，进入更换票箱界面，显示 A 票箱内的车票数量；

（3）打开自动检票机侧门，按下 A 票箱下的红色按钮，如图 1-32 所示，待 A 票箱托盘降到票箱底部，转动挡销，抽出 A 票箱；

（4）放置空的票箱到 A 票箱的位置，转回挡销，按下绿色按钮。待托盘上升的预定位置后，点击维护界面中的"更换完成"选项，票箱计数清零，完成票箱更换；

（5）关闭并锁好维修门，观察自动检票机是否进入正常工作模式，随后站务员将换出的票箱运回票务室进行清点。

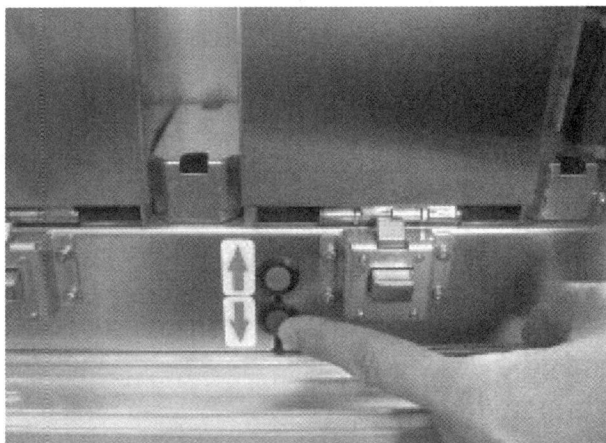

图 1-32　票箱下的托盘按钮

4. 设置闸机模式

(1)打开自动检票机检修门;

(2)登陆维护面板进入维护菜单主界面,选择"模式设置"选项;

(3)在"模式设置"选项下选择"工作模式设置"或"计费模式设置"子选项。

(4)在"工作模式设置"选项中,操作人员可将此台闸机更改为"进站""出站""双向""常开""常闭"及"测试"等模式。

(5)在"计费模式设置"选项中,操作人员可将此台闸机更改为"正常计费""列车故障""进站免检""日期及时间免检""车费免检"及"紧急放行"等模式,如图1-33所示。

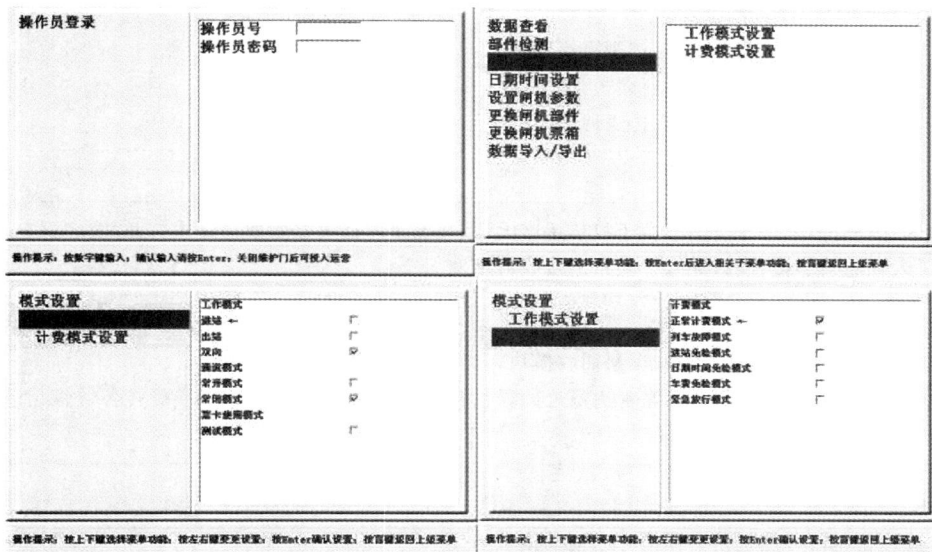

图 1-33 设置闸机模式

四、自动检票机常见故障处理

自动检票机的常见故障及处理方法见表1-4所列。

表 1-4 自动检票机的常见故障及处理方法

序号	故障现象、原因分析与处理方法
1	故障现象:暂停服务 原因分析: (1)当设备发生故障(自动切入暂停服务)或被设置成关闭模式时,自动检票机会出现暂停服务 (2)任一维修门被打开,设备自动进入暂停服务状态 处理方法: (1)检查自动检票机是否出现故障,进行系统自检 (2)检查自动检票机维修门是否打开,若打开,将其关闭锁好

（续表）

序号	故障现象、原因分析与处理方法
2	**故障现象**:出站闸机受限服务,提示"不能回收单程票" **原因分析**: (1)A、B两票箱都满时,出站闸机将不再回收车票,设备将进入仅刷卡出站状态,乘客显示器界面将提示"禁止投入车票"; (2)车票投入口的塑料盖板移位,造成车票回收口堵塞; (3)卡票 **处理方法**: (1)检查票箱是否已满,若满则更换票箱; (2)检查车票投入口的塑料盖板是否移位,若移位则修理盖板; (3)若发生卡票,则将卡在传送通道内的车票取出
3	**故障现象**:出站闸机卡票 **原因分析**:乘客在出站时由于投票速度太快,智能票卡接收器的票口还未打开,乘客将票强行投入智能票卡接收器,导致智能票卡接收器堵塞 **处理方法**: (1)打开右侧维修门,拉出车票回收模块; (2)从票卡卡住的位置处左手边最近的绿色转盘开始,按照出卡方向依次旋转各转盘,直至票卡移至方便取出位置即可
4	**故障现象**:刷卡无反应 **原因分析**:可能是读卡器损坏或接线接触不良 **处理方法**: (1)使用维护键盘进入维护主菜单,进行闸机自检,对读写器进行测试检查读写状态是否正常; (2)检查读写器上的天线是否脱落

知识拓展:

自动售检票系统包括三种运营模式:正常运营模式、降级运营模式和紧急放行模式。

1. 正常运营模式:该模式是自动售检票系统的默认模式,包括正常服务模式和关闭服务模式。在正常服务模式下,进行正常的售票、补票、检票等处理;在关闭服务模式下,不对车票进行任何处理。

2. 降级运营模式:在运营过程中出现特殊情况,为保证客运安全和运营收益,应根据实际情况,经设定系统进入相应的降级运行模式。降级运行模式包括:列车故障运行模式、进站免检运行模式、出站免检运行模式、时间免检运行模式、日期免检运行模式和车费免检运行模式。

3. 紧急放行模式:在运营过程中,当车站或列车发生火灾、爆炸等危及乘客和工作人员安全的紧急情况,需要乘客紧急撤离车站时,应启用紧急放行模式。进入紧急放行模式后,闸机处于全开状态,乘客出站不检票。紧急放行模式具有最高级的模式执行优先权。车站紧急模式的设置可由车站防灾系统自动设定,亦可由综控室值班站长通过按压紧急按钮进行设定。

任务五　半自动售票机

引导案例

　　为方便乘客出行,满足多元化支付需求,天津地铁积极推进智能支付技术的落地应用,即日起在天津地铁5、6号线客服中心试点上线半自动售票机(BOM)非现金支付功能。乘客在5、6号线车站客服中心办理售票、更新、充值等业务时,车站工作人员可通过BOM扫码枪扫描乘客的微信、支付宝及符合银联标准APP的付款码完成支付。

　　试点期间,天津地铁线网其他线路也将同步有序进行功能调试,下一步将全面实现客服中心半自动售票机(BOM)非现金支付功能应用。

　　客服中心半自动售票机(BOM)非现金支付功能是继"天津地铁APP"实现微信、支付宝及银行卡绑定支付、自动售票机(TVM)上线非现金支付购票功能之后,助力天津建设智慧城市的又一项便民新举措。

　　思考:半自动售票机具有哪些功能? 你在乘坐地铁的时候使用过半自动售票机吗? 是在什么情况下使用的呢?

☞ **相关知识**

　　半自动售票机(BOM,Booking Office Machine),通常安装在票务中心或车站服务中心内,由售票人员操作,完成车票加值、车票分析(验票)、退票及检验、分析有疑问车票,解决票务纠纷。因此半自动售票机又称为人工售票机或票房售票机,如图1-34所示。

半自动售票机

　　根据现场应用要求,可将BOM机功能分别设置成单独的半自动售票机或半自动补票机,也可设置成具有半自动售票和补票功能相结合的半自动售/补票机。

　　功能单一的半自动售票机设置于非付费区,而半自动补票机则设置于付费区内。功能结合的半自动售/补票机可以同时为非付费区与付费区服务,兼顾售票及补票功能,使用同一车票处理设备,但需对两个区域分别设置单独的乘客显示器,以适应处理不同区域乘客票务需求。

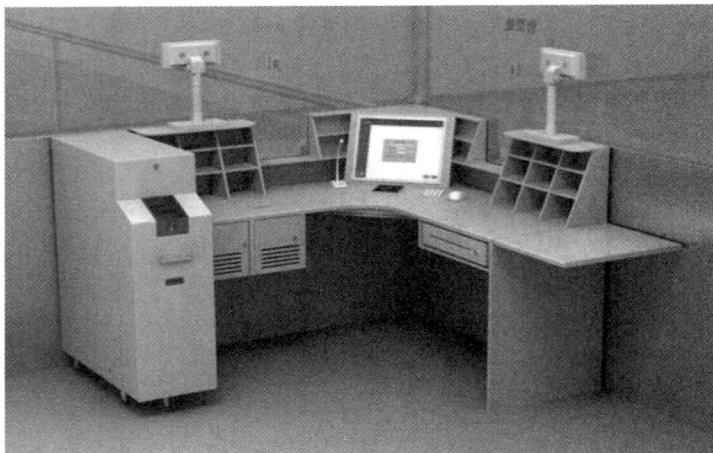

图 1-34 半自动售票机

一、半自动售票机的功能

1. 车票处理功能

(1)车票发售功能：发售包括单程票、储值票、纪念票在内的各种车票，并对储值票进行充值。

(2)车票分析功能：分析车票的有效性，查询车票历史交易信息。

(3)票务处理及服务功能：对无法正常完成进出站的车票进行票务更新，发售出站票，退票处理，受理车票挂失，查询票价及打印票务记录和每班财务记录。

2. 接收车站 AFC 系统的下达的命令

BOM 与车站 AFC 系统相连，可以接收车站 AFC 系统下达的各种参数及指令，同时向车站 AFC 系统以及线路 AFC 系统传送各类数据。

3. 不同模式由 AFC 系统设置和更改

BOM 的运行模式由车站 AFC 系统进行设定和更改，并通过系统参数数据下载到 BOM上实现工作模式的自动切换。

4. 离线/在线都能工作

BOM 还具备离线/在线状态自动检测切换的能力。根据当前的线路状态，动态提供能够处理的功能。

在线状态下，能够实时从车站 AFC 系统下载各种参数，就接受车站 AFC 系统的控制指令，能上传监控数据。根据预先设定的方式上传所处理的各种交易数据，与车站 AFC 系统进行对账处理

离线状态下，BOM 除了提供需要的功能外，还要保存本地运行数据的备份，在检测到网络恢复以后，进行数据的上传和续传，并进行数据账目的核对。

二、半自动售票机的结构组成

半自动售票机通常由工控机、车票读写器、操作员触摸显示器、乘客显示器、打印机、电

源等模块组成,还可以根据需要配置车票处理装置、触摸屏、钱箱等部件,如图 1-35 所示。

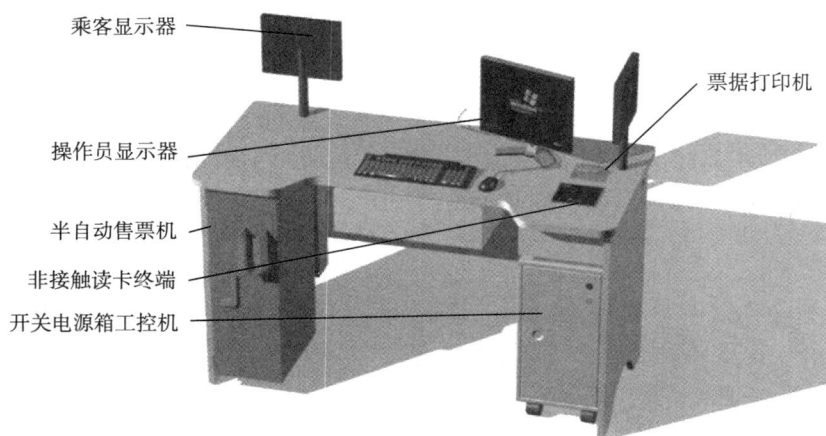

图 1-35 半自动售票机的结构图

1. 工控机

工控机一般选用高可靠性的工业级计算机,也可以选用高档的商用计算机,需要具有丰富的外部接口以支持外部设备的连接,并需要保留部分接口以支持未来设备的扩展。工控机负责运行人工售票的控制软件,完成车票处理、数据通信、状态监控及故障检测等功能。

2. 车票读写器

车票读写器一般采用桌面非接触式智能卡读写器,需提供高级应用程序编程接口,有效读写距离为 10cm,交易速度在 200~1000ms。常见的桌面非接触式智能卡读写器如图 1-36所示。

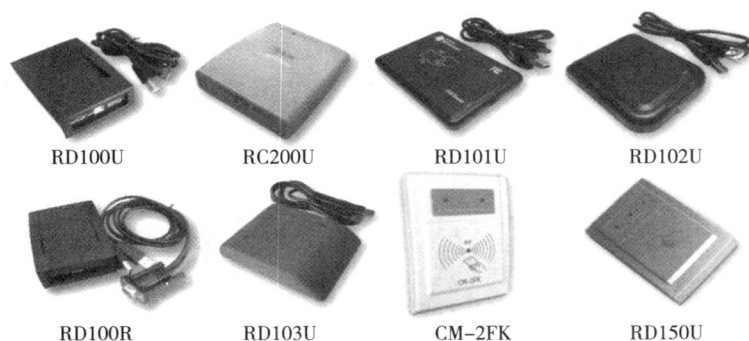

图 1-36 桌面非接触式智能卡读写器

3. 票据打印机

票据打印机用于车票发售、充值信息的打印,也可用于打印班次报表或其他相关信息。票据打印机分为针式打印机和热敏打印机,热敏打印机单据保存时间较短,所以以针式打印机为主,票据打印机外形如图 1-37(a)所示。

4. 操作员触摸显示器

操作员触摸显示器为操作员提供人机对话的界面显示,带有红外触摸屏,如图 1-37(b)所示。

5. 乘客显示器

每套 BOM 机配置 1~2 个乘客显示器。分别安放在付费区、非付费区靠近窗口、方便乘客阅读的地方,为乘客提供相关信息的显示(显示中文或英文信息可以通过操作员选择来实现);并且带有一定的语音提示,如图 1-37(c)所示。

(a)票据打印机　　　　　(b)操作员触摸显示器　　　　　(c)乘客显示器

图 1-37　半自动售票机设备

三、半自动售票机的操作

1. 登录和注销

启动操作系统后,BOM 系统会自动启动,对系统相关内容及设备进行初始化,操作员输入用户 ID 和口令进行登录,如图 1-38 所示。

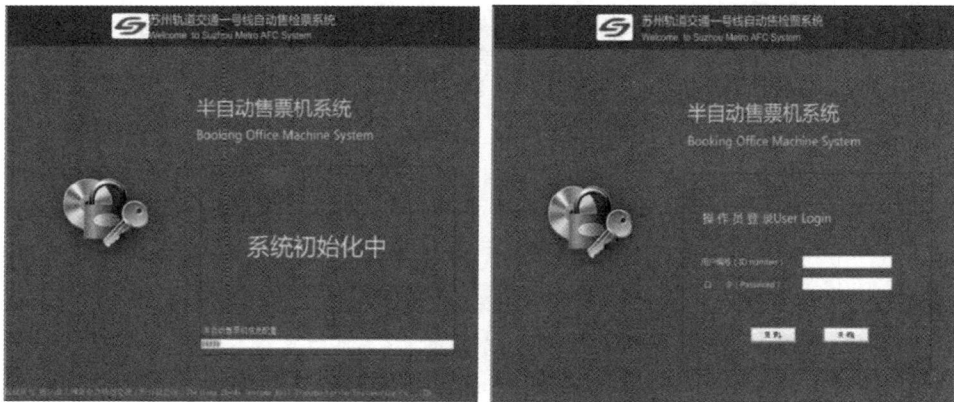

图 1-38　登录界面

当用户完成当班任务要下班,或不需要使用售票系统时,可通过菜单进行注销。用户注销成功后,即不能再进行任何与售票有关的操作。注销完毕,可关闭程序,退出售票系统。

2. 单程票发售

单程票发售有两种选择方式：

(1)直接选择票价和张数；

(2)通过选择起点和终点得到票价,之后选择张数。

输入实收金额就可自动得到找零金额,点击小键盘的确定按钮后可弹开钱箱。

选择完成后,点击发售按钮完成发售,单程票发售界面如图1-39所示。

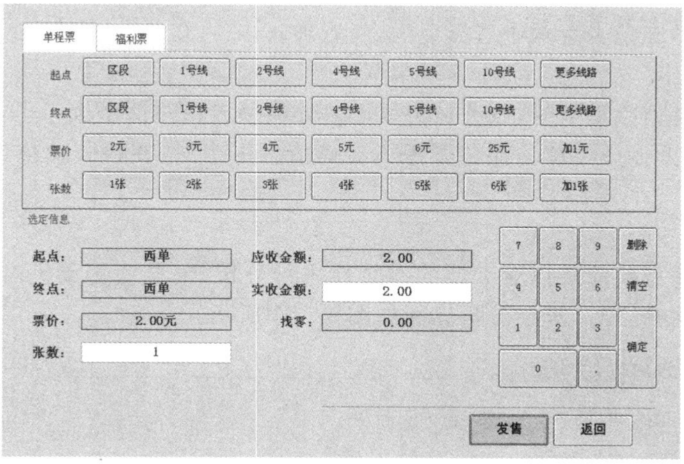

图1-39　单程票发售界面

3. 出站票发售

出站票主要是针对无票的乘客出站和持未进站一卡通车票的乘客出站所补发的出站票。

发售出站票需要选择上次进站地点,当选定后,系统将自动按照定价计算出票价,点击后可以发售出站票,出站票的发售界面如图1-40所示。

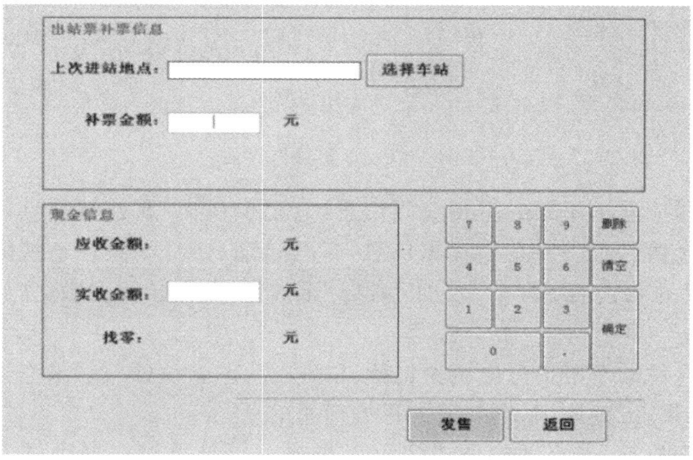

图1-40　出站票的发售界面

4. 储值票操作

（1）储值票发售

储值票发售是指第一次发售储值票，即储值票开卡。票务员将要发售的储值票放在储值票读卡区，单击主界面的储值票按钮，在储值票操作界面中单击储值票发卡。储值票发卡时，须向乘客收取押金。

（2）储值票充值

票务员办理储值票充值时，将储值票放在读卡区，单击储值票按钮，进入储值票操作界面，然后点击充值，在票卡金额中选择金额，最后确认。

（3）储值票退卡

乘客要求将储值票退卡时，票务员将要退的储值票放在储值票读卡区，单击主界面的储值票按钮，在储值票操作中单击储值票退卡。储值票退卡时，在检查储值票完好后，须向乘客返还押金。

5. 车票分析

通过半自动售票机应可以对车票的有效性进行分析，半自动售票机对车票的分析结果应与自动检票机保持一致，车票分析界面如图1-41所示。

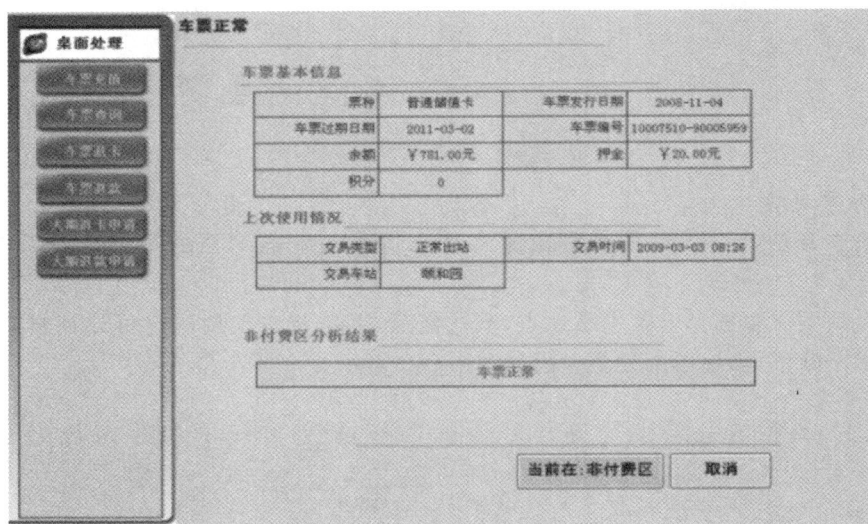

图1-41　车票分析界面

操作员显示器应显示车票的主要编码信息，应至少包括：票种及编号，车票发售地点及时间，车票押金、余值（乘次）及车票优惠信息，车票过期日期，车票在地铁的最近使用车站、设备及日期，车票的状态标志，车票分析结果/无效原因及更新次数，车票需进行处理的信息。

乘客显示器显示的车票信息应至少包括：票种，押金、余值（乘次）及车票优惠信息，过期日期，车票分析结果/无效原因，车票需进行处理的信息。

在完成车票分析后，半自动售票机应可以根据分析结果对车票做进一步的处理，如更新、充值、替换、退款、给予优惠等。

四、半自动售票机的常见故障及处理

半自动售票机的常见故障及处理见表1-5所列。

表1-5　半自动售票机的常见故障及处理方法

序号	故障现象、原因分析与处理方法
1	故障现象:BOM死机
	原因分析:发生此种故障是由于BOM软硬件故障造成的,发现后应当立即维修;若无法维修则应立即报修,此外车站还应做好相应的乘客解释工作
	处理方法: (1)在键盘上同时按下"Ctrl"+"Alt"+"Delete"进行计算机重启工作; (2)若同时按下"Ctrl"+"Alt"+"Delete"无反应,则按主机上的电源按钮关机,等待15s后再开机; (3)若重启后BOM仍然无法使用,则按照规定报修
2	故障现象:BOM无法登录
	原因分析:发生此种故障是由于BOM自身软硬件故障造成无法登录,发现故障后,应立即进行维修,无法修复的立即按照规定报修,同时做好乘客的解释工作
	处理方法: (1)检查读写器连接线是否插紧,重新进行拔插工作; (2)检查主机上的网络连接线是否插紧,重新进行拔插工作; (3)以上两步均需要重启BOM主机,方法参照BOM死机重启步骤
3	故障现象:黑屏
	原因分析:(1)BOM显示器长时间不间断地使用,会导致显示器损坏,所以在夜间停止运营后,最好能够将显示器关闭;在日常使用过程中,注意勿拖拽接线,以免接线出现脱落或接触不良现象
	处理方法: (1)检查BOM显示器后的电源线是否有松动或接触不良现象。检查BOM显示器电源线的另一端是否接在接线板上; (2)检查BOM显示器的信号线(蓝色接头)与主机接口是否有松动或脱落现象; (3)若上述两方法均无效,很有可能是BOM显示器损坏,请按规定流程报修
4	故障现象:出票机组件无法正常发票
	原因分析:(1)票箱无法被识别(2)筹码自动发售器的弹出器故障
	处理方法: (1)检查票箱电子标签连线是否正常连接,在使用界面下方的状态栏中查看票箱是否被识别,票箱打"×"说明没有被识别到,此时需要进行报修; (2)若票无法顺利弹出,可打开出票机组件查看控制板上显示器的工作状态,正常状态为蓝色液晶显示,无乱码,如果不正常则按正常流程报修

序号	故障现象、原因分析与处理方法
5	故障现象：半自动售票机无法正常充值
	原因分析：储值卡读卡器没有正确连接
	处理方法：正确连接储值卡读卡器
6	故障现象：半自动售票机屏幕显示"网络连接失败"
	原因分析：网络出现故障
	处理方法： (1)检查半自动售票机和服务器之间的网络连接是否正常； (2)检查系统服务器软件是否正常运行
7	故障现象：半自动售票机乘客显示器没有显示
	原因分析：乘客显示器电源没有打开或者连接错误
	处理方法：打开乘客显示器电源或者检查线缆连接
8	故障现象：半自动售票机启动后操作员显示器没有显示
	原因分析：半自动售票机内部工控机没有开机或显示器处于关闭状态
	处理方法：打开工控机电源或打开显示器电源
9	故障现象：半自动售票机不能打印凭条
	原因分析：打印机电源没有打开或者打印纸已经用尽
	处理方法：打开打印机电源或者正确安装打印纸
10	故障现象：半自动售票机打印的凭条没有内容
	原因分析：打印机色带没有安装或者已经用尽
	处理方法：正确安装色带或更换色带
11	现象：半自动售票机启动后显示"暂停服务"，不能进入工作状态
	原因：可能是由于维修门没有关上
	处理方法：检查维修门并将维修门全部关紧上锁

知识拓展：

2016年3月21日下午，位于成都地铁运营有限公司2楼的"周胡彬创新工作室"里，一个小伙子正埋头拿着电笔做测试，他就是周胡彬。"这几天正忙着生产移动BOM机。"周胡彬所说的移动BOM正是2015年他申报的6项专利之一。

移动BOM机即移动半自动售票机。在遇到地铁运营高峰期时段或者节假日期间，地铁工作人员可携带该移动半自动售票机在任意地点，为乘客提供充值和处理异常票卡的服务，提高地铁通行效率。

移动BOM机大约等同于iPad的大小，但比iPad稍重。一个10.4英寸的大触屏占据了整个机器的四分之三，剩余的部分则由一个小显示屏组成。周胡彬说："大的触屏采用

Windows XP 系统,和平板电脑差不多,可用于站内信息管理、乘客事务处理、单程票售卖等。旁边小的显示屏则是刷卡用的,拍卡在上面可充值。"而对于为何叫做"半自动"售票机,周胡彬解释:"收钱还需要人工来进行,机器本身由于体积小,没有吞吐钱币的功能。"

任务六　自动查询机和便携式验票器

引导案例

广州的羊城通卡可谓人手一张,不管是坐公交还是搭地铁,嘀嘀之声无处不在。可谁知道羊城通卡是否设有效期? 2014 年 3 月 4 日市民凌先生在地铁站内坐车,先后在几台 TCM 自动查询机上刷卡,查看下坐车记录及卡内余额。他无意间发现,机器屏幕上竟然显示"有效期"一栏。

"以前没留意过,也从来没听说过羊城通有有效期!"凌先生将信将疑,一头雾水,他经常在卡内存入上千元钱,而且每年都会外出几个月,如果羊城通设有效期的话,那么会有不少麻烦,如羊城通卡到期卡内余额是否过期等问题。市民邹小姐在火车站、越秀公园等站点查询时,也发现了这一现象,她的羊城通卡再过 4 年也将"过期"。不过好在邹小姐比较清楚,自己的羊城通卡并无真正的有效期。

针对羊城通卡有有效期,广州羊城通公司方面证实称,羊城通卡并无所谓"有效期",通常只有在坏卡、退卡情况下才予停用,否则卡片可一直使用,卡内余额也没有设有效期或使用期限。至于广州地铁站内 TCM 自动查询机显示问题,该公司客服专员称或为地铁机器问题,跟羊城通方面没有关系,市民不要产生误会。广州地铁工作人员称,现有自动查询机的软硬件多年未更新,所以在栏目细节上出现差错,将尽快纠正。

思考:你能指出自动查询机和验票机之间的区别吗?

一、自动查询机

自动查询机(Ticket Checking Machine,TCM),简称 TCM 机。它安装在非付费区,供乘客自助查看车票的信息及有效性。读取过程不修改车票上的任何数据,自动查询机的操作方式采用触摸屏。自动查询机的外观如图 1-42 所示。

1. 自动查询机的功能

(1)通信功能

TCM 能与车站计算机系统 SCS 进行通信,上传交易数据、寄存器数据和设备状态等信息,接受车站计算机系统 SCS 下发的命令、参数、价格表、黑名单及其他数据信息,并能对版本控制参数执行自动生效处理。当与车站计算机系统 SCS 或线路中央计算机 CC 通信中断

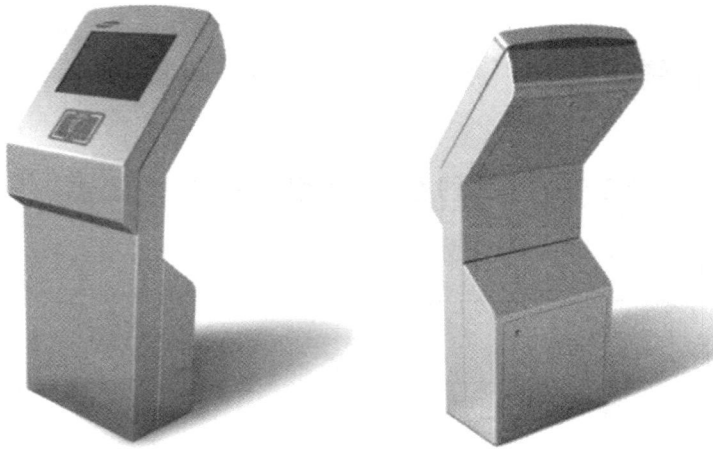

图 1-42　自动查询机的外观

时,应具有单机离线工作和数据保存能力;在通信恢复时,应自动将保存的、未传送的交易数据及时上传。

(2)显示功能

TCM 配备运行状态显示器及触摸式乘客显示器,显示设备运行状态,具有引导乘客进行自助查询和储值票加值的相关操作说明和提示。

(3)票卡验卡功能

TCM 可显示票卡的信息,包括卡号、车票的有效性、车票类别、卡内余额、有效期、卡状态以及最近 10 次交易记录。

(4)储值卡加值功能

TCM 可为储值票卡进行加值,可以接收多种不同面值的纸币,但不设找零。如果充值机由于某种原因没能完成加值(如用户中途撤卡),钞票也会自动退给用户。必须确保 TCM 与中央计算机系统的通信,设备接收到充值授权后,才可正常使用;如果无法接收充值授权,自动查询机将退出运行。

(5)票据打印功能

TCM 可为用户打印客户凭条及每笔流水操作记录等。

(6)查询功能

自动查询机具有车票查询和乘客服务信息查询等功能。车票查询是读取票卡信息,不具备写票功能,车票在车票读写器上停留 1s 内,能显示车票以下内容:车票逻辑卡号、车票类型、余额、使用次数、车票有效期、车票无效原因、交易历史等。

(7)其他服务

TCM 还可进行一些其他的服务,如查询路网票价、车站出入口分布图、地面道路及公交换乘信息等。

2. 自动查询机的结构组成

自动查询机主要包括主控单元(工业级计算机)、纸币识别器、纸币收集箱、液晶显示器、触摸屏、运营状态显示器、弹卡器、IC读写器、天线、维修面板/移动维护终端接口、票据打印机、照明、电源模块(包含UPS)等。

3. 自动查询机的操作界面

自动查询机的操作界面如图1-43所示。

图1-43　自动查询机的操作界面

二、便携式验票机

便携式验票机(Portable Card Analyser,PCA)简称PCA。它是一种移动设备,由车站工作人员随身携带,用来对乘客所持公共交通卡和单程票进行查询,方便车站工作人员在收费区内对有关票卡的有效性进行检验并显示检验结果,为及时解决票务纠纷提供帮助。其外形如图1-44所示。

车票有效性检查的内容有:密钥安全性检查、黑名单检查、票种检查、车票状态检查、有效期(使用时间)检查。

便携式验票机可以显示的车票信息有:车票编号、车票余值、车票有效期、车票进/出站状态、车票历史交易记录。

便携式检票机的基本功能就是查验车票,对各种车票进行限时、限程信息有效性检查,显示车票信息和历史使用信息等;对越站、超时及无效票除有信息显示外,还具备声音提示,必要时便携式验票机还可以增加车票更新功能。

图 1-44 便携式验票机的外观

便携式验票机应具有外部接口用于与外部设备进行数据交换，主要可以用于参数下载。如果允许更新车票数据，则便携式检票机需要保存交易记录，并可以通过数据接口将交易记录导出车站计算机系统。

便携式验票机内置电池，使用时无需连接外部电源。目前的便携式验票机基本上都是使用无记忆的可充电锂电池作为设备电源。

知识拓展：

天津地铁智慧出行——智能自助票务服务终端

为进一步提升天津轨道交通线网运营和智能化水平，打造智慧化票务服务载体，持续推出便民服务举措，天津轨道交通运营集团在文化中心、红旗南路、建国道、陈塘庄、学府工业区、直沽 6 个试点车站上线"智能自助票务服务终端"，如图 1-45 所示，方便津城百姓出行。

"智能自助票务服务终端"是一台融合了人工智能、语音识别等技术的智慧化设备，可实现票务业务办理、票务信息查询以及地铁出行服务查询等功能。小机器融入大智慧，为市民乘客地铁出行保驾护航。

亮点一：票务业务帮您办

乘客可以通过点击屏幕或者语音交互的方式，自助处理使用单程票、一卡通、银行卡和手机 PAY 等各类实体票卡。用地铁 APP 二维码乘车时，还能处理因超时、超程等情况无法进出站的问题。同时，乘客可对地铁特惠票进行激活。

亮点二：票务信息帮您查

乘客在"信息查询"界面，可查询单程票、一卡通、银行卡和手机 PAY 等各类实体票卡的历史交易记录，地铁 APP 乘车二维码的智能行程记录以及地铁票价信息。

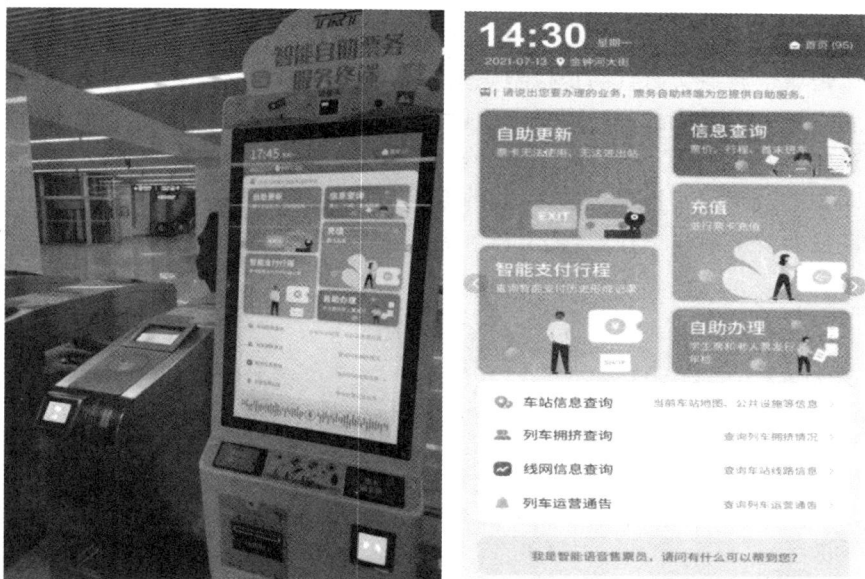

图1-45　智能自助票务服务终端

亮点三：地铁出行帮你忙

乘客可在主界面和"信息查询"界面，找到首末班车时间、地铁线网图、地铁公告以及本站卫生间等各类地铁出行信息。同时乘客还可在主界面中通过左右滑动的方式，查看地铁出行攻略。

这台"智能自助票务服务终端"，作为广大市民的地铁出行管家，让以往需要在客服中心排队咨询解决的问题，如今可以一键操作，自助办理。

复习思考题

一、填空题

1. AFC系统的层次架构共分为车票媒介（读卡器）、_____、_____、线路中央计算机系统、_____，五个层级。

2. 非接触式智能卡车票有_____、_____和CPU卡三种类型。

3. 地铁_____如同公交卡一样，乘客可以先往卡里充入一笔钱，每次乘车刷卡后，从卡里扣除本次消费额，卡内余额不足时可到指定地点充值，适用于经常乘坐地铁出行的人群。

4. 自动售票机由_____、_____、_____、乘客显示器、打印机、电源等模块组成，还可以根据需要配置触摸屏、运营状态显示器、银行卡读写器及密码键盘等部件。

5. 自动检票机根据功能可以划分为_____、_____和双向检票机三种。

6. BOM机，又称为_____，通常安装在票务中心或车站服务中心内，由售票人员操作，完成车票加值、车票分析（验票）、退票及检验、分析有疑问车票，解决票务纠纷。

二、简答题

1. 什么是城市轨道交通自动售检票系统？
2. 车票体系的发展历程分为哪三个阶段？
3. 简述轨道交通 AFC 系统的五层架构。
4. 自动售票机不能发售单程票，可能的原因是什么？
5. 自动检票机不回收单程票，该怎样解决。

项目二 站台安全门系统

学习目标:

1. 了解站台安全门的类型和车站布局;
2. 掌握站台安全门系统的门体结构、门机驱动系统、电源系统和控制系统;
3. 掌握站台安全门的控制方式;
4. 熟悉站台安全门的基本故障处理。

任务一 初识站台安全门

引导案例

上海地铁 2 号线全新站台安全门无感"换装"悄然升级

为配合线路 CBTC 信号系统改造升级,同时也是为后续列车自动驾驶以及列车增能提速做好硬件准备,2021 年 5 月 3 日起上海地铁正式启动了 2 号线站台门换装工程项目,将原有的不具备信号联动功能的电动栏杆改造成具备信号联动功能的安全门。

2号线横贯东西,连接着上海两大机场,是路网中最为繁忙的运营线路之一。在项目启动前,为确保换装工程安全顺利地完成。上海地铁运二公司首创地提出"即拆、即装、即用"概念,解决传统站台门换装方法所面临的安全隐患、现场组织难、乘客体验差等问题。运二公司与站台门供应商共同攻克技术难关,通过搭建实景试验平台,反复模拟验证,最终实现了全新的换装模式的技术突破。在不影响正线运营的情况下,做到了稳定可靠、"乘客无感",成功保障了乘客安全、设施安全和运营安全。

思考:你在乘坐地铁的时候有没有注意过站台边缘的安全门?它的结构是什么?如何控制站台安全门开启和关闭的呢?

☞ 相关知识

站台安全门(Platform Screen Door,PSD)系统是一个集建筑、机械、电子、信息、控制、装饰等学科于一体的综合性门系统,是设置在地铁或轻轨车站站台边缘,把站台区域和列车运行区域相互隔开的设备,如图2-1所示。

列车正确停靠车站时,与列车车门相对应的站台安全门将与车门同时开启,使乘客可以上下列车。在列车车门关闭时站台安全门也关闭,从而使得在列车离站后保持站台区域与轨道区域的隔离。为乘客提供一个更安全、更安静、更舒适的乘坐环境。同时站台安全门的应用还可以为地铁的运营者节约运营成本。

认识安全门

图 2-1 站台安全门

站台安全门在国外的应用较早,已经比较成熟。20 世纪 90 年代,香港地铁在新线建设中开始采用站台安全门系统,2022 年建成开通的广州地铁 2 号线的 16 个地下车站都使用了站台安全门系统,成为我国内地第一个应用站台安全门系统的地下铁路系统。随后上海、深圳、天津、北京等城市的地铁也安装了地铁站台安全门系统,站台安全门系统已经逐步成为现代化地铁中不可或缺的重要设备。随着地铁站台安全门系统的普及,国内多家站台安全门生产企业也逐渐打破了其核心技术被国外几家企业垄断的局面,深圳方大集团于 2006 年 4 月率先研发出了具有自主知识产权的国产化站台安全门系统,通过了国家评审,并且于 2007 年 3 月与深圳地铁签订了一号线续建工程地铁站台安全门系统的总承包合同,标志着我国的地铁站台安全门产业已经进入世界先进行列!

一、站台安全门系统的主要作用

1. 安全

(1)杜绝了乘客或者物品跌入隧道区间而发生安全事故,保障了列车的安全正点运营;

(2)封闭的站台区间,提高了候车乘客及车站工作人员的安全感;

(3)可为无人驾驶的地铁系统提供可靠的安全保障。

2. 节约运营成本

(1)对于采用空调系统的地铁,由于空调风不再散失到隧道中去,大大降低了空调系统的能耗,节约了电费,同时减小了空调设备的安装容量,降低空调系统的初投资;

(2)减少了对站台工作人员的数量要求,节约运营的人员成本。

3. 舒适

(1)减少列车进站和离站时所带来的噪声、活塞风等的影响,使候车环境更安静舒适;

(2)减少隧道中的灰尘等污物进入车站,提供一个更加清洁的候车环境;

(3)减少因安全事故导致的列车误点,保障准点运行;

(4)乘客能更加有序从容地上下列车、提高了效率。

二、站台安全门系统的分类

站台安全门系统从结构形式上可分为全封闭式和开放式两种类型。全封闭式安全门系统又称为屏蔽门系统,开放式安全门系统又分为全高式安全门系统和半高式安全门系统两种形式。

1. 全封闭式安全门系统

全封闭式安全门系统一般用于地下车站站台,门体顶箱上部与站台顶面之间由支撑结构和盖板密封,多用于设有空调系统的站台。全封闭式安全门系统既可以保证乘客的安全,还可以隔断区间隧道内气流与车站内空调环境之间的冷热气流的交换,所以要求全封闭式安全门系统的气密性良好,这样才能使车站与区间的热交换降到最低程度,达到节能的目的,如图 2 - 2 所示。

图 2-2　全封闭式安全门

2. 开放式安全门系统

开放式安全门系统有全高安全门系统和半高式安全门系统两种。

（1）全高式安全门系统

全高式安全门系统主要安装于地下车站站台，门体结构超过人体高度，门体顶部距离站台顶面之间有一段不封闭空间，总体高度约为 2050mm，如图 2-3 所示。

2050mm

图 2-3　全高式安全门

与全封闭式安全门系统相比较，两者的结构形式基本相同，只是全高式安全门系统的上部不封闭，门体的下部可以根据需要设置通风口，可以比较容易地升级为全封闭式安全门系统。

（2）半高式安全门系统

半高式安全门系统主要安装于地铁、轻轨等轨道交通地面或高架车站，门体结构不超过人体高度，不具有密封性能，如图 2-4 所示。

半高式安全门系统的主要作用是保证乘客的安全，高度一般为 1.2～1.7m。与前两种形式相比，半高式安全门系统安装简单快捷，与土木建筑工程接口较少，造价低，建设周期短。

图 2-4 半高式安全门

三、站台安全门系统的车站布局

1. 岛式

岛式站台共布置两侧站台安全门系统,包括与列车门对应的活动门及固定门、应急门、端头门,还有一个屏蔽门设备室和两个 PSL 控制盘。如图 2-5 所示为岛式站台安全门的布置示意图和外观图。

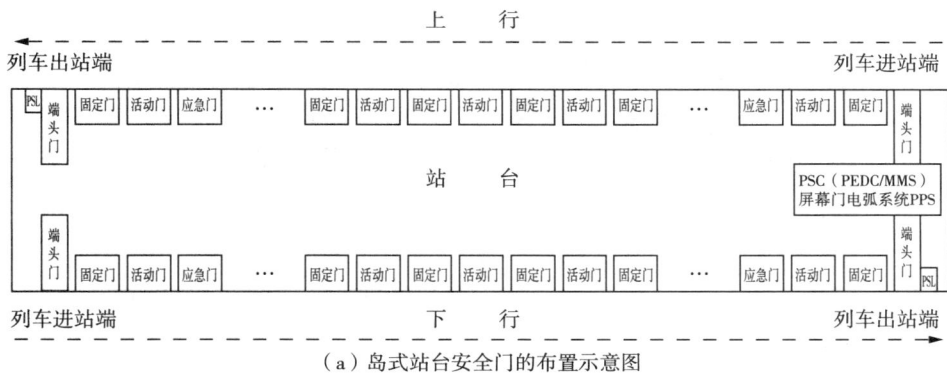

（a）岛式站台安全门的布置示意图

（b）岛式站台安全门的外观图

图 2-5 岛式站台安全门的布置示意图和外观图

2. 侧式

侧式站台共布置两侧站台安全门系统,包括与列车门对应的活动门及固定门、应急门、端头门,还有一个站台安全门设备室和两个就地控制盘(PSL)。如图 2-6 所示为侧式站台安全门的布置示意图和外观图。

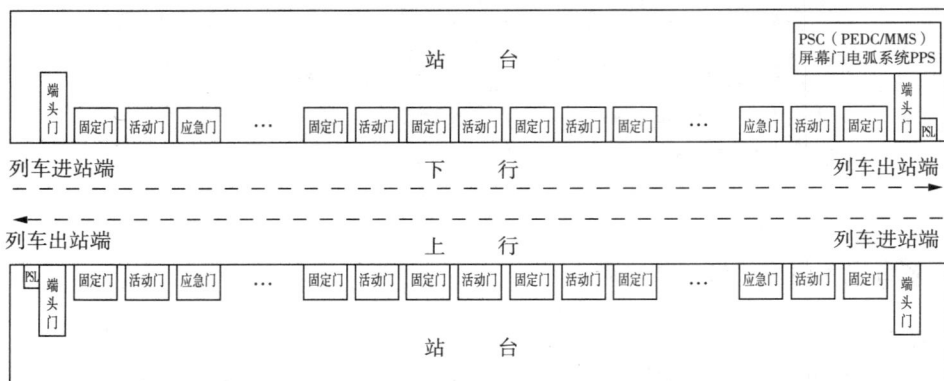

(a)侧式站台安全门的布置示意图

(b)侧式站台安全门的外观图

图 2-6　侧式站台安全门的布置示意图和外观图

3. 两岛式

两岛式站台共布置四侧站台安全门系统,包括与列车门对应的活动门及固定门、应急门、端头门,还有一个站台安全门设备室(当有不同系统并行时需两个站台安全门设备室)和四个就地控制盘(PSL)。如图 2-7 所示为两岛式站台安全门的布置示意图。

4. 一岛两侧式

一岛两侧式站台共布置四侧站台安全门系统,包括与列车门对应的活动门及固定门、应急门、端头门,还有一个站台安全门设备室(当有不同系统并行时需两个站台安全门设备室)和四个 PSL 控制盘。如图 2-8 所示为一岛两侧式站台安全门的布置示意图。

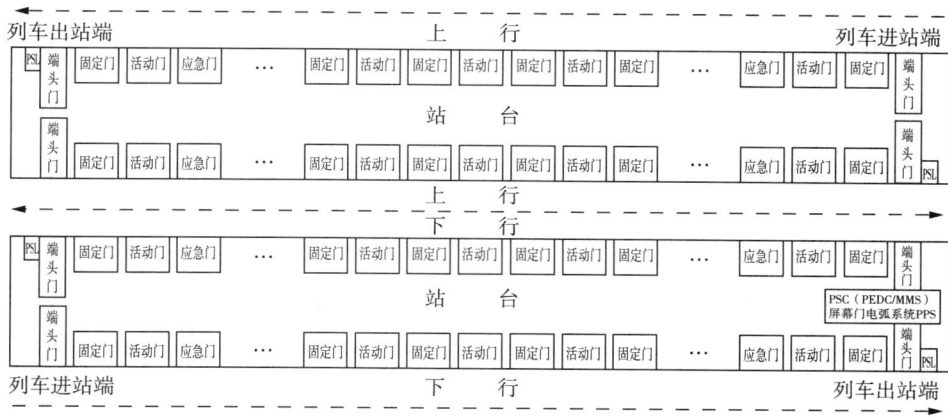

图 2-7　两岛式站台安全门的布置示意图

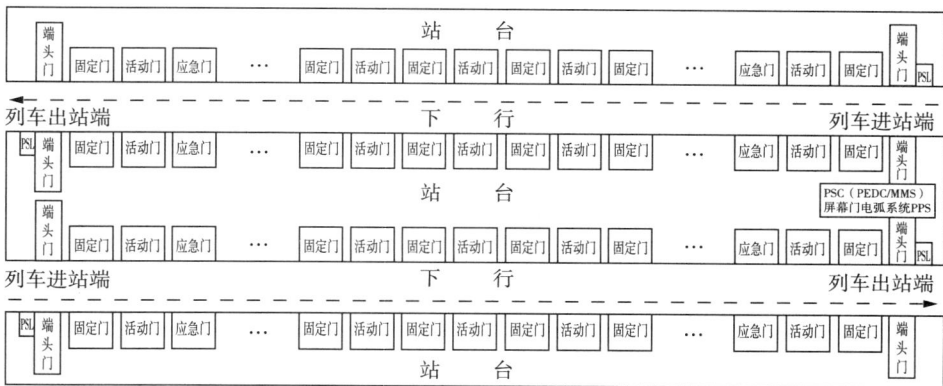

图 2-8　一岛两侧式站台安全门的布置示意图

四、站台安全门系统的设计原则

（1）站台安全门系统应设置在车站站台边的有效站台长度范围以内，以有效站台中心线为基准向两端对称布置。

（2）站台安全门系统要根据列车具体编组形式、停车精度要求、采用的车体类型（如 A 型车或 B 型车）以及列车运行速度及当地气候条件（如温度、湿度、风压、地震条件）等资料进行综合设计。

（3）站台安全门系统在站台边缘的设置和外形尺寸任何时候不得侵入列车行驶动态包络线，安全门系统的任何构件在轨道侧应满足《地铁限界标准》（CJJ 96—2003）规定的设备限界要求。车站设置安全门时，安装尺寸应考虑在门体弹性变形状态下，站台安全门最外突点至车辆限界间有不小于 25mm 的安全间隙。

（4）站台安全门系统最大运行强度一般保证至少每 2min 开闭 1 次，每天可连续正常运行 20 小时，每年可连续运行 365 天。

知识拓展：

站台安全门相关术语及省略语：

序号	术语	描述
1	ASD(Automatic Sliding Door)	滑动门
2	EED(Emergency Escape Door)	应急门
3	FIX(Fixed Panel)	固定门
4	MSD(Manual Secondary Door)	端门
5	PSL(PSD Local Control Panel/PSD)	就地控制盘
6	PSC(Platform Station Controller)	中央接口盘
7	DCU(Door Control Unit)	门控单元
8	DOI(Door Open Indicator（light alarm）)	门状态指示灯
9	EOI(Emergency escape door Open Indicator（light alarm）)	应急门状态指示灯
10	FDP(Fixed Drive Panel)	固定侧盒
11	LCB(Local Control Box)	就地控制盒
12	PEDC(Platform End Door Controller)	逻辑控制单元
13	PSD(Platform Screen Door)	站台安全门
14	PSA(Platform Screen Door Alarm)	操作指示盘
15	IBP(Integrated Backup Panel)	综合后备盘

任务二　站台安全门系统的组成

引导案例

　　某年 10 月 26 日 18 点 25 分左右，正值晚高峰大客流期间，上海地铁 1 号线一列往莘庄方向的列车到达漕宝路站后。因站台乘客较多，车门、屏蔽门开关门两次，此时正在站台安全监护的站务员发现有一男乘客疑因在车门关闭警告灯亮起后仍继续上车，被夹在屏蔽门与列车中间，同时触发防夹人、夹物安全装置启动。

　　站务员立即按压附近的紧急按钮以锁定列车静止，并用对讲机快速向车站值班员报告。

18点26分，司机根据指令重新开启车门与屏蔽门，被夹乘客在站务员及车厢内乘客的帮助下进入车厢。18点28分，车站在确认乘客安全无受伤、双门关闭无夹人、夹物后恢复正常动车。上海地铁也再次提醒市民乘客"宁等一列车，不抢一扇门"。

设置安全门（屏蔽门）的初衷是为了安全，在大多数情况下，安全门是关闭的，只有在列车停稳，列车门打开时，安全门才会同步开启。根据客流情况，从开启到关闭十几至几十秒不等，列车门关闭时安全门必须同步关闭。

现在的安全门都具备障碍物保护功能，一旦接触到障碍物，就会弹开。关闭弹开这个动作会重复三次，如果依然接触到障碍物，安全门就此停住。这时候安全门的门头灯就会闪，报告故障。

思考：安全门系统主要由哪些部分组成？安全门上的状态指示灯闪烁代表什么情况？

☞ 相关知识

站台安全门系统一般由机械和电气两大部分构成，机械部分主要包括门体结构和门机驱动系统，电气部分包括电源系统和控制系统。站台安全门系统结构图如图2-9所示。

安全门机械结构

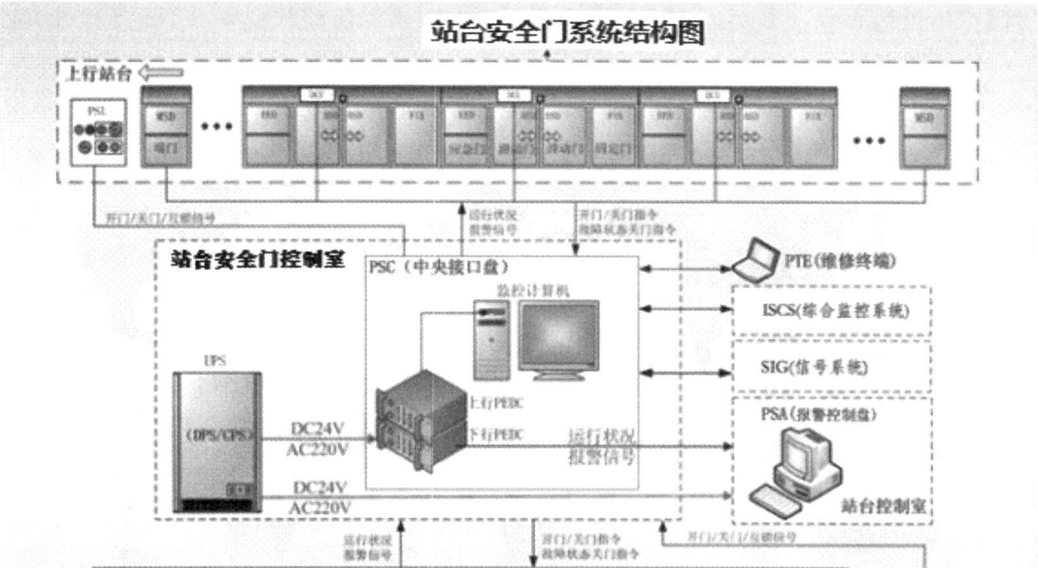

图 2-9　站台安全门系统结构图

一、门体结构

站台安全门系统的门体结构主要包括门本体、顶箱和固定侧盒、承重结构等部件,如图2-10所示。

图2-10 站台安全门系统的门体结构示意图

1. 门本体

门本体包括滑动门、固定门、应急门、端门等。一对滑动门的开度要求不小于2米,应急门和端门的开度要求不小于1.1米,以方便乘客上下车,并保证紧急情况下乘客的疏散速度,如图2-11所示。一个典型站台安全门系统,每侧站台包含24道滑动门、6道应急门和2道端门。

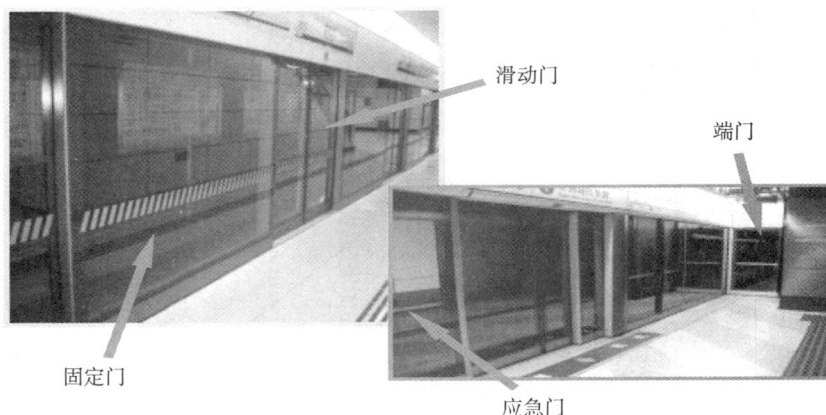

图2-11 站台安全门的门本体

(1)滑动门

滑动门(Automatic Sliding Door,简称ASD)为正常运营时乘客上下车的通道,与列车车门一一对应,其开门方式采用中分双开方式,关闭时作为车站站台公共区与隧道区域的屏障,也可以作为车站隧道区域发生火灾或列车故障时乘客的疏散通道。滑动门玻璃上设必要的指示标示,以便引导乘客。滑动门顶箱上安装有门状态指示灯(Door Open Indicator,简称 DOI)

滑动门有障碍物检测装置,检测障碍物最小厚度为 5mm,当滑动门遇到障碍物时应弹开或停止运行,以保护被夹乘客或物品。

滑动门设有解锁机构,手动开锁机构与设置于顶箱内的锁紧装置联动,在非正常运营模式和紧急运营模式时,站台工作人员或乘客手动打开滑动门,实现解锁。即每扇滑动门在轨道侧均可用把手、在站台侧均可用"通用"钥匙对滑动门进行开/关操作。手动解锁把手采用内置式:在站台侧看是隐型把手,但在轨道侧看,有明显识别标志。手动解锁钥匙孔的设置位置为防止无关人员的损坏,往往位置较高,滑动门结构如图 2-12 所示。

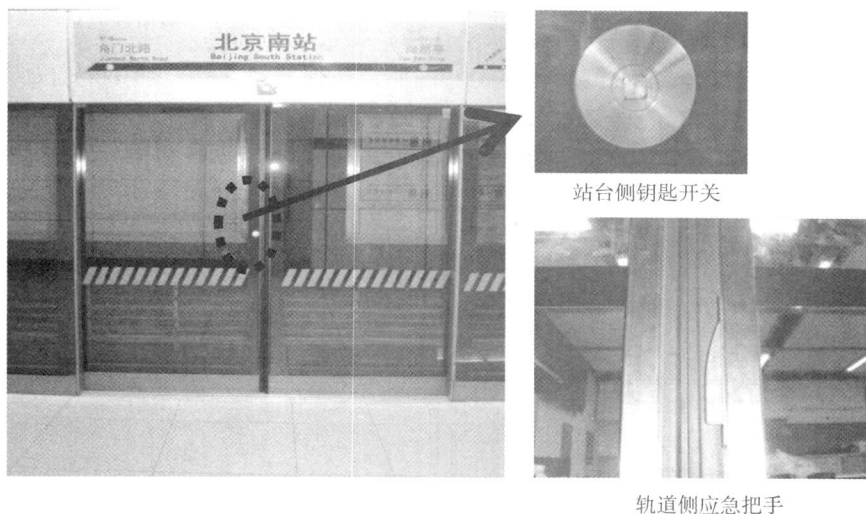

站台侧钥匙开关

轨道侧应急把手

图 2-12 滑动门结构

对于开放式安全门系统,每道滑动门(ASD)配有两个门状态指示灯(DOI),分别置于滑动门左、右两侧的固定侧盒上,两个门状态指示灯功能一致,同步动作,如图 2-13 所示。

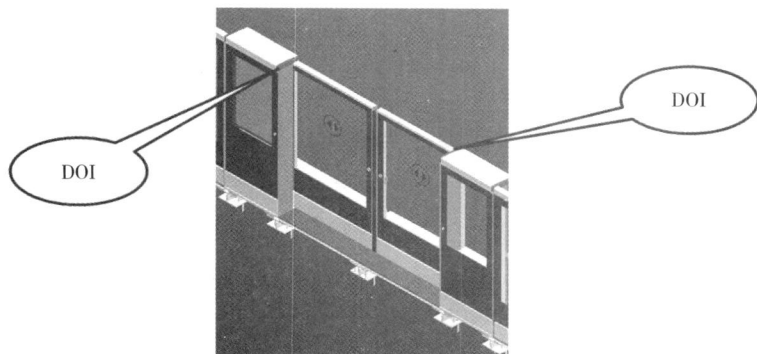

图 2-13 开放式安全门系统滑动门结构

（2）固定门

固定门（Fixed Panel，简称 FIX）为不可开启的门体，位于滑动门与滑动门、滑动门与应急门之间，是站台与区间隧道隔离和密封的屏障。固定门由钢化玻璃、门框等构成，高度与滑动门一致。

（3）应急门

应急门（Emergency Escape Door，简称 EED）是紧急情况下乘客的疏散通道。在正常运营状态，应急门一般当作固定门使用，应保证关闭且锁紧，在公共区与隧道区间起隔离作用；当列车进站无法停靠在允许的误差范围位置时，必有一道列车门对准应急门，此时应急门可作为乘客应急疏散通道。

应急门上设有门锁装置，站台工作人员可在站台侧用钥匙开门，轨道侧设有开门推杆，推杆与门锁联动。乘客在轨道侧推

端门和应急门操作方法

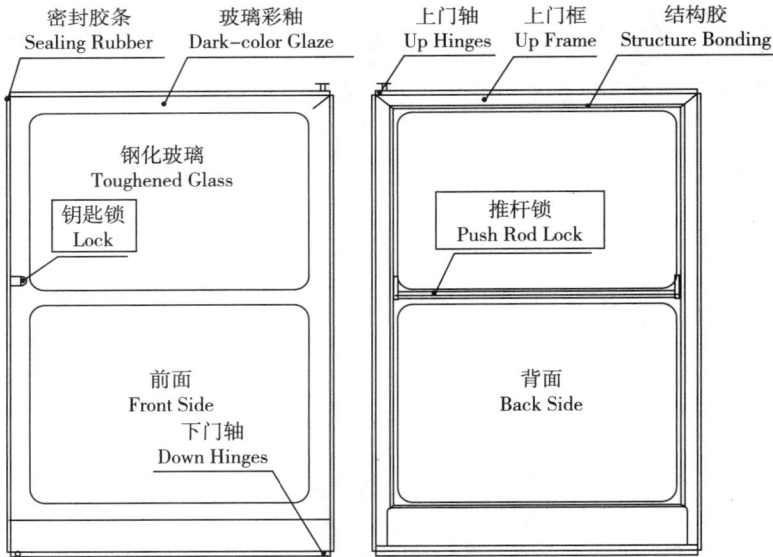

压推杆将门打开，应急门向站台侧旋转 90°平开，能定位保持在 90°开度，不应自动复位，开关门时，除密封件外不允许有门扇其他部件与站台地面摩擦。开门推杆设有明显的指示标识。应急门锁闭信号和解锁状态信号反馈到中央接口盘 PSC 中。应急门未"关闭且锁紧"情况下，该扇应急门相邻滑动门的状态指示装置会发出声光报警，应急门结构示意图如图 2-14 所示。

图 2-14　应急门结构示意图

（4）端门

端门（Manual Secondary Door，简称 MSD）是车站工作人员在站台和轨道之间的进出通道，同时兼顾紧急情况下疏散乘客的要求。端门有门锁装置，正常运营状态下，端门保持关闭且锁紧；在紧急情况下允许手动打开，即工作人员可在站台侧用"通用"钥匙、乘客在轨道侧推压开门推杆将门打开。端门打开后能自动复位至关闭，开门推杆设有明显的指示标识。

端门顶箱上设有声光报警装置,端门向站台侧旋转90°平开。开/关门时,除密封件外不允许门扇有其他部件与站台地面摩擦。端门状态信息送入中央接口盘PSC,再由中央接口盘PSC上传至车控室,并显示。端门开启时间超过一定时间(可调)应报警。

2. 顶箱和固定侧盒

全封闭式安全门系统设有顶箱,顶箱内设置有门单元的门机梁(含导轨)、驱动机构、传动机构、门锁装置、门控单元(DCU)、配电端子、就地控制盒、门状态指示灯等部件。顶箱对上述部件起密封保护作用,顶箱内部结构如图2-15所示。

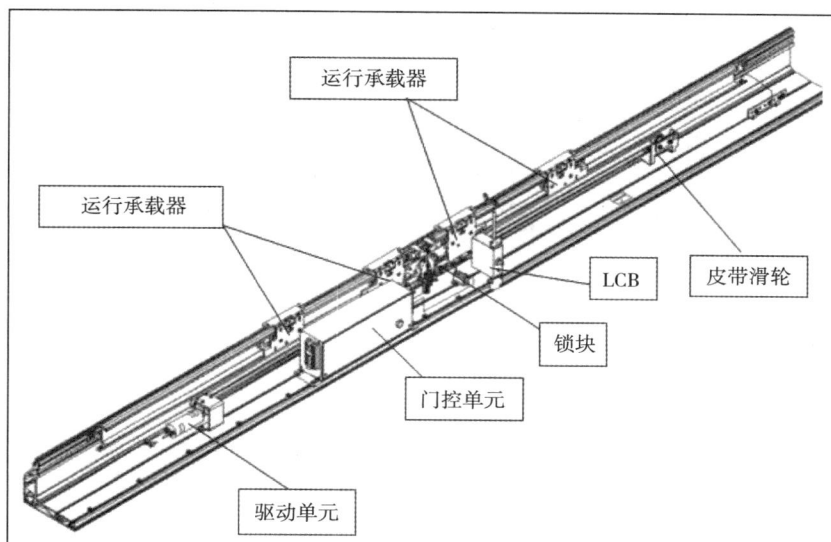

图 2-15 顶箱内部结构图

开放式安全门系统在滑动门两侧设有固定侧盒,其内设置安全门单元的驱动机构、门锁装置、门控单元(DCU)、配电端子箱、门状态指示灯等部件。固定侧盒对以上部件起密封保护作用。固定侧盒可用专用钥匙在站台侧打开,方便对侧盒内设备进行维护,如图2-16所示。

3. 承重结构

全封闭式安全门系统采用底部支撑和顶部悬挂相结合的结构形式。其承重结构包括:底座、门槛和立柱、顶部自动伸缩装置等,如图2-17所示。立柱与门槛基体和上部连接件相连,为站台安全门的主要受力构件,采用不锈钢材料。立柱以及下面的底座是主要承重结构,底座通过绝缘件与站台板进行螺栓连接,既保证牢固可靠,又保证站台安全门系统与站台板地面绝缘隔离。门槛位于所有滑动门的下

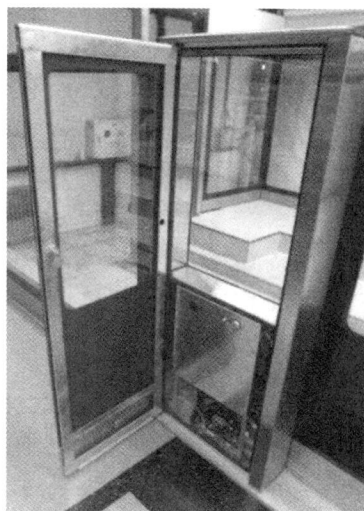

图 2-16 固定侧盒示意图

端,采用铝合金材料,表面作防滑处理,避免乘客经过时发生不必要的摔倒,同时其与站台板进行绝缘固定,防止乘客触电。

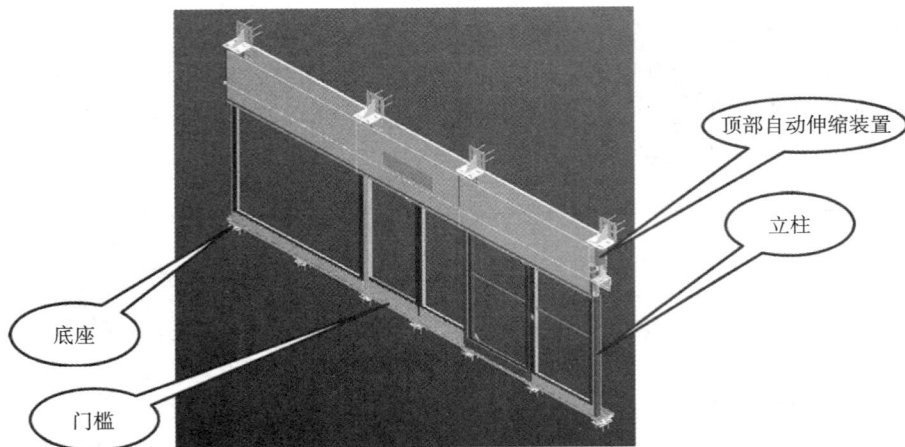

图 2-17 全封闭式安全门承重结构示意图

开放式安全门系统底部支撑结构包括门槛和底座两部分,门槛上面设有盖板。盖板表面有防滑花纹,具有足够的耐磨性能和防滑性,如图 2-18 所示。

图 2-18 开放式安全门承重结构示意图

二、门机驱动系统

门机驱动系统主要由驱动电机、传动装置和锁紧装置三部分组成。如图 2-19 所示为全封闭式安全门系统的门机驱动系统,图 2-20 所示为半高式安全门系统的门机驱动系统。

1. 驱动电机

驱动电机分为交流电机、直流电机两类,直流电机又分为直

安全门门机系统

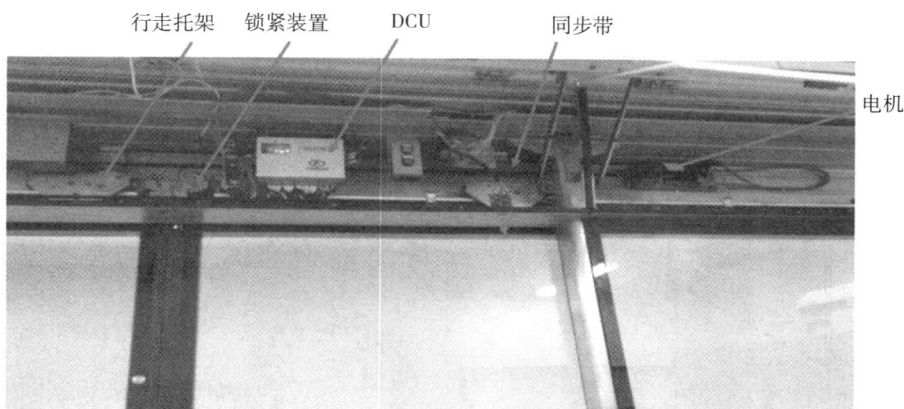

图 2 - 19　全封闭式安全门的门机驱动系统

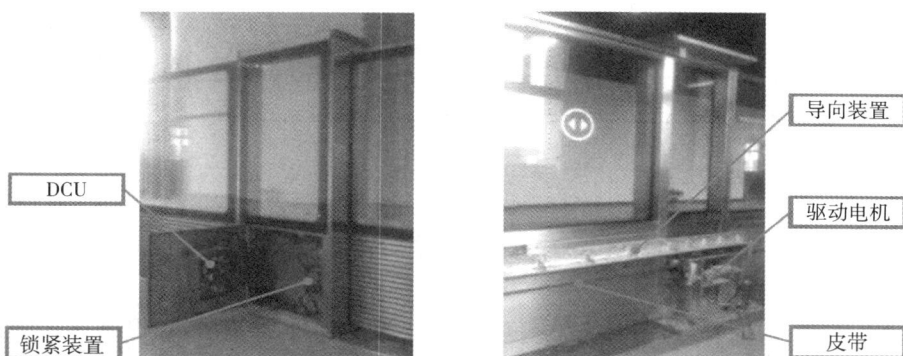

图 2 - 20　半高式安全门的门机驱动系统

流有刷电机及直流无刷电机。

直流无刷电机具有低转速、无噪声、免维护保养、寿命长、体积小、大扭矩、过载能力强、响应快、特性线性度好等特点。

2. 传动装置

传动装置常见的有同步齿形带传动和丝杆螺母传动两种形式,如图 2 - 21 所示,图(a)为同步齿形带传动结构图,图(b)为丝杆螺母传动结构图。

全封闭式安全门系统的门机传动系统采用同步齿形带传动方式,如图 2 - 22 所示。由单个直流电机-减速器组合驱动,整个传动装置安装在顶箱内,由以下部分组成:同步齿形带、反向滑轮、滑轮挂件组(如图 2 - 23 所示)、皮带锁扣、导轨和闭锁单元。反向滑轮用于调节皮带松紧度,滑轮挂件组用于拖动滑动门扇。电机通过带轮和同步带传递动力,将旋转运动转换为直线运动。滑动门扇通过滑轮挂件与同步带固定,左边门扇固定在同步带的上端,右边门扇固定在同步带的下端。电机旋转时,滑动门扇平移运动。

半高式安全门系统单个门扇传动装置的原理如图 2 - 24 所示。传动装置包括电机、转动滑轮和齿形皮带组成,皮带与滑动门的门扇连接。

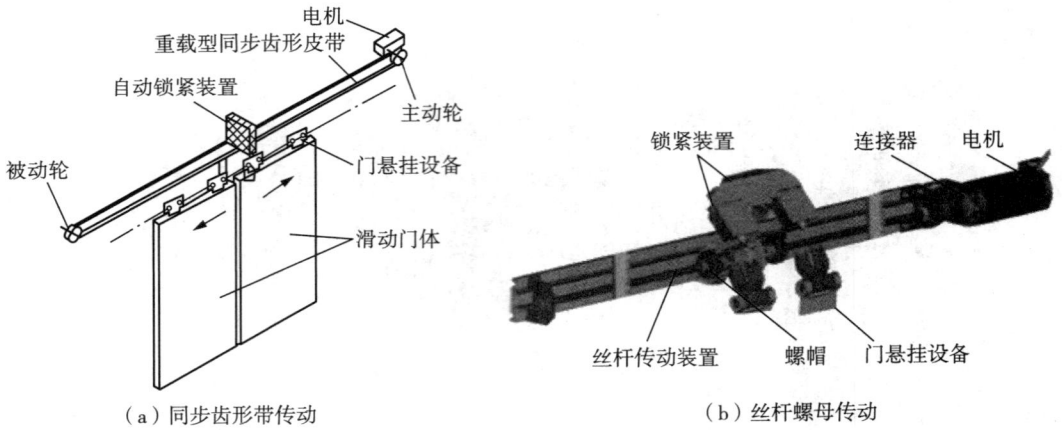

电机
重载型同步齿形皮带
自动锁紧装置
主动轮
被动轮
门悬挂设备
滑动门体

（a）同步齿形带传动

锁紧装置
连接器
电机
丝杆传动装置
螺帽
门悬挂设备

（b）丝杆螺母传动

图 2-21　装置传动

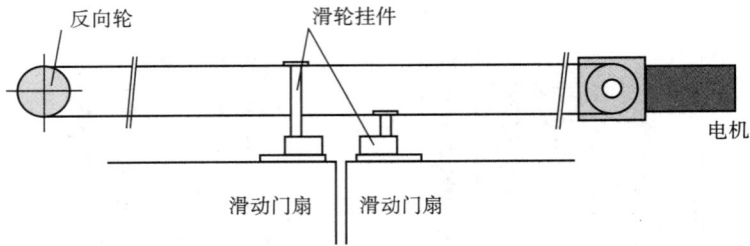

反向轮
滑轮挂件
电机
滑动门扇　滑动门扇

图 2-22　全封闭式安全门传动装置示意图

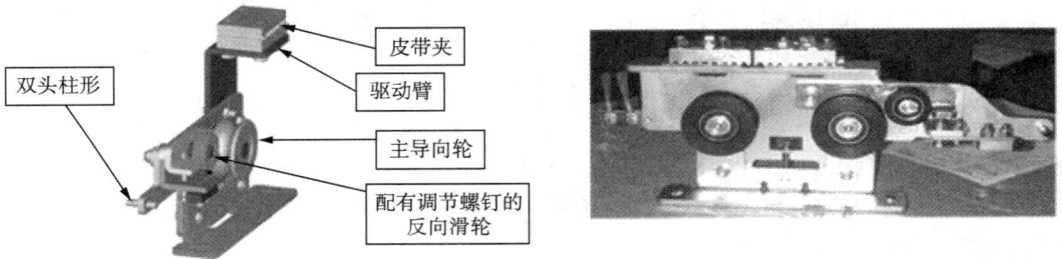

双头柱形
皮带夹
驱动臂
主导向轮
配有调节螺钉的
反向滑轮

图 2-23　滑轮挂件组结构示意图

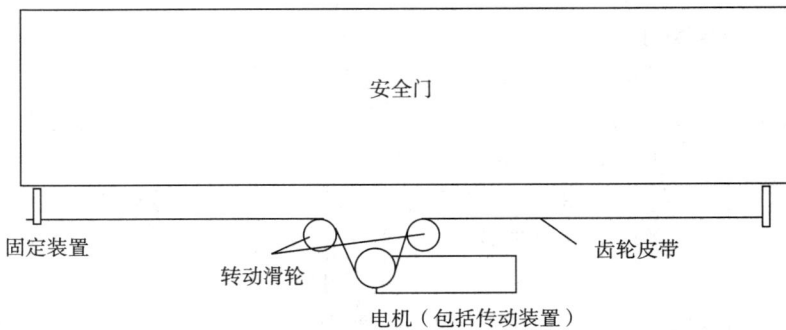

安全门
固定装置
齿轮皮带
转动滑轮
电机（包括传动装置）

图 2-24　开放式安全门系统单个门扇传动装置的工作原理

3. 锁紧装置

站台安全门系统的滑动门锁紧装置由锁块、位于滑轮挂件上的双头柱形锁销、行程开关、解锁电磁铁、闭锁辅助弹片等组成,如图 2-25 所示。

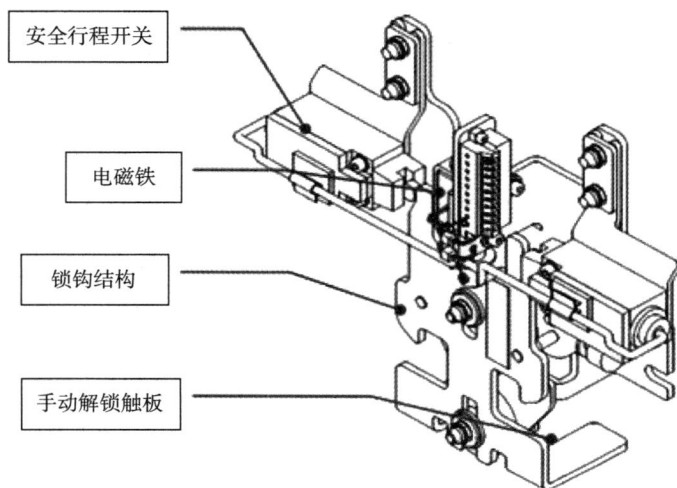

图 2-25　锁紧装置

行程开关的常闭触点将滑动门的锁闭状态反馈给门控单元 DCU(双行程开关构成双切回路),解锁电磁铁由门控单元 DCU 控制。

全封闭式安全门滑动门还配有手动机械解锁装置,如图 2-26 所示。当在轨道侧操作

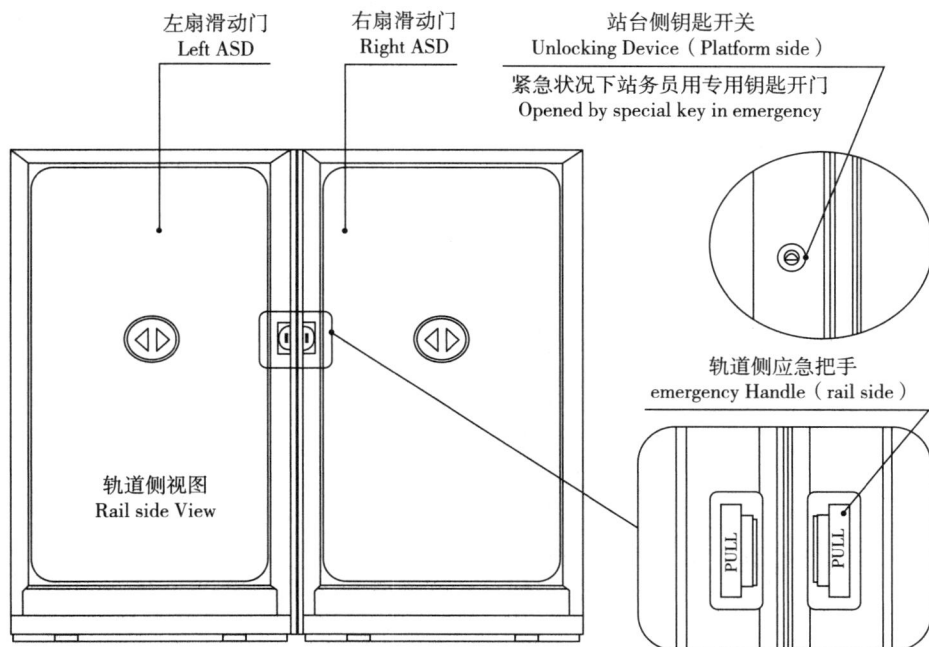

图 2-26　全封闭式安全门滑动门的手动机械解锁装置

手动解锁装置或在站台侧用钥匙解锁时，解锁装置内的解锁推杆将锁块推起，此时行程开关触点断开，DCU 探测到此状态后会自动驱动电机，将门扇自动开启到一定开度。待一段延迟时间过后，DCU 驱动电机使门扇自动关闭。

开放式安全门系统滑动门的位置和状态通过两个独立的安全开关监控。在滑动门开门前，锁单元通过由门控单元 DCU 控制的电磁锁紧锁。开放式安全门系统的锁紧装置结构如图 2-27 所示。

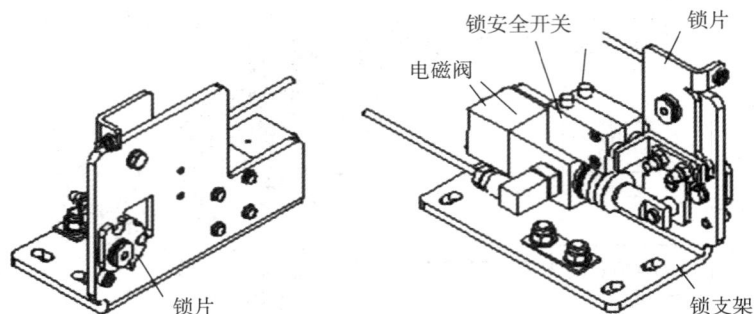

图 2-27　开放式安全门系统的锁紧装置结构图

三、电源系统

站台安全门的电源系统由双电源切换装置、驱动电源、控制电源、蓄电池四部分组成，如图 2-28 所示。站台安全门系统为一级负荷供电，采用双回路供电，两路交流输入经低压配电箱切换后给站台安全门系统供电，同时，配备独立的蓄电池组。出于安全防护因素，站台安全门的电源系统需要与车站其他系统隔离，通过设置隔离变压器实现，把站台安全门电源系统作为独立系统配置。

屏蔽门电源系统

图 2-28　站台安全门电源系统

驱动电源和控制电源分开设置,相互独立,分别配置配独立的蓄电池组。驱动电源为滑动门之驱动提供电源,控制电源为站台安全门系统的控制系统提供电源。

电源容量按六辆编组进行配置。在交流断电时,蓄电池能保证双侧站台所有门单元在60分钟内动作3次;蓄电池能提供控制设备持续运行60分钟所需的能量。

电源系统主要部件采用模块化功率部件,可实现完善的$N+1$备份功能、在线式热插拔及在线维修功能。

1. 双电源切换装置

双电源切换装置设置在站台安全门控制室内,可对主备两路电源自动切换。正常状态时由主电源供电,当主电源断电,相电压过压、欠压或缺相时,经设定的时延后自动切换到备用电源供电。当主电源恢复正常后,经设定的时延后,自动返回主电源供电。

当主备电源出现断电,相电压过压、欠压或缺相时,控制器发出报警声,提示及时修复。

2. 驱动电源

驱动电源可采用智能高频开关直流电源,也可采用大型交流 UPS。UPS 一般由 UPS 主机、蓄电池、馈线柜等组成。驱动电源主要考虑分散电源故障风险,通常根据列车每节车厢门的数量确定驱动电源回路数量,每一回路为一节车厢一个门单元提供驱动电源,如图2-29所示。

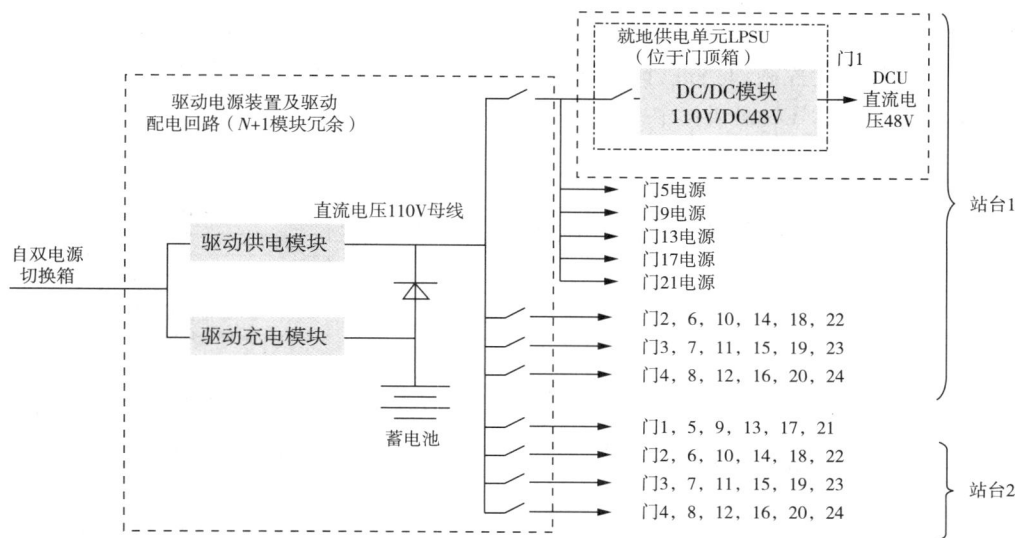

图 2-29 驱动电源简图

驱动电源主要由整流模块、监控模块、绝缘监测、电池巡检及充放电管理模块、驱动蓄电池组、馈线回路等构成。整流模块分为两组:一组用于为站台安全门系统提供直流 110V 驱动电源,另一组用于驱动电源的蓄电池充电。驱动电源充电模块与驱动供电模块单独设置。整流模块具有在线热插拔、在线维修、$N+1$冗余备份功能,具有过压、过流保护,主机设备单点故障不会引起整台设备的故障,过载能力强,维护方便,可靠性高。

驱动电源配电回路位于驱动电源配电柜中,为车站两侧站台的安全门提供直流 110V 的驱动电源。

（1）给两侧站台提供驱动电源的供电回路相互独立，一侧站台的安全门的供电回路故障不会影响另一侧站台的安全门的正常运行。

（2）每个供电回路均有断路器保护，在接地故障或电路短路故障时，可以提供必要的保护。

（3）每侧站台由4个供电回路，分别向每节车厢的4个门供电，保证对应一节车厢的其中一个回路电源故障时，其余3个门能够正常工作。

为了避免驱动供电回路长距离电缆敷设而产生较大的压降，从而影响站台安全门的正常供电，在每个站台安全门的门单元顶箱内配置两个直流就地供电单元（110V/48V，直流/直流转换模块），供电单元主要是110V/48VDC－DC转换模块，为各门单元的门机控制器（DCU）供电。该供电单元具有宽电压输入范围，即使到门头的驱动供电电压降到80V，DC/DC模块仍能够输出稳定的直流电压48V电源给DCU，从而确保各门单元的正常工作。

3. 控制电源

控制电源主要由不间断电源、隔离变压器、监控模块（带液晶显示屏）、绝缘监测模块、蓄电池、馈电单元及软件等构成，控制电源可完成外部电源停电后，蓄电池投入供电的功能，如图2－30所示。

控制电源采用不间断电源作为后备电源，主要为PSC、PSL、IBP、逻辑监控模块等设备供电，控制电源的UPS独立于驱动电源。控制电源与驱动电源工作原理一致，在控制回路配电方面采取各功能控制回路进行单独配电，保障实现降级功能，在采用直流电源模块时还使用模块冗余技术、UPS冗余技术。

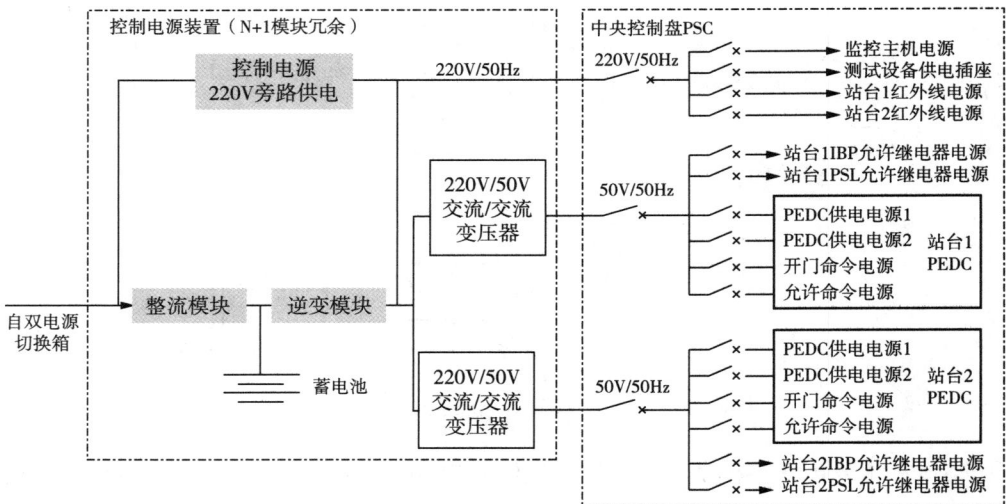

图2－30 控制电源简图

4. 蓄电池

蓄电池采用铅酸免维护型蓄电池，充电采用高频开关模式。当市电输入发生故障时，由蓄电池为门单元供电，电池容量满足完成3次开、关站台安全门的要求，并能维持站台安全门控制系统运行 30min,同时向安全门系统发出报警信息。当市电恢复时,能自动恢复正常运行模式。

蓄电池是保障站台安全门系统的电源系统不间断供电的关键设备,是一种储能装置,可实现电能与化学能的转换。充电时,电能转换为化学能储存起来;停电时,蓄电池放电,化学能转换为电能,目前多采用免维护铅酸蓄电池。

四、控制系统

1. 控制系统的组成

站台安全门控制系统由中央接口盘(PSC)、就地控制盘(PSL)、综合后备盘(IBP)、门控单元(DCU)、就地控制盒(LCB)和操作指示盘(PSA)以及通信介质及通信接口等设备组成。控制系统应满足设备安全可靠运行的需要,满足非正常状态下乘客安全疏散的需要。

控制系统

站台安全门系统设备在车站的分布情况及各控制单元之间的关系如图 2-31 所示。中央接口盘 PSC 及监控主机一般设在车站安全门设备室内,站台安全门操作指示盘 PSA、紧急操作盘 IBP 设在车站控制室内,就地控制盘 PSL 一般安装在非公共区域与轨行方向平行的设备房墙壁上。

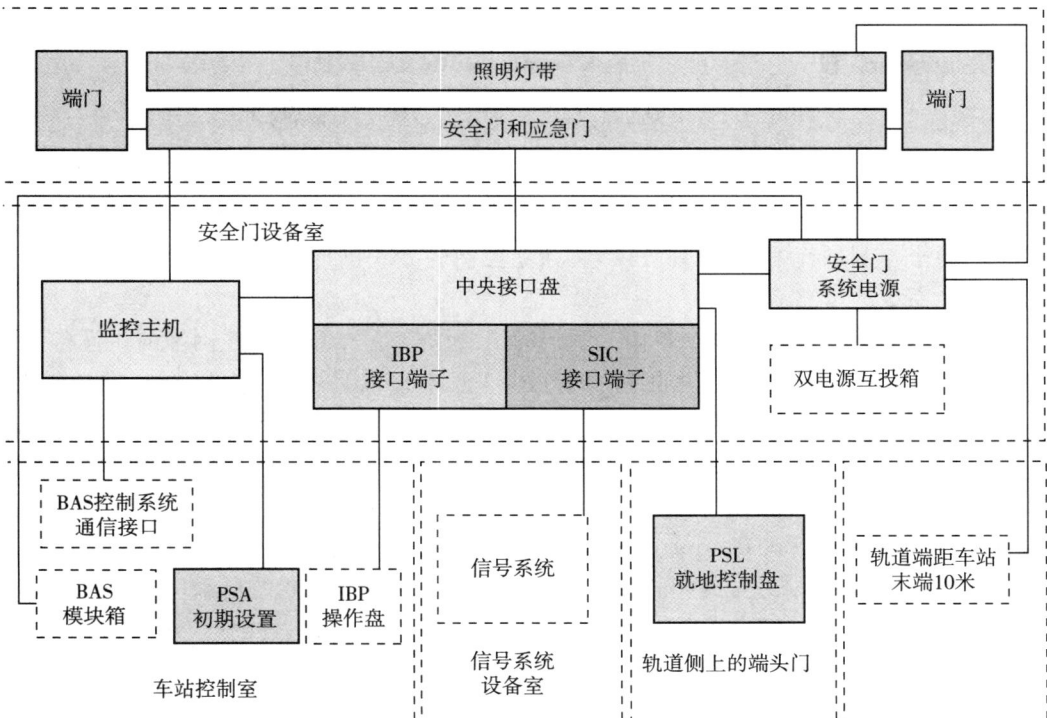

图 2-31　站台安全门控制系统

（1）中央接口盘（PSC）

中央接口盘（Platform Station Controller，简称 PSC），是站台安全门控制系统的核心。中央接口盘（PSC）包括柜体逻辑控制单元控制器、监控主机及显示终端、信号系统和综合监控系统的接口装置等，中央接口盘（PSC）的盘面布置及内部结构如图 2-32 所示。中央接口盘（PSC）包括两套独立单元控制器（Platform Edge Door Controller，简称 PEDC），分别控制上行及下行两侧屏蔽门，确保一侧安全门的故障不影响另一侧安全门的正常运行。

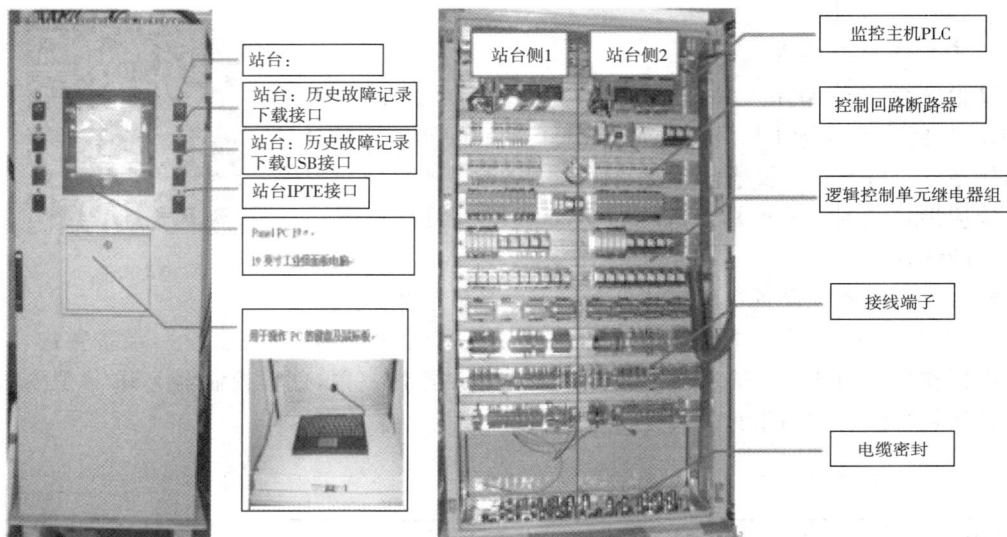

图 2-32　中央接口盘（PSC）的盘面布置及内部结构图

中央接口盘（PSC）的控制回路采用安全继电器完成综合后备盘（IBP）、就地控制盘（PSL）及信号系统（SIG）等部分的控制功能，在继电器发生故障时也能保证站台安全门可靠运行。在各个控制过程中，采用分散供电、独立控制的方式进行设计，确保系统中部分故障不影响整个系统的可靠运行。

单元控制器（PEDC），是每个控制子系统的主要设备，属于整个总线网络的主设备，可以实现系统内部信息的收发、采集、汇总和分析，实现与综合监控系统（ISCS）、就地控制盘（PSL）、各模块之间的信息交换，能够查询逻辑控制单元中各个回路的状态；具有运行监视功能及自诊断功能。

（2）就地控制盘（PSL）

就地控制盘（PSD Local Control Panel，简称 PSL），盘面布置图如图 2-33 所示。为了运营时方便列车司机操作，全封闭式安全门系统和开放式安全门系统所采用的 PSL 的面板一样，即"开/关门"和"ASD/EED 互锁解除"的功能和操作方式以及操作钥匙均相同。

每侧站台两端端门外各设置一套 PSL，PSL 的设置位置与正常停车时列车驾驶室门相对应，以便于列车驾驶员开关控制安全门。PSL 应具有与单元控制器（PEDC）连接的硬线接口及电源接口。PSL 具有对整侧安全门进行开关控制的功能，当信号系统无法对安全门进行开关控制时，站台工作人员可通过 PSL 对安全门进行开关门的操作。当个别安全门因故障不能关闭且锁紧而无法发车时,在人为保障安全的前提下,站台工作人员或列车驾驶员可通过 PSL 向信号系统发出"互锁解除"信号,允许列车离站。

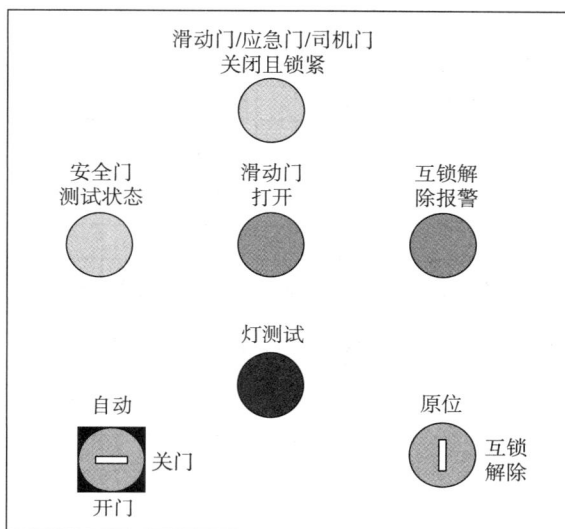

图 2-33 PSL 盘面布置图

"关闭且锁紧"状态指示灯为绿色,当所有门单元关闭且锁紧后,指示灯亮;若某一个 ASD/EED 没有关闭且锁紧,这个绿色的指示灯将熄灭。

"开门指示"状态指示灯为红色,当所有滑动门单元全开到位后,指示灯亮;滑动门打开/关闭过程中,指示灯闪烁。

"互锁解除"状态指示灯为红色,强制执行互锁解除钥匙开关时,这个红色的指示灯将被点亮。转动互锁解除钥匙开关可将"互锁解除"信号送到信号系统。当转动的力释放后,钥匙通过自动复位功能自动回到正常位置。

开关门钥匙开关共设三个挡位,分为自动位、关门位、开门位,通过旋转开关到达各自位置,可以对所有滑动门发出开/关门命令。

指示灯测试按钮为绿色,使用指示灯测试按钮后,PSL 上所有的指示灯将被点亮,以检测是否有指示灯损坏的。

(3)综合后备盘(IBP)

综合后备盘(Integrated Backup Panel,简称 IBP),以每侧站台安全门为独立的控制对象,在 IBP 盘上设置有开门按钮、关门按钮、开门状态指示灯、关门状态指示灯等,并设置一个测试按钮来测试 IBP 上安全门指示灯的工作状态。开门、关门状态指示灯能实时反映门状态,显示功能与 PSL 的状态指示灯一致。在 IBP 上操作一侧安全门的开门命令时,不影响另一侧安全门的正常控制,IBP 盘的控制面如图 2-34 所示。

(4)门控单元(DCU)

门控单元(Door Control Unit,简称 DCU)是滑动门电机的控制装置,DCU 功能见图 2-35。

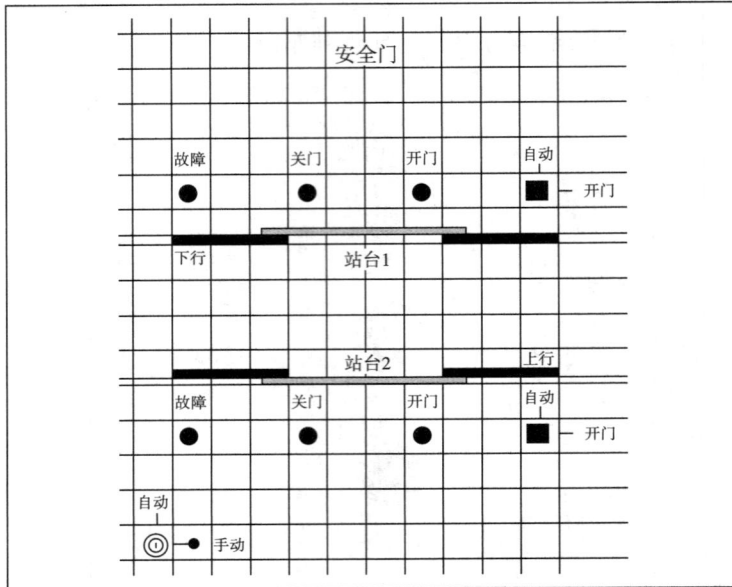

图 2-34　IBP 盘的控制面

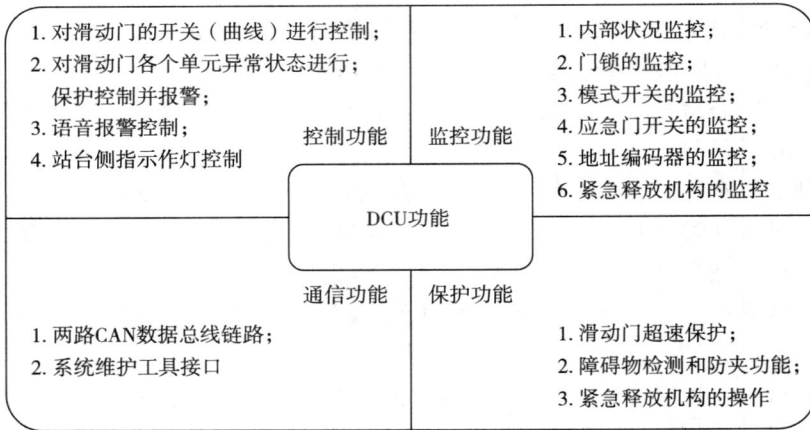

图 2-35　DCU 功能

DCU 控制结构框图见图 2-36。全封闭式安全门和全高安全门每对滑动门单元配置一个门控单元,安装在顶箱内,如图 2-37 所示。由 1 个 DCU 控制 1 个电机,带动两扇滑动门进行开关运动。半高式安全门每对滑动门有两个 DCU——主 DCU(如图 2-38 所示)和从 DCU(如图 2-39 所示),分别放置在相应滑动门的固定侧盒中。两个 DCU 通过主—从电缆通讯。DCU 由 CPU 组、存储单元、接口单元及相关软件组成。DCU 对声光报警状态进行监视,并将此状态送至 PSC。DCU 执行系统控制设备和就地控制设备发来的控制命令。采集并发送门状态信息及各种故障信息。

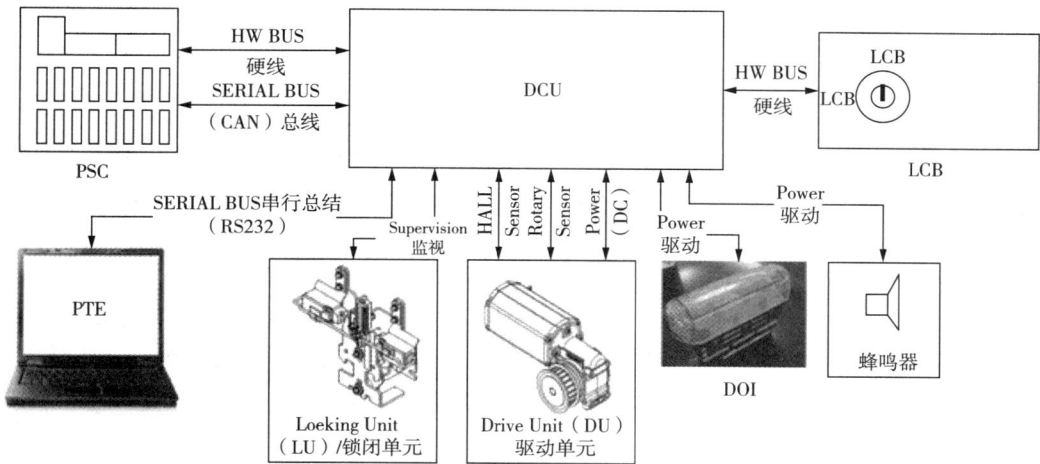

图 2-36 DCU 控制结构框图

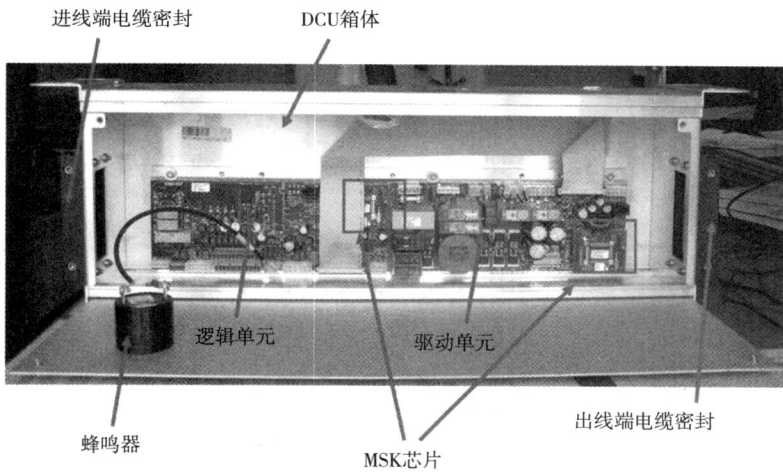

图 2-37 全封闭式安全门的门控单元

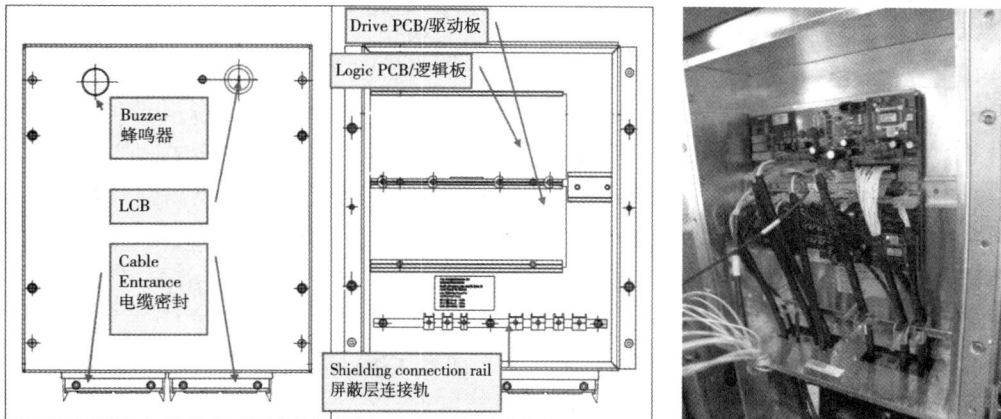

图 2-38 开放式安全门门控单元主 DCU

安全门门控单元从 DCU 如图 2-39 所示。

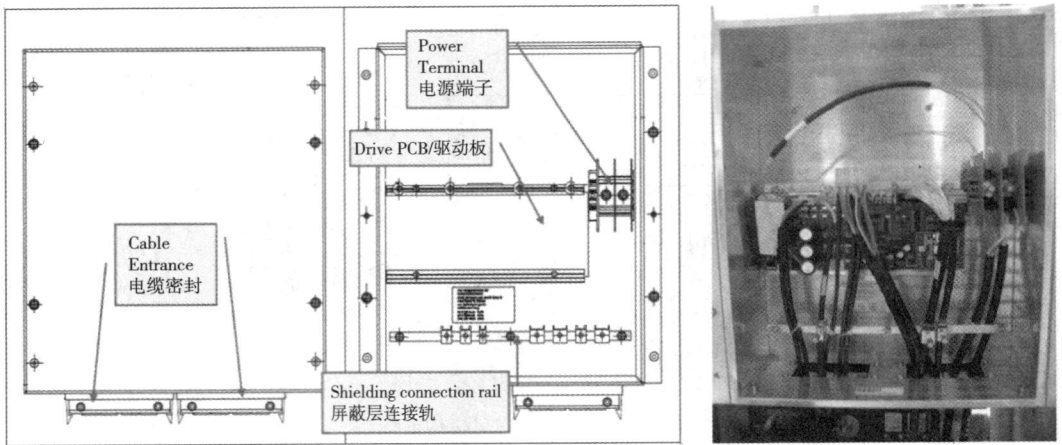

图 2-39　开放式安全门的从 DCU

（4）就地控制盒（LCB）

每道滑动门配置一套就地控制盒（Local Control Box，简称 LCB）。

全封闭式安全门和全高式安全门的就地控制盒（LCB）一般安装在滑动门门楣左下方，如图 2-40 所示。

图 2-40　就地控制盒 LCB

开放式安全门的就地控制盒（LCB）集成在主 DCU 上，如图 2-38 所示。

LCB 设"自动、隔离、手动开门、手动关门"四档可选择。当钥匙处于"自动"位置时，允许门控单元接收中央接口盘的"开门命令"与"关门命令"。当钥匙处于"隔离"位置时，单个滑动门单元与系统隔离，隔断本单元的电力供应，不影响整个系统的正常工作，便于维修。当钥匙处于"手动"位置时，维修人员可以对单个滑动门进行手动开门或手动关门的操作。

（5）操作指示盘（PSA）

操作指示盘（Platform Screen Door Alarm，简称 PSA），能监视控制系统各设备的运行状态，能实现系统内部信息的收发、采集汇总和分析，实现与 PSC、PSL、DCU 等设备之间的信息交换，具有存放数据和软件的存储单元，具有运行监视功能和自诊断功能。每个安全门控制室内设置一套 PSA，PSA 通过现场总线接口连接至 PSC。PSA 具有设备维护、故障查询和故障定位功能。通过现场总线在线监视所有门机控制器的工作运行状况和故障状态信息，能够监视站台端头就地控制盘的工作状态和故障状态信息。如图 2-41 所示为操作指示盘。

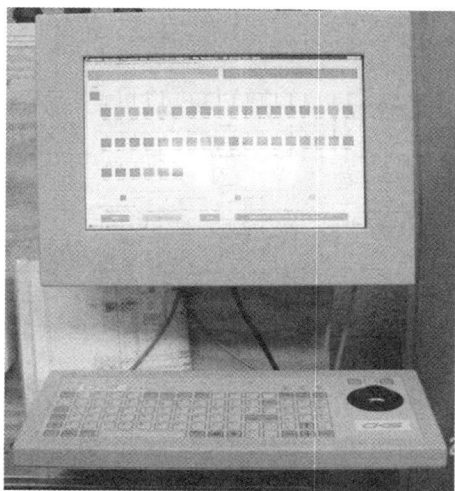

图 2-41　操作指示盘 PSA

安全门控制方式

2. 控制方式

站台安全门控制系统一般具有系统级控制、站台级控制、手动级控制三级控制方式，如图 2-42 所示。其中，手动级控制为最高优先级，系统级控制为最低优先级。

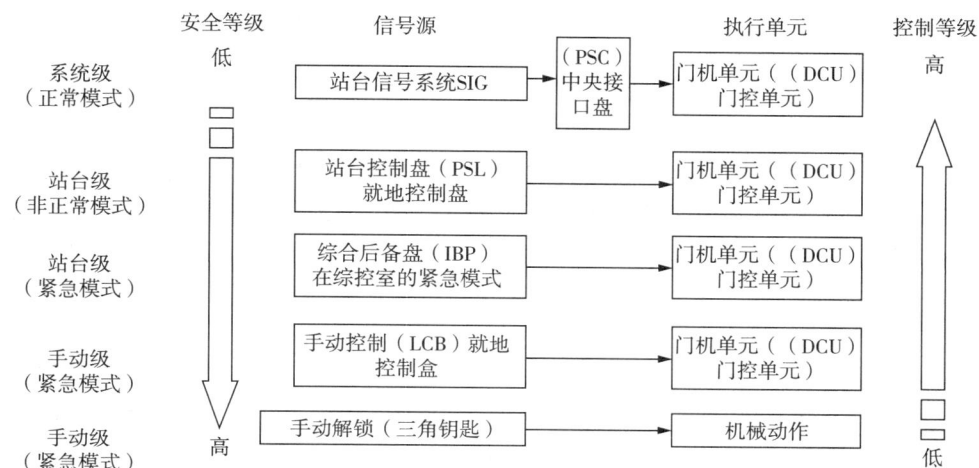

图 2-42　站台安全门系统的控制方式

（1）系统级控制

系统级控制方式是在正常运行模式下由信号系统直接对安全门进行控制的方式。在系统级控制方式下,列车到站并停在允许的误差范围内时,列车信号系统向安全门发出开/关门指令,控制指令经信号系统发送至安全门中央接口盘(PSC),中央接口盘(PSC)通过门控单元(DCU)对滑动门开/关进行实时控制,实现安全门的系统级控制。开启时,门状态指示灯和PSC上ASD/EED状态指示灯点亮,中央接口盘(PSC)、就地控制盘(PSL)和综合后备盘(IBP)上所有滑动门、应急门关闭且锁紧状态指示灯熄灭。系统级控制时开关门流程见图2-43所示。

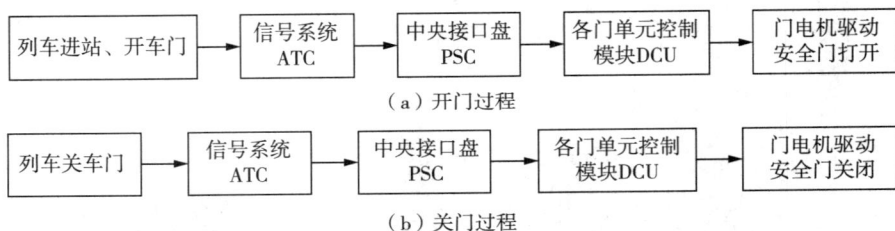

（a）开门过程

（b）关门过程

图2-43 站台安全门系统及控制开关门流程

在开/关门过程中安全门都需要进行防夹检测,如果检测到滑动门被夹,则认为该档滑动门在开/关时遇到了障碍物,于是PSC撤销开/关门命令,滑动门停止动作复位并延迟3秒(时间可调),再重新开/关滑动门。如果滑动门在尝试开/关三次(重新关闭的次数可调节)后,障碍物还没有排除,它将打开至全开的位置并且保持不动,蜂鸣器发出警报声,需要进行人工操作,将该档滑动门进行隔离,等待维修。

（2）站台级控制

① 就地控制盘(PSL)控制

a. 当系统级控制方式不能打开或关闭滑动门时,如信号系统故障、站台安全门自控系统故障等情况,列车驾驶员或站台工作人员可通过PSL对滑动门进行开门、关门操作,实现站台安全门的站台级控制。

b. 当个别站台安全门由于故障无法发出"关闭且锁紧"信号时,或滑动门全部关闭后,所有"ASD/EED关闭且锁紧"信号丢失或信号系统无法确认安全门是否锁闭而不能发车时,列车驾驶员或站台工作人员,在人为保障安全的条件下,即在确认没有乘客或物体夹在滑动门中间后,可以通过专用钥匙操作位于PSL上的"互锁解除"开关进行互锁解除操作,向信号系统发送允许列车离开站台指令,允许列车离站。此时,"ASD/EED互锁解除"状态指示灯点亮。

② 综合后备盘(IBP)控制

当列车在非运营期间进行系统测试时,可操作车控室IBP盘,实现对整侧安全门的开关控制。当出现紧急情况时,如列车火灾、区间隧道、站台、站厅等处发生火灾时,可操作车控室IBP盘,实现安全门紧急运行模式,得到授权的工作人员可用专用的钥匙开启车控室内IBP盘上的操作允许开关,操作开门/关门按钮,对整侧安全门进行开关控制。

IBP命令属于紧急状态下的紧急开门命令,优先级高于PSL控制和系统级控制,所有连接采用硬线。IBP上"应急控制"开关转到"IBP操作允许"位置后,按下"开门"按钮后,全部滑动门将打开。或者按下"开启首末门",相应侧的首末各1道滑动门打开。在执行IBP的火灾应急功能时,信号系统与就地控制盘(PSL)对滑动门的控制权被取消。

③ 手动级控制

a. 就地控制盒(LCB)

当站台上的个别滑动门发生故障无法自动打开时,站台人员可在站台侧操作门体上方的就地控制盒(LCB)开关滑动门。

b. 专用钥匙

当个别滑动门发生故障,站台工作人员可根据需要,在站台侧使用专用钥匙打开滑动门。站台人员也可根据需要在站台侧用专用钥匙打开应急门和端头门,但打开应急门时必须确认行车安全。

c. 手动推杆

在轨道侧可通过手动推杆来开启滑动门、应急门、端门。

知识拓展:

　　在安全门开始投入使用前,为了保证可靠控制,还必须经过一系列严格的检测。因为安全门是电磁感应的,所以要检测它的电磁兼容性,确保在使用中安全门不会受到其他设备的干扰,当然也不能干扰其他设备。随后安全门还要进行防撞击试验,试验人员可拿几十千克的沙包向安全门上撞击,检测它的牢固性。此外,安全门还要经过上百万次的开关测试,合格后才能使用。

安全门保护装置

任务三　站台安全门的维护和故障处理

引导案例

"站台门守护者"护航地铁安全运营

　　2021年10月1日9时许,作为地铁"站台门守护者"的门梯技工郭师傅早已穿戴整齐,准备出发。巡检开始前,他一件一件地清点工器具,这些工器具他早已熟悉,但每次还是十分细心地准备,保证随身携带的工器具齐全完好。

　　"一般检查一个站大概30分钟,不仅要看,还要摸,检查是否松动,还要听,听是否有异响。"郭师傅认真地说。当日的任务是检查从3号线孙村站至乐乡站这11个站的屏蔽门,44道端门、132道应急门、660道滑动门,这些门是否正常开关,站台门控制室里的蓄电池是否无变形、无漏液,控制设备是否无报警,检查接线是否松动脱落等,每一项检查他都认真对待,不敢有一丝马虎。

郭师傅的工作从不会因为节日而减少,今年国庆假日也不例外。自2019年加入地铁,这是他参加工作的第3个年头。虽然过节时不能和家人团聚,但他常说"身在其位、必尽其责,过节时更要专心工作,我得用我的坚守,来保障乘坐地铁的每一位乘客安全准时到达,这也是我们每一个地铁人的责任!"

作为地铁的门梯护卫,郭师傅时刻牢记自己肩头的责任,无数个日夜,每次检修一圈下来,他都会汗流浃背。他说,在今后的日日夜夜,他还将继续坚守自己的岗位,为地铁安全运营保驾护航。

思考:你遇到过安全门故障吗?你觉得如何才能避免安全门事故?

一、站台安全门的维护

巡检是通过观察站台安全门设备的运行状态,与标准常态进行比较,以便及早发现异常,及时将故障解决于发生的初期,尽量避免故障后维修。根据设备的运行特点,巡检内容见表2-1。

表2-1　站台安全门巡检内容

项目	内容	标准
门体	检查门体玻璃	无划伤和破裂现象
	检查滑动门开、关门情况	同步、顺畅,无拖地、无二次关门
	检查门头指示灯	能正确反映门的状态
	检查门体外观	无刮痕、无擦伤、防尘盖无脱落
	检查绝缘地板清洁、保养情况	无破损,不潮湿,无气泡、无深度划痕、无揭皮等现象。与安全门密封连接,密封条无脱落、凹陷等现象
	绝缘地板与密封胶条连接情况	与安全门密封连接,密封条无脱落、凹陷等现象。修复处理后,保证门体、绝缘地板绝缘达到要求
电源系统	检查驱动UPS电源。检查内容包括:进线电压、输出电压、功率因数、运行状态、电池组串联电压、电池温度、外观	电源参数正常,指示灯显示正常,无报警声,无历史故障记录,风扇运行正常。电池温度不烫手、无变形、无漏液、无鼓胀、接线端及气孔无盐霜现象
	检查控制UPS电源。检查内容包括:进线电压、输出电压、运行状态、指示灯测试、环境温度、UPS/电池/主机有否过载、电池温度、外观	电源参数正常,指示灯正常,无报警声,风扇运行正常。电池温度不烫手、无变形、无漏液、无鼓胀、接线端及气孔无盐霜现象

（续表）

项目	内容	标准
控制系统	检查 PEDC 工作状态、插接状况	检查 PEDC 投入使用通道的状态指示灯长亮，备用通道的状态指示灯闪烁，则接口可靠连接
	检查系统双切箱电压、电流是否正常	电源参数正常
	查看监视系统（PSA）报警信息	无故障报警信息
	检查 MODBUS 工作状态	MODBUS 与主控正常通信，指示灯正常
机房	检查机房的温度	机房温度≤30℃，相对湿度≤80%
	检查机房有无漏水	天花板无渗水的痕迹，各冷风机管道和风口无滴水、漏水现象

二、站台安全门的故障处理

1. 站台安全门的故障提示

（1）现场提示：故障安全门门头灯亮起，并伴随报警提示音。

（2）司机位置提示：司机可通过安全门监视器观察到故障门情况，同时可根据发车计时器旁边的安全门关闭开启表示灯判断安全门是否全部关闭（绿色表示安全门安全回路构成，红色表示安全门安全回路不构成，也就是表示有一个或多个安全门未关闭且未进行互锁解除操作或互锁解除操作失效）。

屏蔽门故障排除

2. 站台安全门的故障处置原则

（1）关门故障处理：在保证安全的前提下以尽快使列车出站为原则。

（2）开门故障处理：以尽快为乘客乘降提供条件为原则。

3. 注意事项

（1）当接到某次列车报告某车站安全门出现故障后，应及时与车站进行联系，要求车站尽快处置，并及时报修。

（2）确认安全门故障，且车站需要互锁解除接发列车时，要及时通知后续列车司机，在安全门故障车站进站及出站过程中，注意运行安全。

（3）当接到车站报告，安全门故障一时无法恢复且需要互锁解除接发列车的报告后，及时做好信息汇报工作。

（4）控制好列车运行间隔，防止因车站互锁解除操作失误（互锁解除钥匙为自复试钥匙）造成列车紧急制动后的列车降级现象。

（5）做好变更闭塞的准备工作，在接到车站报告安全门故障，且互锁解除失效后，及时发布变更闭塞及控制权下放的调度命令。

（6）遇列车车载 ATP 故障，改按进路闭塞法办理行车时，及时通知相关车站，协助司机手动开启关闭安全门。

（7）遇列车车门与安全门不联动，且车站 PSL 失效，无法开启整列安全门时可以通知司机通过广播由乘客从内侧手动开启安全门。

(8)当出现安全门故障后,不要盲目通知车站进行互锁解除操作,原因如下:

① 调度员不在现场,不了解现场情况,不了解安全门故障原因,无法判断是卡物还是卡人,如果盲目要求车站进行互锁解除操作,很有可能造成次生事故。

② 如果为单个安全门关不上,车站没有进行单个故障门操作,而直接进行互锁解除操作,故障门位置没有工作人员看守,容易造成次生事故。

(9)当全列安全门无法正常开启,且车站通过 PSL 无法开启安全门时,不要盲目要求车站使用应急控制盘进行操作。

(10)接到综控员报告安全门故障后应通过 ISCS 进行查看,确认故障内容,有些综控员不能正确判断安全门故障,从而影响后期处置。

(11)接到综控员报告安全门故障后,不要说尽快隔离等语言,因为车站安全门有隔离开关,车站进行隔离操作后,不能将故障安全门切除安全回路,列车依旧不能收到推荐速度。

站台安全门常见故障及处理方法见表 2-2 所列。

序号	故障现象与处理方法
1	故障现象:列车到站后,一道或多道滑动门不能正常打开
	处理方法:
	(1)司机发现安全门故障,做好乘客广播,报告行车调度,并通知车站站务人员,如有必要,适当延长停站时间;
	(2)站台站务人员发现两道及以下安全门不能打开或门头指示灯报警时,立即将故障门单元LCB开关转到"手动关"位,打开安全门,引导乘客从正常滑动门上下车;
	(3)站台站务人员发现 3 道及以上安全门不能打开或门头指示灯报警时,立即将故障门单元LCB开关转到"手动开"位;如果打不开,则使用三角钥匙手动开启安全门,但应保证相邻安全门不能连续关闭两对,打开安全门,引导乘客上下车;
	(4)乘客上下完毕后,站台站务人员确认安全门站台安全后,向司机显示"好了"信号;
	(5)司机观察头端就地控制盘确认"门全关且锁紧"灯是否点亮,如亮,列车离站;如不亮,报行车调度同意后,确认站台安全的情况下,站务使用互锁解除发车;
	(6)待列车发车后,站台站务人员张贴故障告示;对开启的滑动门,加强防护
2	故障现象:列车发车前,一道或多道滑动门不能正常关闭
	处理方法:
	(1)司机发现安全门故障,做好乘客广播,报告行车调度,并通知车站站务人员,如有必要,适当延长停站时间;
	(2)站台站务人员发现两道及以下滑动门不能关闭或门头指示灯报警时,引导乘客上下车后,立即将故障门单元LCB开关打至"手动关"位,如不能关闭,则手动关闭滑动门;站台站务人员确认安全门站台安全后,向司机显示"好了"信号,司机观察头端PSL确认"门全关且锁紧"灯是否点亮,如亮,列车离站;如不亮,报行车调度同意后,确认站台安全的情况下,站务人员使用互锁解除发车;
	(3)出现多道滑动门无法关闭时,站台站务人员将故障门单元LCB开关转到"手动关"位,如不能关闭,则手动关闭滑动门,但应保证相邻安全门不能连续关闭两对,报行车调度,确认站台安全后向司机显示"好了"信号,按行车调度指令,使用互锁解除发车;
	(4)待列车发车后,站台站务人员张贴故障告示,对处于开启状态的滑动门加强防护

（续表）

序号	故障现象与处理方法
3	故障现象:整侧滑动门不能实现系统级控制,不能与列车车门自动联动打开、关闭 处理方法: (1)司机操作 PSL 控制开关安全门; (2)司机操作 PSL 控制关闭安全门后,观察头端 PSL 确认"门全关且锁紧灯"是否点亮,如果亮,列车离站;如果不亮,报行车调度,站务人员确认站台安全的情况下,按行车调度指令,使用互锁解除发车
4	故障现象:整侧滑动门不能正常关闭(使用 PSL 仍不能关闭) 处理方法: (1)司机发现安全门故障,做好乘客广播,报告行车调度,并通知站台站务人员; (2)站台站务人员将故障门单元 LCB 开关转到"手动关"位,若不能关闭,则手动关闭滑动门,但应保证相邻滑动门不能连续关闭两对; (3)站台站务人员组织人员对开启的滑动门进行安全防护,确认安全门站台安全后,向司机显示"好了"信号,经行车调度同意后,在确认站台安全的情况下,操作"互锁解除"发车
5	故障现象:整侧滑动门不能正常打开(使用 PSL 仍不能打开) 处理方法: (1)司机发现安全蔽门故障,立即报行车调度并告知车站人员,做好乘客广播; (2)站台站务人员视客流情况决定开启滑动门的数量,立即操作故障门单元 LCB 开关转到"手动开"位,如果不能打开,则手动开启滑动门,但至少保证每节车厢不少于 1 道滑动门,同时做好现场防护; (3)站台站务人员引导乘客从已开启门上下车; (4)乘客上下完毕、站台站务人员确认安全门站台安全后,向司机显示"好了"信号,按行车调度指令,使用互锁解除发车; (5)司机凭行车调度指令,确认互锁解除指示灯点亮和站台人员"好了"信号后,动车; (6)站台站务人员操作"互锁解除"接发后续列车; (7)后续列车司机按行车调度指令进站,并做好乘客广播,通知乘客从已开启的滑动门上下车,适当延长停站时间;凭行车调度指令,确认互锁解除指示灯点亮和站台人员"好了"信号后,动车
6	故障现象:安全门无"全关且锁紧"信号,列车进站发生自动停车或紧急制动,出站发生紧急制动或无法出站 处理方法: (1)司机立即通过信号屏查看是否有安全门故障信息,若有故障信息,立即报行车调度,并通知站务人员; (2)站台站务人员接报后立即确认站台安全门状态,向行车调度报告; (3)站台站务人员按行车调度要求确认安全门站台安全后,操作"互锁解除"接发列车; (4)司机按行车调度指令确认站台安全时,限速 25km/h 进站或出站; (5)后续列车站台站务人员使用"互锁解除"接发车

（续表）

序号	故障现象与处理方法
7	**故障现象：安全门玻璃破裂或破碎** 处理方法： （1）当安全门玻璃破碎时，如果列车准备进站，则应立即按压站合紧急停车按钮，并报告行车调度； （2）如为滑动门破裂，应将破裂门打至"手动关"位，使破裂的滑动门处于关闭状态，操作"手动开"打开相邻的两道滑动门（若1-1滑动门破裂，则打开1-2滑动门；6-4滑动门破裂，则打开6-3滑动门），及时用透明胶带按先横后竖的顺序，将破裂玻璃表面粘满。透明胶带粘贴完毕后，将破裂滑动门保持常开，并在确保安全的前提下，将相邻的两道滑动门恢复自动位，同时做好安全防护工作，安排人员在故障处站岗监护，以防止乘客或物品掉入轨道； （3）若固定门破裂，应将相邻两对滑动门处于"手动开"状态并保持常开，做好固定门安全防护，安排人员在故障站台站岗监护； （4）若端门破裂，应将端门保持常开，并指派人员监护； （5）若应急门破裂，将该应急门关闭，操作相邻两侧滑动门LCB钥匙开关"手动开"位置，打开滑动门进行泄压，确认"关闭且锁紧"信号正常，如无"关闭且锁紧"信号，则在PSL处操作互锁解除； （6）列车准备出站时站台岗应确认站台安全后显示"好了"信号，指示司机动车； （7）若门玻璃破裂，应立即报行车调度，并及时在破裂玻璃表面粘贴透明胶纸。粘贴方法：按先横后竖的顺序，将玻璃表面粘满透明胶带，防止门玻璃突然爆裂； （8）若门玻璃已破碎并掉下，将站台破碎玻璃清理完毕，防止玻璃碎片掉入轨行区；若碎玻璃掉进轨道影响列车运行，则应立即报行车调度，并及时进行清理； （9）行车调度根据安全门的破损情况，如有必要，则要求司机降低列车进出站速度； （10）应保护好车站现场，协助维修部门进行维修和查看录像
8	**故障现象：滑动门发生夹人、夹物无法正常关闭故障** 处理方法： （1）在滑动门自动关闭三次内，异物排除，车站无须操作，滑动门自行恢复； （2）在滑动门自动关闭三次后，异物仍无法排除，该滑动门即处于打开状态，站务员应立即清除异物，在异物清除后，从站台侧将滑动门关闭； （3）当有车门故障（包括无法关闭）时，乘务员向行车调度员报告故障； （4）紧急情况下，根据现场情况，确保乘客人身安全，并疏散
9	**故障现象：整侧滑动门关闭后，动车前整侧或部分滑动门自动打开** 处理方法： （1）司机发现安全门故障后报站务人员及行车调度，行车调度通知站务人员到头端PSL处协助处理； （2）站务人员到列车头端司机立岗处使用PSL关门，整侧滑动门关闭，此时PSL操作允许转换钥匙开关不要转到"自动"位； （3）待滑动门关闭后，司机按规定动车； （4）待列车尾部越过出站信号机，完全离开车站后，将PSL操作允许转换钥匙开关恢复到"自动"位，拔出钥匙； （5）站务人员在端门处观察下一趟列车关门情况，若后续列车仍存在同样问题时，继续协助司机操作安全门； （6）对于列车离站后，PSL操作允许转换钥匙开关转至"自动"位滑动门仍自动打开的，需要一直将PSL操作允许转换钥匙开关保持在"PSL允许"位，列车到站后利用PSL开关安全门

知识拓展：

大多时候,安全门发生故障是乘客随身携带的杂物掉到了门缝里,像果核、冰棍杆甚至高跟鞋断了的鞋跟。大家在乘车时不要拥挤,小心手里的杂物,一旦有杂物掉到安全门缝里,影响的是整条地铁的运转,是数万人的出行。

另外,尽管现在的安全门系统均为自动化运行,但以防万一,还是设计了纯机械开关。普通乘客可能不会注意,在安全门内侧,也就是朝向车厢的那一侧,有一个机械把手。如果车厢门打开,而安全门因故障没有打开,乘客可以通过这个把手打开安全门。乘客千万不要出于好奇心,去动那个机械把手。因为一旦通过把手开门,系统就认为这道门发生故障了,需要专业的安全门维修工到场排除故障。

复习思考题

一、填空题

1. 站台安全门系统从封闭形式上可分为_____和_____两种类型。

2. _____安全门系统,又称为_____,一般用于地下车站站台,门体顶箱上部与站厅顶面之间由支撑结构和盖板密封,多用于设有空调系统的站台。

3. 站台安全门系统一般由机械和电气两大部分构成,机械部分主要包括_____和门机驱动系统,电气部分包括_____和_____。

4. 门本体包括_____、_____、_____、端门等。

5. 门机驱动系统主要由_____、_____和_____三部分组成。

6. 站台安全门控制系统包_____(PSC)、_____(PSL)、_____(IBP)、门控单元(DCU)、_____(LCB)和操作指示盘(PSA)以及通信介质及通信接口等设备组成。

二、简答题

1. 简述站台安全门的主要作用。

2. 简述站台安全门的类型,它们分别适用于什么场合?

3. 站台安全门主要由哪几部分组成?

4. 站台安全门的控制方式有哪些?

项目三　电扶梯系统

学习目标:

1. 了解电扶梯的类型及其优缺点;
2. 掌握垂直电梯的结构和工作原理;
3. 掌握自动扶梯的结构和工作原理;
4. 掌握电扶梯的常规操作和应急处置。

任务一　初识电扶梯系统

引导案例

针对市民反映较大的某城市地铁口电梯不足问题,记者历时多日,走访了7条线路的203个出入口,发现约1/4未设电梯。其中既有人员密集老城区、闹市,亦有旅游景点。地铁口无电梯,让有特殊需求特别是老年乘客颇感不便,希望引起重视。

近年新建的地铁,电梯似已成"标配"。这是否为建筑设计的规范要求,外人无从得知。但从公众需求来说,电梯理当为"标配"。某城市地铁口的电梯配备不足,显然并非个案,而是有普遍性。地铁口台阶陡而且长,不要说腿脚不便的老人走起来战战兢兢,有些携带行李的年轻乘客也会视若畏途。

有人认为,地铁口无电梯,这严重影响城市的形象。但形象倒在其次,核心是社会需求及必要。地铁是公共交通的重要构成,如今已成大多数人出行的基本交通工具。作为地铁设施的有机组合,出入口的电梯确实不可缺少。

公共设施完善与否,最能体现一座城市的文明与管理水平。地铁口缺电梯或有历史成因,如建设时受资金、规划等限制,但如今这些都已不是障碍,关键看重视与否。民生无小事,温情在细节。地铁口的电梯配置、管理如何,关乎千百万市民的出行。随着城市老龄化程度加深,这一问题会愈益凸显,应尽快弥补和改善。

思考:在你生活的城市有没有地铁出入口没有配置电梯的呢?你觉得电梯为人们出行提供了哪些便利呢?

一、电梯的起源

电梯是装载人或货物升降的机械。本书所说的电梯是垂直运行及倾斜运行的带厢体的电梯、倾斜方向运行的阶梯式自动扶梯、倾斜或水平方向运行的自动人行道的总称。

电梯是到近代才发展起来的,但它的历史很悠久。公元前约1100年,在我国古人发明了辘轳,它通过卷筒的回转运动完成升降动作。

公元前236年,古希腊数学家阿基米德把人力驱动的卷筒式卷扬机用于升降,这是最初的电梯雏形,后来经过多次变革才发展成今天的电动式电梯。

19世纪初,欧美开始用蒸汽机作为升降工具的动力。1852年,美国人奥的斯·托福茨先生发明了第一台有安全装置的升降机。1889年美国人阿姆·波丝特先生最初制造出以直流电动机为动力的世界第一台电力驱动升降机。当时的电梯是鼓轮式的,提升高度和载重量都受到限制,安全性也不好。1903年在美国出现了曳引式电梯,它以曳引轮取代绳鼓。后来人们发明了交流感应电动机,并于1900年被应用在电梯上,出现了交流电梯。

1900年诞生了第一台自动扶梯,1922年第一台现代化自动扶梯面世。

电梯在动力问题得到解决后,便转向电气控制及速度调节方面的研究。它在驱动控制技术方面的发展经历了以下几个阶段:
(1)直流电机驱动控制;
(2)交流单速电机驱动控制;
(3)交流双速电机驱动控制;
(4)直流有无齿轮、无齿轮调速驱动控制;
(5)交流调压调速驱动控制;
(6)交流变压变频调速驱动控制;
(7)交流永磁同步电机变频调速驱动控制。

二、电梯的类型

城市轨道交通车站中的高架车站和地下车站都会配置自动扶梯和垂直电梯。乘客无论是从地面进入轨道交通车站站厅,还是从候车站台上到站厅区域,运送与疏散乘客最快捷有效的设备应该是电梯。其中,自动扶梯快速便捷的运输功效受到乘客的普遍称赞。

电梯是由电动机驱动,利用沿刚性导轨运行的箱体或者沿固定线路运行的梯级(踏步),进行升降或者平行送人、货物的机电设备,包括垂直电梯(如图3-1所示)、自动扶梯(如图3-2所示)、自动人行道(如图3-3所示)等。城市轨道交通车站常用垂直电梯与自动扶梯。

图 3-1 垂直电梯

图 3-2 自动扶梯

图 3-3　自动人行道

　　自动扶梯与垂直电梯相比,两者都是向上或向下输送乘客的固定电力驱动设备,各有长处,通常会在不同的场合使用。与垂直电梯相比,自动扶梯所占空间较大,而且行走速度(特别是垂直速度)相对十分缓慢。但是因为自动扶梯是连续运作,不像垂直电梯一样乘客要等轿厢到来,因此扶梯的总载客量高。在人流很大,而垂直距离不长的地方,如商场和车站,一般都会使用自动扶梯。至于人流较小,但垂直距离大的场合,如办公室大楼,则多数使用垂直电梯。

知识拓展:

　　随着我国城市规划建设的脚步变得越来越快,对于电梯的智能化要求也极速扩大,越来越多的电梯企业开始向数字化、智能化方向发展,智能电梯产量逐年上升。根据数据显示,2016—2020 年中国智能电梯产量呈现逐年上升的趋势,到 2020 年中国智能电梯产量达到10.24 万台,同比上升 0.2%。

　　智能电梯即使用互联网系统,对电梯从开始生产、到报废的整个周期进行记录,形成关键数据信息档案。在做好数据储备的基础上,通过大数据的应用对二次维修率、故障类型以及维保周期等指标进行统计、分析。在实际应用中,主要的功能有呼梯控制功能、对讲联动功能、智能电梯运行功能和配置密码键盘功能。

　　智能电梯项目的研发与应用是通过集成系统、传感器装置等,针对电梯内部环境进行数据采集,分析出不同运行模式下空间环境所产生的各类数据信息能够满足实际乘坐诉求,真正体现智能化、自动化技术所带来的实际服务价值。从实际运行模式来讲,电梯项目智能化的实现更多的是以数字化服务为主,以技术为驱动,逐步取代相对应的人工操作,提高电梯装置运行的可靠性。

任务二　垂直电梯的结构及原理

一、垂直电梯的基本结构

垂直电梯的基本结构如图3-4所示。

垂直电梯的结构主要包括机械部分、电气部分和安全保护系统。其中,机械部分包括曳引系统、导向系统、门系统、轿厢系统、质量平衡系统等;电气部分主要包括电力拖动系统和电气控制系统,除此之外,还有安全保护系统为其保驾护航,如图3-5所示。

1. 曳引系统

曳引系统是垂直电梯的动力来源,主要是向垂直电梯输送与传递动力,使电梯运行。曳引系统主要由曳引机、曳引钢丝绳、导向轮和反绳轮

电梯曳引系统

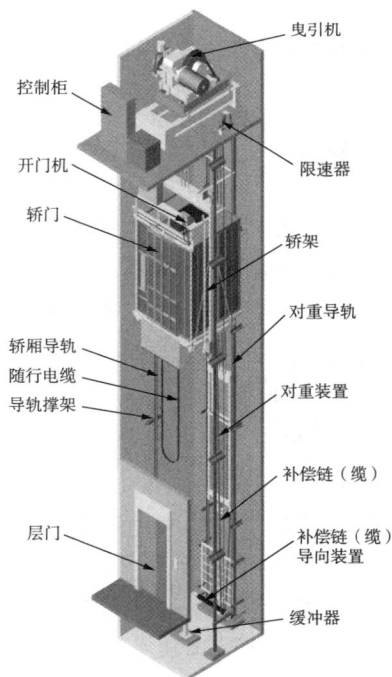

图3-4　垂直电梯的基本结构示意图

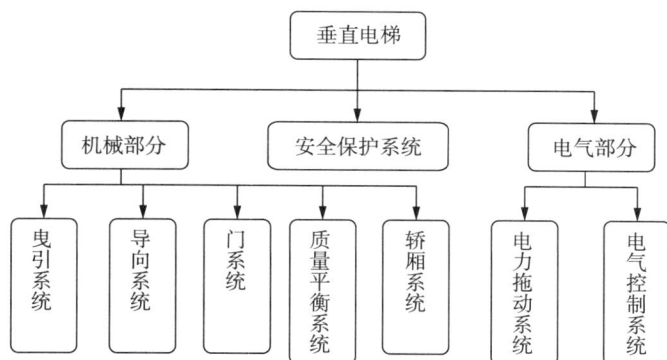

图 3-5　垂直电梯的主要组成部分

等组成。

　　曳引机是电梯的动力设备,又称电梯主机。它由电动机、制动器、联轴器、减速箱、曳引轮、机架和附属盘车手轮等组成。

　　曳引机主要有齿轮曳引机和无齿轮曳引机两种。

　　(1)有齿轮曳引机:拖动装置的动力通过中间减速器传递到曳引轮上的曳引机,其减速箱通常采用蜗轮蜗杆传动(也有用斜齿轮传动),这种曳引机用的电动机有交流的,也有直流的,如图 3-6 所示。有齿轮曳引机采用蜗轮蜗杆传动,具有传动比大、结构紧凑、传动平稳、运行噪声低,一般用于速度 2.0m/s 以下的电梯。电梯速度超过 2.0m/s 时常采用斜齿轮传动。

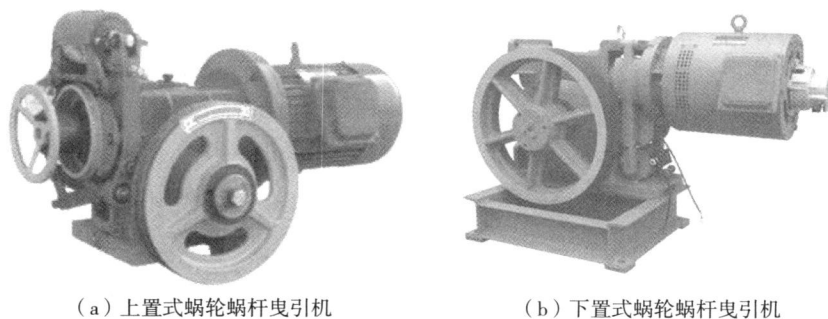

（a）上置式蜗轮蜗杆曳引机　　　　　　（b）下置式蜗轮蜗杆曳引机

图 3-6　有齿轮曳引机

　　(2)无齿轮曳引机:电动机的动力不通过中间的减速器而是直接传递到曳引轮上的曳引机,如图 3-7 所示,称为无齿轮曳引机。一般用于 2.5m/s 以上的高速电梯和超高速电梯。具有传动效率高、噪声小、传动平稳的优点,但是能耗大、造价高、维修不变。

　　曳引钢丝绳的两端分别连接轿厢和对重(或者两端固定在机房上),依靠钢丝绳与曳引轮绳槽之间的摩擦力来驱动轿厢升降。曳引钢丝绳一般为圆形股状结构,主要由钢丝、绳股和绳芯组成。钢丝是钢丝绳的基本组成件,要求钢丝具有很高的强度和韧性(含挠性)。

　　导向轮用于拉开曳引轮两侧曳引绳的距离,使曳引绳垂直作用于轿厢与对重。导向轮

图 3-7　无齿轮曳引机

安装在曳引架上或承重梁上。

当曳引比大于 1 时,应在轿厢顶或底和对重架上设置反绳轮。

2. 导向系统

导向系统由导轨、导轨支架和导靴等组成。它的作用是限制轿厢和对重的活动自由度,使轿厢和对重只能沿着导轨做升降运动。导轨支架固定在井道壁上,导轨安装在导轨支架上;导靴装在轿厢和对重架上,与导轨配合,强制轿厢和对重的运动服从于导轨的直立方向。

电梯导向系统

(1)导轨

导轨的作用是限制轿厢和对重的水平位移,为轿厢和对重作垂直运动时的导向,使轿厢和对重只能沿着导轨做升降运动。在安全钳动作时,作为支撑件吸收轿厢和对重的动能及支撑轿厢和对重。

导轨被导轨支架固定连接在井道墙壁上,如图 3-8 所示。电梯常用的导轨是"T"字型导轨,其具有刚性强、可靠性高、安全廉价等特点。导轨平面必须光滑,无明显凹凸不平的表面。由于导轨是电梯轿厢上导靴和安全钳的穿梭路轨,所以安装时必须保证其间隙。

图 3-8　导轨

（2）导轨支架

导轨支架是支撑导轨的组件，与井道壁联接。

（3）导靴

导靴安装在轿厢上梁和轿底安全钳座下面，与导轨配合，强制轿厢和对重的运动局限于导轨的直立方向作上、下运动。对重导靴安装在对重架上部和底部，一般每组 4 个。

导靴分为滑动导靴和滚动导靴两类，如图 3-9 所示。滚动导靴用三个滚轮沿导轨滚动运行。滑动导靴一般由带凹形槽的靴头、靴体和靴座组成，在靴头凹槽部分中一般均镶有耐磨的靴衬。靴头可以是固定的，也可以是活动（浮动）的。

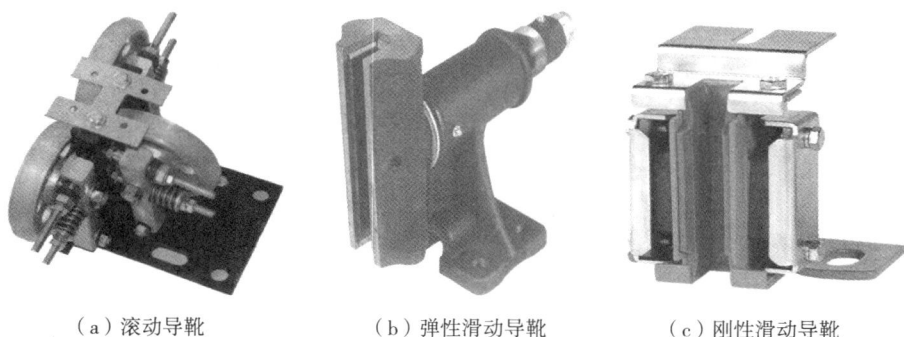

（a）滚动导靴　　　　　（b）弹性滑动导靴　　　　　（c）刚性滑动导靴

图 3-9　导靴

3. 门系统

门系统由轿厢门、层门、开门机、联动机构、门锁等组成。

轿厢门设在轿厢入口，与轿厢随行。层门设在井道层站入口处，轿厢门是主动门，层门是从动门。

层门和轿厢门按照结构形式可分为中分门、旁开门、垂直滑动门、铰链门等。中分门主要用在乘客电梯上，旁开门在货梯和病床梯上用得较普遍，垂直滑动门主要用于杂物梯和大型汽车电梯上。铰链门在国内较少采用，在国外住宅梯中采用较多。

电梯门系统门的作用

电梯层门和轿厢门一般由门、导轨架、滑轮、滑块、门框、地坎等部件组成。门一般由薄钢板制成，为了使门具有一定的机械强度和刚性，在门的背面配有加强筋。为减小门在运动中产生的噪声，门板背面涂贴防振材料。轿厢门、层门应是无孔的门，净高度不得小于 2m。

电梯门系统门的结构形式

开门机设在轿厢门口的顶部，由门机通过传动机构带动轿厢门。到层站时轿厢门上的门刀卡入层门门锁的锁轮，在轿厢门开启时打开门锁并带动层门同步水平运动。电梯开门和关门的过程中门扇的运动不是匀速的，一般开门时速度是先慢后快再慢，而关门时是先快后慢再慢，所以门机必须有调试装置。

4. 轿厢系统

轿厢由轿厢架、轿厢体和称重装置组成,是用来运送乘客或
货物的承载装置。

轿厢架是轿厢体的承重构架,由上横梁、立柱、底架和斜拉
杆等组成,如图 3-10 所示。轿厢体由轿厢底、轿厢壁、轿厢顶
等组成。称重装置一般安装在轿厢底或轿厢顶的上梁上,用于
实时监控轿厢内负载情况,当负载超过额定载重量时能发出警
报信号并使电梯门打开而且电梯不能启动运行。

电梯轿厢

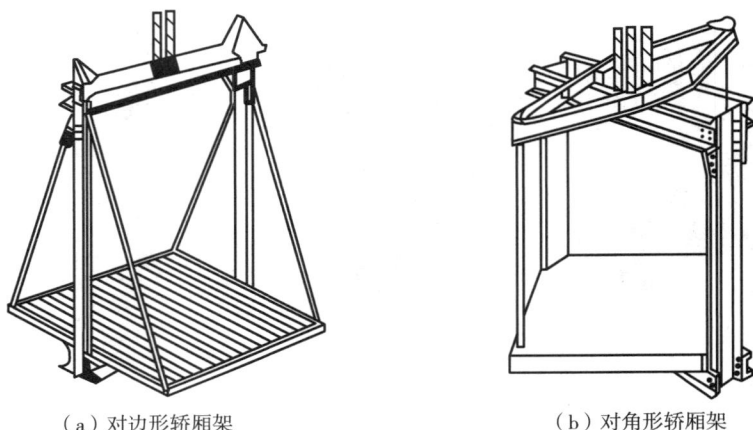

(a) 对边形轿厢架　　　　　　　(b) 对角形轿厢架

图 3-10　轿厢架

5. 质量平衡系统

质量平衡系统由对重和补偿装置组成,如图 3-11 所示。对重构成曳引条件并且平衡
部分额定载重。补偿装置用于补偿高层电梯运行中轿厢与对重侧曳引钢丝绳长度变化对电
梯运行的影响。

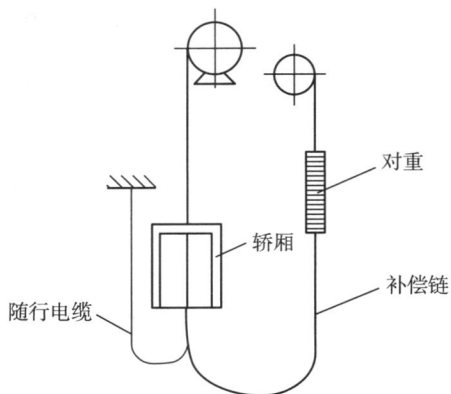

图 3-11　质量平衡系统

电梯质量平衡系统

对重相对于轿厢悬挂在曳引绳的另一侧,起到平衡轿厢的作用,并使轿厢与对重的重量
通过曳引绳作用于曳引轮,保证足够的驱动力。由于轿厢的载重量是变化的,因此不可能做

到两侧的重量始终相等并处于完全平衡状态。一般情况下，只有轿厢的载重量达到 50% 的额定载重量时，对重一侧和轿厢一侧才处于完全平衡。这时的载重量称为电梯的平衡点，此时由于曳引绳两端的静荷重相等，使电梯处于最佳状态。对重装置一般由对重架、对重块、导靴等组成。

6.电力拖动系统

电力拖动系统由曳引机、供电系统、速度反馈装置等组成。曳引电动机是电梯的动力源，供电系统是为电梯提供电源的装置，速度反馈装置为调速系统提供电梯运行的实际速度信号，以实现速度调节。

7.电气控制系统

电气控制系统由操纵装置、控制柜、位置显示装置、平层装置等组成，它用来操纵和控制电梯运行。操纵装置包括轿厢内的按钮操作箱、层站召唤按钮、轿顶和机房中的检修或应急操纵箱。控制柜安装在机房中，由各类电气元件组成，承担电梯各种

电梯电力拖动和
电气控制系统

信号的逻辑管理和速度控制。位置显示装置是指示轿厢位置的装置，安装在轿厢内和层站的层门外。

电气控制系统的功能与性能直接决定着电梯的自动化程度和运行性能。随着微电子技术、交流调速理论和电力电子学的迅速发展及广泛使用，电气控制系统不断升级，不仅提高了电梯的整机性能，而且改善了电梯的乘坐舒适感，提高了电梯控制的技术水平和运行可靠性。电气控制系统的类型除传统的继电器控制外，PLC 控制和微机控制的电梯产品也已成为主流。

8.安全保护系统

安全保护系统包括机械安全保护系统和电气安全保护系统。

机械安全保护系统主要包括限速装置、缓冲器等，电气安全保护系统主要包括终端保护装置和各种连锁开关。

（1）限速装置

限速装置由限速器和安全钳组成，限速器如图 3-12 所示，安全钳如图 3-13 所示。当轿厢超过设定速度时限速器会立即动作，使轿厢停止运行，同时切断电气控制回路。若轿厢仍运

电梯安全保护系统

动，这时钢丝绳就会通过传动装置把轿厢两侧的安全钳提起，将轿厢制动在导轨上。

（2）缓冲器

缓冲器安装在井道底坑地面上，如图 3-14 所示。当发生轿厢或对重墩底时，可吸收轿厢或对重装置动能的制动停止装置。

（3）端站保护装置

端站保护装置是一组防止电梯超越上、下端站的开关，在轿厢或对重碰到缓冲器前切断控制电路或总电源，使电梯被电磁制动器制动，常设有强迫减速开关、终端限位开关和极限开关。

图 3 - 12　限速器

图 3 - 13　安全钳

图 3 - 14　缓冲器

① 当电梯失控,行至顶层或底层不能减速停止时,轿厢首先经过强迫减速开关,装在轿厢上的开关挡板与装在井道上的强迫减速开关碰轮相接触,则开关动作,迫使轿厢减速。

② 当仍未减速停止时,轿厢上的开关挡板与终端限位开关相撞,使控制电路断电,轿厢停止。

③ 当仍未减速停止时,轿厢开关挡板与极限开关的碰轮相碰,牵动与极限开关相连的钢丝绳,使只有人工才能复位的极限开关拉闸动作,切断主回路电源,迫使轿厢停止。

（4）钢丝绳张紧开关

当发生断绳或拉长变形等,张紧开关将断开,切断控制电路。

（5）安全窗开关

轿厢顶棚设有一个安全窗,便于轿顶检修和断电中途停梯而脱离轿厢。安全窗关好后才能使控制电路接通。

二、垂直电梯的曳引原理

曳引式电梯的曳引传动关系如图 3 - 15 所示。

安装在机房的电动机通过减速器、制动器等组成的曳引机,使曳引钢丝绳通过曳引轮,一端连接轿厢,另一端连接对重装置,轿厢与对重装置的重力使曳引钢丝绳压紧在曳引轮绳槽内产生摩擦力,这样电动机一转动就带动曳引轮转动,驱动钢丝绳,拖动轿厢和对重做相对运动,即轿厢上升,对重下降;轿厢下降,对重上升。于是,轿厢就在井道中沿导轨上、下往复运行,电梯就能执行垂直升降的任务。

轿厢与对重能做相对运动是靠曳引绳和曳引轮间的摩擦力来实现的。这种力就称为曳引力。

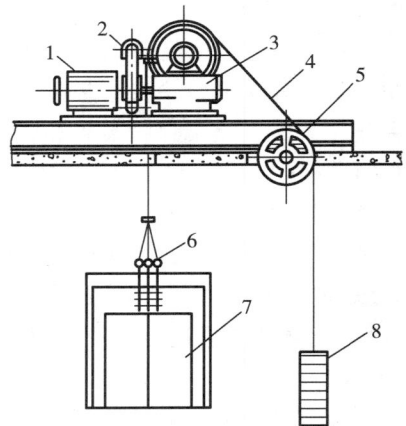
图 3 - 15　曳引式电梯的曳引传动关系
1—电动机;2—制动器;3—减速器;4—曳引绳;
5—导向轮;6—绳头组合;7—轿厢;8—对重装置

如图 3 - 16 所示,要使电梯运行,曳引力 T 必须大于或等于曳引绳中较大载荷力 S_1 与较小载荷力 S_2 之差,即

$$T \geqslant S_1 - S_2$$

曳引力是靠曳引绳与曳引轮绳槽的摩擦力产生的,因此必须保证曳引绳不在曳引轮绳槽中打滑。要增大曳引力的方法有如下几种:

(1)选择耐磨且摩擦系数大的材料制造曳引轮;

(2)曳引绳不能过度润滑;

(3)选择合适形状的曳引轮绳槽;

(4)使平衡系数为 0.4～0.5;

(5)电梯不超过额定载荷;

(6)增大曳引绳在曳引轮上的包角。

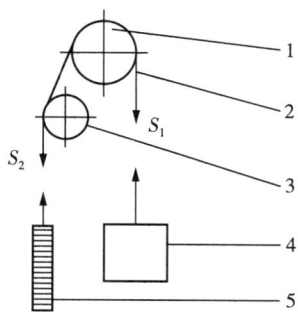

图 3-16　电梯曳引原理
1—曳引轮;2—曳引钢丝绳;
3—导向轮;4—轿厢;5—对重装置

知识拓展:

《城市道路和建筑物无障碍设计规范》(JGJ50—2001)明确规定地铁客运站建筑无障碍设计的范围包括:站前广场、人行通路、建筑入口及门、水平与垂直交通、售票、联检通道、乘客候车厅等。还特别规定:交通建筑的入口应设无障碍入口;交通建筑必须设无障碍专用厕所;有楼层的交通建筑应设无障碍电梯。

在南京地铁一号线无障碍设计中,参照规范要求设置了两部无障碍电梯。一部设于地面出入口附近,供乘客由地面下行至人行通道内,再经通道行至站厅非付费区另一部电梯处,最终由第二部电梯送至站台层候车。无障碍电梯候梯厅和电梯轿厢的设计标准如下:

(1)乘轮椅者到达候梯厅后需转换位置再等候,因此候梯厅的设计深度均不小于 1.8m或朝向站厅开阔区域,且候梯厅的呼叫按钮高度在 0.9～1.1m 范围内,以方便乘轮椅者使用。在电梯入口处铺设提示盲道,以告知视残乘客电梯入口的准确位置。为保证乘轮椅者顺利进入电梯,电梯门洞设计宽度均不小于 0.9m。

(2)为方便乘轮椅者进入电梯轿厢,电梯门开启后的净宽均不小于 0.8m。为方便轮椅在电梯厢内回转调头,电梯厢宽度不小于 1.1m,深度不小于 1.4m。电梯厢内三面设有高为0.85m 的扶手,扶手易于抓握且安装牢固。

任务三　自动扶梯的结构及原理

引导案例

2017 年 3 月 23 日上午 10 点 40 分左右,某市轨道交通一号线某地铁站 4 号出口的上行自动扶梯突发故障。自动扶梯的数级梯级翻起并脱落,堆积在电梯底部,几级未脱落的梯级也呈现出扭曲的样子。透过脱落的梯级,电梯内部的机芯和其他构造清晰可见,所幸没有造成人员伤亡。

当日晚些时候,某市轨道交通集团有限公司发布公告称,本次故障初步判断是由梯级故障引起的。质监部门经初步调查后发现,本次事件是硬质异物卡入导轨系统,致使自动扶梯运行梯级部件变形隆起,并触发应急保护装置发生紧急制动,并非电梯质量问题引发的故障。工作人员在 30 分钟内对故障进行了排除,自动扶梯已恢复正常运行。

思考:我们在进出地铁车站出入口时是否乘坐过自动扶梯?在乘坐自动扶梯时你有没有观察过自动扶梯是怎么运行的呢?

一、自动扶梯的基本结构

自动扶梯由梯路(变形的板式输送机)和两旁的扶手(变形的带式输送机)组成,自动扶梯结构示意图如图 3-17 所示。

1. 自动扶梯的主要部件

(1)桁架。桁架设在建筑结构上,支承梯级、踏板以及运动机构等部件的金属结构件。

(2)梯级。在扶梯桁架上循环运行,供乘客站立的部件。

(3)裙板。与梯级、踏板两侧相邻的金属围板。

(4)梯级链。传递运动并带动梯级运行的部件。

(5)梯级导轨。供梯级滚轮运行的导轨。

自动扶梯牵引系统

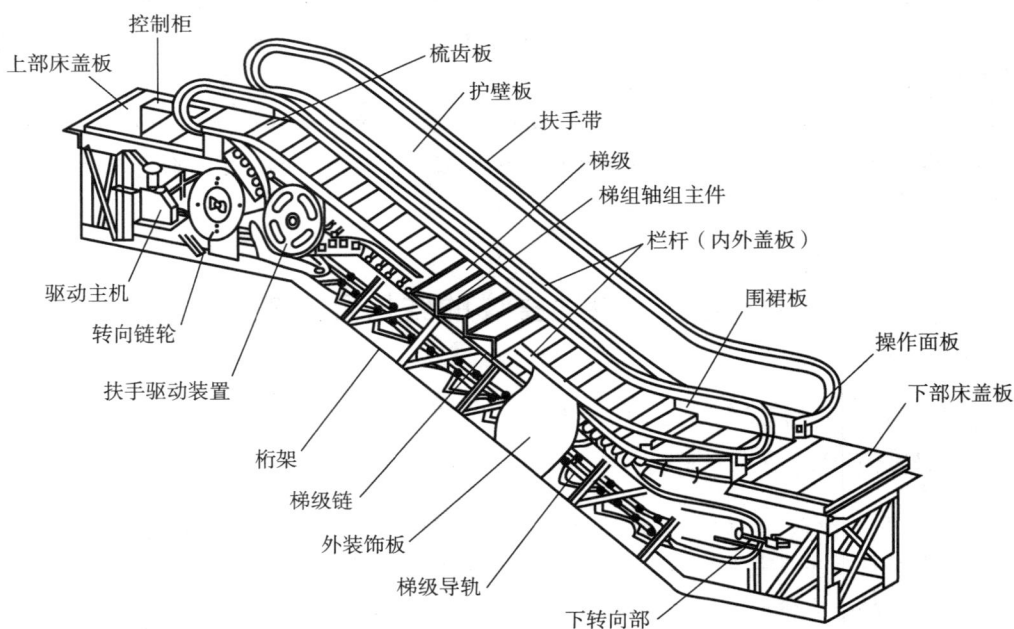

图 3-17 自动扶梯结构示意图

（6）梳齿板。位于运行的梯级出入口，为方便乘客上、下过渡与梯级踏板相啮合的部件。

（7）驱动装置。驱动扶梯运行的部件，包括电动机、减速器、驱动链轮主轴和传动链等。

（8）扶手带保护装置及扶手带。扶手带保护装置是在扶梯两侧对乘客起安全防护作用，也便于乘客扶握的部件。扶手带是在扶手装置顶面，与梯级同步运行，供乘客扶握的带状部件。

（9）扶手带张紧装置。当扶手带被拉长或安装过紧时，用于调节其长度的部件。

（10）控制柜。主要由主机板、变频器、主开关、各种继电器、接线端子、通信接口和接地保护装置等构成。

自动扶梯安全装置

2. 自动扶梯的安全装置

自动扶梯的安全装置如图 3-18 所示：

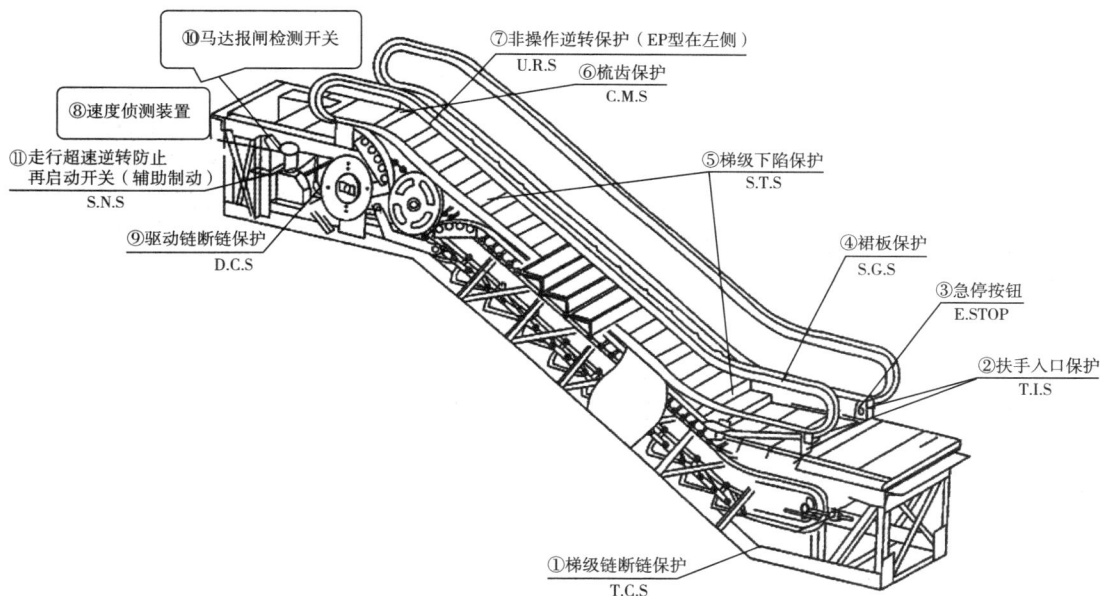

⑩马达报闸检测开关
⑧速度侦测装置
⑪走行超速逆转防止再启动开关（辅助制动）S.N.S
⑨驱动链断链保护 D.C.S
⑦非操作逆转保护（EP型在左侧）U.R.S
⑥梳齿保护 C.M.S
⑤梯级下陷保护 S.T.S
④裙板保护 S.G.S
③急停按钮 E.STOP
②扶手入口保护 T.I.S
①梯级链断链保护 T.C.S

图 3-18　自动扶梯的安全装置

（1）梯级链断链保护装置

当梯级链条过长或断裂时，停止扶梯运行。故障排除后安全开关手动复归。

（2）扶手入口保护装置

当有物体夹入扶手带入口时，停止扶梯运行。故障排除时安全开关自动复归。

（3）急停按钮

扶梯入口处操纵盒上有一个红色紧急停止按钮，当遇到紧急情况，可以立即停止扶梯运行。

（4）裙板保护装置

当有物体夹入踏板和围裙板之间时，停止扶梯运行。故障排除时安全开关自动复归。

（5）梯级运行安全装置

当梯级下陷变形或断裂时，停止扶梯运行。故障排除后安全开关手动复归。

（6）梳齿保护装置

当梯级携带异物进入梳齿，对梳齿有可能发生破坏时，停止扶梯运行。故障排除时安全开关自动复归。

（7）非操作逆转保护装置

当扶梯不在人为干预下突然转向（电网逆相、超载、驱动链断裂等）时，停止扶梯运行。

（8）速度侦测装置

当扶梯的速度超过或低于额定速度时，停止扶梯运行。

（9）驱动链断链保护装置

当驱动链条过长或断裂时，停止扶梯运行。故障排除后安全开关手动复归。

（10）马达抱闸检测开关

安装于制动器支承板上，防止制动器未完全释放前电动机起动。

3. 自动扶梯制动器

自动扶梯上的制动器有三种：工作制动器、紧急制动器和辅助制动器等。

（1）工作制动器

工作制动器一般装在电动机高速轴上，它必须使自动扶梯在停车过程中，以人体能够承受的减速度停止运转，在停车后能够保持可靠的停住状态。工作制动器在动作过程中应反应灵敏迅速，无延迟。工作制动器必须采用常闭式，即自动扶梯不工作

自动扶梯制动器

时始终为可靠的停住状态；而在自动扶梯正常工作时，通过持续通电由释放器（电磁铁装置）输出力或力矩，将制动器打开，使之得以运转；在制动器电路断开后，电磁铁装置的输出力消失，工作制动器立即制动。自动扶梯的工作制动器常使用制动臂式、带式或盘式制动器等几种方式。

（2）紧急制动器

在驱动机组与驱动主轴间使用传动链条传动时，如果传动链条断裂，两者之间即失去联系，此时即使有安全开关使电源断电，驱动电动机停止运转，但自动扶梯梯路由于自身及载荷重力的作用，仍无法停止运行。特别是在有载上升时，自动扶梯梯路将突然反向运转和超速向下运行，导致乘客受到伤害。于是在自动扶梯驱动主轴上装设一个制动器，采用机械方法使驱动主轴（梯级）在发生突然事故时整个停止运行，这个制动器被称作紧急制动器。

紧急制动器应在下列两种情况的任一种发生时起作用：首先梯级速度超过额定速度的40%之前，其次是梯级突然改变其规定的运行方向时。

（3）辅助制动器

辅助制动器的作用与工作制动器相同，用于自动扶梯停车时起保险作用，尤其是在满载下降时，其作用更为显著。工作制动器是必备的，而辅助制动器则是根据用户的要求增加的。

二、自动扶梯传动原理

自动扶梯是由两组传送带组成：一组是链传送带，由梯级链拖动的一串梯级；一组是摩擦传送带：由传送胶带组成的扶手带。两个传送带都由同一个"驱动主轴"拖动，使两个传送带的线速度保持一致。

主机与驱动主轴之间的传动有两种：一种是通过传动链传动，叫"非摩擦传动"（双排链或两根以上单链）；另一种是通过三角皮带传动，叫"摩擦传动"（皮带不得少于三根，不得用平皮带）。在"驱动主轴"上装有左右两个"梯级驱动链轮"和一个"扶手带驱动链轮"；左右两个"梯级驱动链轮"分别带动左右两条"梯级链"（也叫驱动链或牵引链）；一个个梯级就安装在"梯级链"上；所以左右两条梯级链的长度必须一致，否则将造成梯级跑偏；所以左右对应的两条链要进行配对。驱动主轴上的扶手带驱动链轮带动扶手带摩擦轮，通过摩擦轮与扶手带的摩擦，使扶手带以与梯级同步的速度运行。

知识拓展：

在武汉地铁 5 号线徐家棚站，一台由网络摄像机、路由器、就地终端及显示屏幕等集成的自动扶梯安全乘梯监控系统，融合了人工智能技术。实时监控并识别乘梯人员不安全行为，如人员摔倒、逆行、携带大件行李或推婴儿车乘坐扶梯及扶梯出口人群拥堵等，一旦乘客遇到上述情况，扶梯扶手附近将出现灯光警示、语音提醒，就地显示屏幕弹窗播报，既能及时提示乘客，也能够同步提醒周边车站值班人员及时处置。

任务四　电扶梯的安全操作及应急处置

引导案例

2022 年 6 月 13 日，某市地铁二号线某车站，监控显示有位老人在上扶梯时，两手直接抓在了扶梯两边固定的金属挡板上，导致身体后仰，失去平衡摔倒。此时，扶梯仍在向上运行，情况危急。两名热心小伙儿见状，立刻按下了紧急停止按钮，待扶梯停稳后上前查看情况。随后，执勤民警和车站工作人员也赶到现场。最终，老人被 120 送往医院做进一步救治。后经回访，身体已无大碍。

同一天晚上 7 点多，地铁二号线另一车站也发生了类似情况：老人上扶梯后，手扶错了地方，导致失去平衡摔倒。身旁的女乘客赶紧俯下身来查看情况，另一名女乘客及时按下了扶梯底端的急停按钮，并叫来民警和站务人员。经 120 医务人员检查，老人并无大碍。

在某市地铁二号线同一天内，接连发生了两起老人不慎在电扶梯上摔倒的事故。危急时刻，都有路过的热心乘客及时按下紧急停止按钮，救援手法堪称"教科书级别"。

思考：如何才能安全乘坐自动扶梯？如果遇到电梯故障我们该如何处理呢？

一、电扶梯的安全操作

1. 操作总则

(1)必须由受过正确培训并取得特种设备操作证的操作人员进行操作,操作时必须严格按规程执行。

(2)电梯专用钥匙须由专人保管,除操作、维修人员及相关责任人授权人员外,不得借出。

(3)必须使用专用钥匙对电梯进行开关操作,操作完毕后,钥匙不得留在电梯开关上。

2. 垂直电梯操作方法

(1)垂直电梯开放使用前的准备:

① 确认电梯各层站有无漏水、漏电现象,如有则需通知维修人员检查后方可使用。

② 确认乘客须知清晰,报警电话号码明确清晰。

③ 确认警铃功能完好,报警电话畅通声音清晰。

④ 用钥匙将开关旋至正常运行位,试乘垂直电梯至所有层站,做试运行。若有异常应通知维修人员检查修复后方可使用。

⑤ 检查内外控制按钮功能,各类显示是否正确。

⑥ 确认轿厢及层门地坎清洁无异物。

⑦ 观察开门、防夹光幕、照明、通风、启动、平层等各项功能是否正常,有无异响、异味。

(2)开放使用期间操作人员应经常巡检试乘电梯。

(3)严禁乘客吸烟、乱丢杂物、乱按控制按钮、倚靠轿厢门、携带危险品及超重超长物品。

(4)垂直电梯受控层必须在受控层用钥匙开启后方可使用。

(5)关停垂直电梯时,将钥匙开关旋至锁梯位置,轿厢会自动运行至基站并自动开门,关门后进入锁梯状态,操作人员必须确认轿厢内无人方可离开。

(6)清洁电弟时须使用较干的洁具,以免设备部件受潮损坏。

(7)火灾时,车控室控制台电梯控制系统自动进入消防模式。

(8)火灾情况下不能使用垂直电梯。

(9)若需长时间开门,可按轿厢内的开门按钮或本层的外呼按钮,长时间站在门中间挡门将会导致死机。

3. 自动扶梯操作方法

(1)正常情况下,在进行启动、停止、换向操作前,必须确保梯级和扶手带上无人或物。

(2)所有自动扶梯每天至少开行 1h,以保证必要的润滑,预防有害锈蚀及形变。

(3)启动前的准备工作:

① 确认上下出入口踏板及不锈钢装饰板位置正确,无破损。

② 确认梳齿板齿、梯级凹槽内及梯级周边缝隙内无杂物。

③ 确认粘贴在扶梯出入口处的检验合格证、使用说明清晰、明确、无破损,警示标志牌完好,位置正确。

（4）启动操作步骤

① 将钥匙插入运行开关，向需运行方向旋转约 60°一次，放松钥匙使其自动复位。若希望扶梯在节能自动运行方式下运转，在 2s 内向需运行的方向连续旋转—放松—旋转—放松即可。

② 扶梯启动后，将钥匙拔出带走。

③ 试乘扶梯，确认有无异响及异常振动，扶手带有无裂痕，是否与梯级同步，如果有异常，应立即按下急停，并通知维修人员。

（5）正常停梯操作步骤

① 将钥匙插入运行开关，向正在运行方向的反方向旅转放松一次，将钥匙旋至零位后拔出。

② 扶梯完全停止后，检查外观有无破损，并请保洁员清洁扶梯。

（6）换向运行操作步骤

① 将钥匙插入运行开关，向运行方向的反方向旋转放松一次。

② 扶梯完全停止后等待 30s，再向需运行方向旋转一次。

③ 待扶梯正常运行后，将钥匙拔出。

（7）紧急停梯操作步骤（正常情况下必须使用钥匙开关自动扶梯，严禁非紧急情况使用急停按钮停梯）。

① 发生紧急情况须使用急停开关时应先大声警示乘客"紧急停止、抓紧扶手"，再按下急停按钮。

② 确认人员及设备状况，采取相应应急措施。

（8）扶梯运行期间操作人员应尽量经常巡查设备状况，发现问题及时报告，若无把握可先关停设备，询问专业维保人员后再行处理。

（9）停运后必须清洁扶梯外观，特别是梯级周边和扶手带周边。

（10）清洁时，标贴和警示牌板只需轻轻擦拭即可，尽量保护字体及底色。

二、电扶梯的乘坐常识

1. 垂直电梯乘坐常识

（1）使用垂直电梯时，欲上楼者请按向上方向按钮，欲下楼者请按向下方向按钮。

（2）垂直电梯抵达楼层后，乘客应判明垂直电梯运行方向；当确定垂直电梯运行方向与自己去往的方向一致时再进入轿厢。

（3）乘客可以按电梯内操作面板上的"关门按键"关闭电梯门；电梯门扇也会定时、自动关闭，乘客切勿在楼层与轿厢接缝处逗留，以免被夹伤。

（4）乘客进入轿厢后，通过按动楼层选层按钮确定电梯停靠楼层。乘客不得倚靠轿厢门。

（5）垂直电梯均有额定运载人数标准。当人员超载时，电梯内报警装置会发出声音提示，此时乘客应主动减员，退出电梯。

（6）当垂直电梯发生异常现象或故障时，乘客应保持镇静，可拨打轿厢内报警电话寻求帮助或等待救援。切不可擅自撬门，企图逃离轿厢。

(7)保持轿厢内的清洁卫生,不在轿厢内吸烟、不随地丢弃废物。

(8)乘客要爱护电梯设施,不得随便乱按按钮和乱撬厢门。

(9)管理人员要严格履行岗位职责,经常检查电梯运行情况;定期联系电梯维修保养,做好维保记录;发现故障及时处理和汇报。

2. 自动扶梯乘坐常识

不少人使用自动扶梯时,除了让扶梯带动外,自己还会在梯级上行走,以节省时间。因此,使用扶梯时,站着的乘客应该靠梯级的同一边,让出另一边的梯级,供行走的人使用(一般不提倡在自动扶梯上行走)。不过不同的地区对于应该站到哪一边有不同的俗例。例如:伦敦地下铁路、华盛顿地下铁路、日本关西的铁路、中国台北捷运,要求站立的乘客站到右边;但日本东京却要求乘客站在左边。面蒙特利尔的地铁更没有任何规则,因为他们认为乘客根本不应在扶梯上行走。香港地下铁路的规则是靠右站。

除此以外,使用自动扶梯时还应注意:

(1)乘梯时紧握扶手带。

(2)不要站到级边,站在梯级警示框内。

(3)不要把头或手伸出梯外,否则可能撞到天花或相邻的扶梯。

(4)不要奔跑嬉戏。

(5)不要使用自动扶梯搬运货物,婴儿车、货物推车等应使用垂直电梯。

(6)使用轮椅、拐杖的乘客应该尽量使用垂直电梯/无障碍电梯。

(7)要照顾儿童及老人。

(8)自动扶梯都会有紧急制停的按钮,供遇到意外时使用。

三、电扶梯的应急处置

1. 垂直电梯应急处置

(1)火灾、地震应急处置

① 车站发生火灾时,消防信号统一由系统发送,进入消防模式。

② 如果电梯轿厢着火,应使用层门附近的绝缘灭火器灭火。

③ 火灾或地震发生后,应由电梯维修人员严格检查或修理后方可重新投入运行。

(2)电梯井道内进水应急处置

① 电梯操作人员应将电梯开至高于进水的楼层后切断电梯电源。

② 如水已经将轿厢淋湿,应立即就近停靠电梯,切断电梯电源,并悬挂警示牌,立即对进水问题报修。

③ 水灾过后,应由电梯维修人员严格检查或修理后方可重新投入运行。

(3)停电时的应急操作

确定电梯没有关人后,将锁梯开关旋至关闭位置,避免恢复供电时电流冲击。

(4)电梯困人应急处置

① 报告程序

a. 车站行车值班员通过各种方式(电梯报警电话、轿厢监视摄像头及人员现场发现口头通知等)发现电梯出现困人情况时,立即拨打设备维修调度的电话报修(车站员工应告诉设备维修调度具体情况)。

b. 设备维修调度接到报警电话后,应立即拨打电梯工区电话或电梯工长手机确保电梯工班人员对困人事件做出响应。

c. 电梯工班人员接到设备维修调度报警电话后,应立即拨打电梯公司报警电话,并携带必要的救援工具赶往现场,在途中应拨打电梯公司分管困人电梯的维保工手机,确认报警得到响应。

d. 电梯工班人员应及时通知电梯工程师,报告已知情况。

② 先期处理

a. 行车值班员发现电梯困人后,应通过电梯紧急电话安抚受困人员,了解现场情况(人数、身体状况、应急照明有否、风扇转否、受困经过等),并劝诫受困人员保持冷静,耐心等待维修人员,不要自行扒撬轿门,应手握扶手靠轿壁站立。

b. 行车值班员在等待救援过程中还应持续通过轿厢内监视摄像头观察轿厢内情况,并继续安抚乘客。若发现有受伤或体弱发病的乘客,应提前拨打120急救电话,待受困人员放出电梯后及时救治。

c. 取得电梯维修操作证并通过电梯公司放人操作培训、掌握放人操作技能的电梯使用管理人员,应在30min内赶到现场,并按规定程序步骤尝试放人。

③ 现场组织

a. 现场指挥:当班值班站长为现场指挥。

b. 组织协调:值班站长负责现场的组织协调,为救援提供便利条件。电梯专业人员提供专业建议,由值班站长发布命令,电梯专业救援人员实施。

④ 现场救援

a. 取得电梯维修操作证并通过电梯公司放人操作培训、掌握放人操作技能的电梯使用管理人员,按规定的紧急操作步骤将乘客尽快放出。

b. 若紧急放人操作方法不能将受困乘客放出,此时电梯使用管理人员在电梯公司及电梯工班人员赶到现场前,应携带好全套电梯专用钥匙(包括三角钥匙、控制柜钥匙、锁梯钥匙及受控层钥匙)及对讲机在困人电梯的顶层厅门外等待电梯专业人员到达施救,同时应用开关钥匙关闭电梯。

c. 电梯工班人员或电梯公司救援人员赶到现场后,先通过对讲机与车控室联系了解情况,再用电梯三方通话装置与受困乘客通话了解轿厢内情况,并安慰乘客不要惊慌,按指示做好准备。

d. 得到乘客做好准备的回复后,电梯工班或电梯公司经过专业培训并持有维修操作证的人员,按电梯公司规定的标准"紧急放人操作程序"将乘客放出。

e. 安抚受困乘客,救治受伤乘客。

f. 非持有电梯维修操作证以及没有经过电梯公司专项培训的人员,不得对故障电梯进行任何救援操作,以防因不当操作导致被救援人的伤亡。

⑤ 应急终止

a. 应急终止条件:乘客被安全救出电梯轿厢,乘客无伤亡或得到救治。

b. 救援完毕的汇报：

A. 电梯工班人员或电梯公司维保工确认乘客救出后，向车站或现场管理人员报告人员情况及设备情况，并在修复电梯后向设备维修调度回复。

B. 值班站长在受困乘客安全放出后，向控制中心设备维修调度回复。

C. 演练过程中若有突发事件，及时报告现场指挥，按有关程序处理。

2. 自动扶梯应急处置

自动扶梯简单故障诊断步骤如下：

（1）查看扶梯运行指示灯是否亮，以确认供电是否正常。

（2）仔细检查上下端梳齿板及扶手带圆弧下端黑色橡胶封口有无卡夹杂物（如石子、绑钉、小棍等），清理后可试开。

（3）试开必须开上行，如需开下行的，待上行启动正常后，再停梯换向下行。

（4）不能启动的或启动后有异响的应立即按急停停梯，并报修。

知识拓展：

第十四届国际绿色能源会议近日在加拿大滑铁卢大学举行。天津机电职业技术学院教师团队作品——节能开合式自动扶梯扶手消毒装置亮相该会议。团队负责人、天津机电职业技术学院专业教师李婧代表团队作了口头报告。

这个装置有什么特点？为什么会在国际会议上受到关注？昨天，记者采访了李婧。

自动扶梯的扶手被视为细菌和病毒藏身高危地，传染性疾病由手部接触后导致感染的概率增加。因此，对自动扶梯扶手及时消毒成为降低感染风险的有效途径之一。

李婧告诉记者，目前市面上能全自动为自动扶梯消毒的是国外研发的一款装置。其能持续对扶手带正面清洁杀菌，但对侧面抓握位置、踏板都不能同步消毒，亦不可移动，每条扶手需配置一台消毒设备。针对于此，李婧和团队着手设计便携移动式自动扶梯全方位消毒装置。经过近一年的实验，节能开合式自动扶梯扶手消毒装置成功研发并申请专利。

根据该团队的设计图稿，一个大容量的消毒液箱可以同时为扶手、踏板、手部消毒提供消毒液。侧壁上的雾化喷头用于对踏板进行消毒；清洁机构用于对扶手带的各面消毒；装置的上方有手消器，避免交叉感染；电子显示屏可以播放广告或安全提示等信息，顶部的把手和底部的滚轮配合使用，使设备具有可移动性，提高设备的循环利用率。

值得一提的是，该装置具有自发电机构，将自动扶梯产生的机械能收集并转化为电能，为其他所有电气元件提供动力源，实现消杀时电能的自给自足。

复习思考题

一、填空题

1. 电梯是由电动机驱动，利用沿刚性导轨运行的箱体或者沿固定线路运行的梯级（踏步），进行升降或者平行送人、货物的机电设备，包括_____、_____和自动人行道。

2. 垂直电梯的结构主要包括机械部分、电气部分和安全保护系统。其中，机械部分包括_____、导向系统、_____、轿厢系统、_____等；电气部分主要包括_____和电气控制系统,除此之外,还有_____为其保驾护航。

3. 自动扶梯上的制动器有三种:_____、紧急制动器和_____。

二、简答题

1. 简述垂直电梯的结构组成?

2. 电梯内发生火灾时应如何救援?

3. 试比较电梯和自动扶梯的优缺点,并说明各自的适用场所。

4. 简述自动扶梯的启动步骤。

项目四　通风空调系统

学习目标:

1. 了解通风空调系统的功能和分类;
2. 掌握通风空调系统的制冷原理;
3. 掌握通风空调系统的组成及主要设备;
4. 掌握通风空调系统的运行方式和控制方式;
5. 掌握通风空调系统的维护和故障处理。

任务一　初识通风空调系统

☞ **相关知识**

　　城市轨道交通作为城市中重要的交通工具,具有舒适、快捷等特点。随着我国国民经济的发展与城市化水平的不断提高,越来越多的城市开始建设并拥有地铁。地铁通风空调系统设备庞大,其布置方案的合理与否直接影响车站的建筑规模。地铁车站一般分为公共区和设备区,通风空调系统是占用机房最多的机电系统,根据系统形式的不同,通常占用设备管理用房面积的1/2～1/3。如何在满足系统功能的前提下,减少通风空调系统占用的设备用房面积,减小车站土建规模,降低地铁投资一直是地铁设计者的努力方向。

一、通风空调系统的发展历史

　　世界上第一条地铁于1863年在英国的伦敦建成通车,被称为"伦敦大都会"。在修建初期设计者就考虑到了通风的需要,因此设置了一些通风井。由于是蒸汽机车驱动,冒烟的发动机在地下运行时造成环境不舒适,通风效果差。为了改变"伦敦大都会"的这一现象,伦敦地铁引入电力机车。但又遇到新的问题,电力机车的功率很大,放出的热量也更多,随着散热量的增加和客运量的增大,形成了一种让人难以忍受的窒息状态。

　　1901年纽约开始修建第一条地铁,设计人员认为人行道上的通风口能为地铁系统提供足够的新鲜空气,对于隧道和车站的强制通风没有特别的考虑。1905 年 10 月地铁建成开始运行,次年夏天由于地面通气口不足而引起地铁内温度过高的问题变得严重起来。为了增加通气量,车站的房顶上设置了更多的通气口,车站之间修建了风机管和通风管。

1909 年 5 月在开始建造波士顿地铁时,设计人员已经认识到为乘客们提供舒适环境的必要性,提出"采用人工通风方式获得纯净空气,并总结出温度与通风有关,加大通风换气次数,可减少隧道内外温差"的理念。在波士顿地铁的隧道顶部采用了风管进行通风,并且加大车站出入口的设计,使得地铁内有比较良好的通风环境。

波士顿地铁内部环境改善的成功经验,为其他计划修建地铁的城市在设计阶段寻求解决内部通风问题方案时提供了借鉴。我国对地铁建设中的环境控制也非常重视,发布的《地铁设计规范》GB50151-2003 中对环境控制的要求作了明确的规定。

二、通风空调系统的功能

城市轨道交通内部空气环境控制系统,简称环控系统,也称为通风空调系统。地铁通风空调系统是地铁工程中的一个重要的组成部分,通风空调系统的主要作用是对地铁的环境进行空气处理,调节指定区域内空气的温度、湿度,并控制二氧化碳、粉尘等有害物质的浓度。在正常运行期间为地铁乘客提供一个舒适良好的乘车环境,并为工作人员提供必要的安全、卫生、舒适的环

通风空调系统功能和分类

境条件;同时对车站各种设备的管理用房按工艺和功能要求提供满足要求的环境条件;为列车及设备的运行提供良好的工作条件。当地铁内发生火灾毒气事故时,通风空调系统能提供新鲜空气,及时排除有害气体,为人员撤离事故现场创造条件。其重要性是不言而喻的。

一个地铁不论采用何种通风空调系统,为了实现以上主要作用,通风空调系统都必须满足以下的基本要求:

(1)当列车在正常运行时,排除余热、余温,提供人员所需的新风量,为乘客和工作人员提供一个适宜的人工环境,满足站内各种设备正常运转所需要的温度、湿度要求;

(2)当列车阻塞在区间隧道内时,向阻塞区间提供一定的通风量,保证列车空调等设备正常工作,维持车厢内乘客在短时间内能够接收的环境条件;

(3)当发生火灾事故时,提供迅速有效的排烟手段,给乘客和消防人员提供足够的新鲜空气,并形成一定的迎面风速,引导乘客安全迅速地撤离。

三、通风空调系统的选择

1. 通风空调系统的类型

根据地铁工程的特点,按车站建筑型式分为高架车站、地面车站和地下车站 3 种型式。地面车站和高架车站的通风空调系统可以参考一般建筑的通风空调系统设计。本书重点介绍地下车站的通风空调系统,地下车站通风空调系统分为屏蔽门系统和非屏蔽门系统。非屏蔽门系统按地下车站与地面通风风道的连接方式,又分为闭式系统和开式系统。

(1)屏蔽门系统

屏蔽门安装在站台边缘,是一道修建在站台边沿的带门的透明屏障,将站台公共区与隧

道轨行区完全屏蔽。列车到站时,列车车门正好对着屏蔽门上的活动门,乘客可自由上下列车,关上屏蔽门后,所形成的一道全封闭的隔墙可有效阻止隧道内的灰尘、热气流和气压波动等进入车站,有效地减少了车站空调的负荷,为车站创造较为舒适的环境。站内采用空调制冷系统,保证站内空气质量符合相关的环境标准。区间隧道利用列车运行时的活塞风,或列车停运时的隧道风机,通过风井与室外进行通风换气,满足区间隧道通风要求。

另外屏蔽门系统的设置可以有效防止乘客有意或无意跌入轨道,减小噪声及活塞风对站台候车乘客的影响,改善了乘客候车环境的舒适度,为轨道交通实现无人驾驶奠定了技术基础。但屏蔽门的初投资费用较高,对列车停靠位置的可靠性要求很高。

（2）闭式系统

闭式系统是将地铁内部空气基本上与外界大气隔断,即车站内所有与室外连通的通风井及风门均关闭,夏季车站内采用空调制冷,仅通过风机从室外向车站提供空调系统所需的最小新风量或空调全新风量。区间隧道则借助于列车行驶时的活塞效应将车站空调风携带入区间,由此对区间隧道进行冷却,并在车站两端部设置迂回风道,以满足闭式运行活塞风泄压的要求,线路露出地面的洞口则采用空气幕隔离,防止洞口空气进行热湿交换。闭式系统可以根据全年气温变换,转为开式运行。

闭式系统的特点是车站空调系统不仅需要承担车站乘客、机电设备的热湿负荷,还必须承担列车车载空调产生的热量和列车制动产生的热量。因此,车站环控设备容量大,会带来土建规模大、环控装机容量大、耗电量大等一系列问题。此外,由于车站和区间完全沟通,车站受活塞风影响较大,乘客在出入口、扶梯、站台候车时可明显感觉到活塞风。

在闭式系统的城市轨道交通线路中,为了增加旅客的安全性,许多车站在站台边缘设置了半高式安全门,其并没有将隧道和车站的空气隔离开来。

（3）开式系统

开式系统是采用活塞效应通风或机械通风的方法使地铁内部与外界进行空气交换,利用外界空气冷却车站和隧道。开式系统中地铁内部与外界交换空气的方式分为活塞效应通风及机械通风两种。

① 活塞效应通风

当列车的正面与隧道断面面积之比（称为阻塞比）大于 0.4 时,由于列车在隧道中高速行驶,如同活塞作用,使列车正面的空气受压,形成正压,列车后面的空气稀薄,形成负压,由此产生空气流动。利用这种原理通风,称之为活塞效应通风。

活塞风量的大小与列车在隧道内的阻塞比、列车行驶速度、列车行驶空气阻力系数、空气流经隧道的阻力等因素有关。利用活塞风来冷却隧道,需要与外界有效交换空气,因此需要在隧道顶上开设风口。由于设置许多活塞风井对大多数城市来说都是很难实现的,因此完全的活塞效应通风系统只有早期地铁应用,现今建设的地铁多设置活塞效应通风与机械通风的联合系统。

② 机械通风

当活塞效应通风不能满足地铁排除余热与余湿的要求时,应设置机械通风系统。

根据地铁系统的实际情况,可在车站与区间隧道分别设置独立的通风系统。车站通风一般为横向的送排风系统,区间隧道一般为纵向的送排风系统。这些系统应同时具备排烟功能。区间隧道较长时,宜在区间隧道中部设中间风井。对于当地气温不高、运量不大的地铁系统,可设置车站与区间连在一起的纵向通风系统,一般在区间隧道中部设中间风井,但应通过计算确定。

2. 通风空调系统的选择

(1)各系统应用的效果评价:

屏蔽门系统优点是由于屏蔽门的存在创造了一道安全屏障,可以防止乘客有意或无意跌入轨道;屏蔽门可隔断列车噪声对站台的影响;同等规模的车站加装屏蔽门系统的冷量约为未加装屏蔽门系统冷量的 2/5 左右,相应的环控机房面积可减少 1/3 左右,这样年运行费用仅是闭式系统的一半。屏蔽门系统缺点是安装屏蔽门需要较大投资,并随之增加了屏蔽门的维修保养工作量和费用。屏蔽门的存在将影响站台层车行道壁面的广告效应,站台有狭窄感,对于侧式站台这种感觉尤甚。

闭式系统的优点是车站和区间隧道内的温度和气流速度在不同工况条件下都能够符合设计要求;环控工况转换简明;站台视野开阔,广告效应良好。闭式系统的缺点是相对于屏蔽门系统而言闭式系统冷量大、所需环控机房面积大、耗能高,此外站台层环境易受列车噪声的影响。

只采用通风的开式系统主要应用在我国的北方,在我国夏热冬冷和夏热冬暖地区是不适合采用的。闭式系统和屏蔽门系统在夏热冬冷和夏热冬暖地区应用较多。

(2)通风空调系统的选择

地铁通风空调系统的选择应结合地铁的运输能力,当地的气候条件、人员舒适性要求和运行及维护费用等因素进行技术经济综合比较。主要原则如下:

① 地铁通风空调系统宜优先采用通风系统方式(含活塞通风);

② 在夏季当地最热月平均温度超过 25℃,且地铁高峰时间内每小时的行车对数和每列车车辆数的乘积大于 180 时,可采用空调系统;

③ 在夏季当地最热月的平均温度超过 25℃,全年平均温度超过 15℃,且地铁高峰时间内每小时的行车对数和每列车车辆数的乘积大于 120 时,可采用空调系统。

国内地铁采用屏蔽门成为一种趋势,目前采用屏蔽门系统的已建和在建地铁主要有:北京地铁、深圳地铁、广州地铁、上海地铁、成都地铁、杭州地铁、西安地铁、武汉地铁、天津地铁等。

四、地铁空调系统的制冷原理

地铁空调系统的制冷原理是利用物质的状态变化达到热量的转移,目前普遍采用的制冷方式是蒸汽压缩式制冷。

1. 蒸汽压缩式制冷系统

根据热力学第二定律可知,热量由低温物体向高温物体转移,必须消耗机械能或热能。蒸汽压缩式制冷系统是由制冷压缩机从蒸发器抽吸流过来的低压、低温制冷剂蒸汽,经压缩机压缩后变成高压、高温蒸汽排出。这样就把制冷剂蒸汽分成了高

制冷原理

压区和低压区:从压缩机的排出口至节流元件的入口端为高压区,该区压力称为高压压力或冷凝压力,温度称为冷凝温度;从节流元件的出口至压缩机的吸入口为低压区,该区压力称

为低压压力或蒸发压力,温度称为蒸发温度。正是由于压缩机造成的高压和低压之间的压力差,才使制冷剂在系统内不断地流动。一旦高低压之间的压力差消失,即高低压平衡,制冷剂就停止了流动。高压区和低压区压力差的产生及压力差的大小,完全是压缩机压缩蒸汽的结果。压缩机不停地运转是靠消耗电能或机械能来实现的。

蒸汽压缩式制冷系统可概括为 4 个过程,如图 4-1 所示。

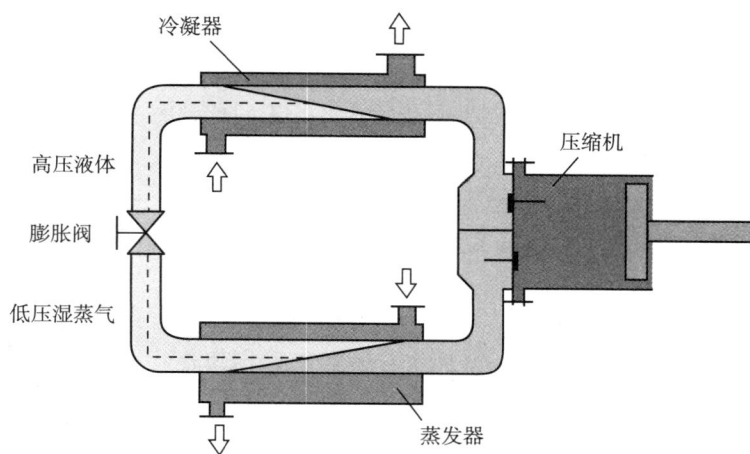

图 4-1　蒸汽压缩式制冷循环系统

(1)蒸发过程:液体制冷剂经节流元件流入蒸发器后,由于压力降低,开始沸腾汽化,其汽化(蒸发)温度与压力有关。液体汽化过程中,吸收周围介质(水,空气或物品)的热量,这些介质由于放出热量而温度降低,实现制冷的目的。液体的汽化是一个逐渐的过程,最终所有的液体变为干饱和蒸汽,继而流入压缩机的吸气口。

(2)压缩过程:从蒸发器出来的制冷剂蒸汽被制冷压缩机吸入并被压缩成高压气体排出。由于压缩过程中,制冷压缩机要消耗机械能并转换为热能,所以制冷剂蒸汽的温度升高,呈过热状态。

(3)冷凝过程:从制冷压缩机排出的高压过热制冷剂蒸汽,在冷凝器里把热量传递给周围的介质(水或空气),从而使制冷剂蒸汽逐渐冷凝成液体。在冷凝器中,制冷剂蒸汽向介质散发热量的两个基本条件:一是制冷剂蒸汽冷凝时的温度一定要高于周围介质的温度,要有足够的温差;二是根据制冷压缩机送入冷凝器的制冷剂蒸汽的多少,冷凝器要有适当的管长和面积,以保证制冷剂蒸汽能在冷凝器中充分冷凝。

(4)节流过程:从冷凝器出来的制冷剂液体经过降压设备(节流阀或膨胀阀等)减压到蒸发压力。节流后的制冷剂液体温度也下降到蒸发温度,并产生部分蒸汽,气液混合物进入蒸发器完成蒸发过程。

2.制冷剂和载冷剂

(1)制冷剂

制冷剂又称制冷工质,它是在制冷系统中完成制冷循环的工作介质。制冷剂是制冷循环中的工作流体,在被冷却对象及环境介质之间进行热量传递。制冷剂在蒸发器内汽化吸收被冷却介质的热量而制冷,又在冷凝器中把热量放给周围环境介质,重新成为液态制冷剂,不断进行制冷循环。

蒸汽压缩式制冷系统使用在常温或较低温度下能液化的工质为制冷剂,如氟利昂(饱和碳氢化合物的氟、氯、溴衍生物),共沸混合工质(由两种氟利昂按一定比例混合而成的共沸溶液)、碳氢化合物(丙烷、乙烯等)、氨等。

(2)载冷剂

地铁地下车站制冷面积庞大,需要的制冷量巨大,必将增加地铁的运营成本;同时,由于长距离、大范围使用制冷剂循环容易造成泄漏,污染环境。因此,地铁空调系统常常采用载冷剂作为间接制冷系统中用来传递冷量的中间介质。在间接制冷系统中制冷剂可以在较小的制冷系统内循环,冷量通过载冷剂传递给被冷却对象。

载冷剂的循环首先是载冷剂在蒸发器中被制冷剂冷却后送至地铁空调机组中的表冷器中吸收外部空气的热量,然后返回蒸发器将吸收的热量传递给制冷剂,同时载冷剂重新被制冷剂冷却。

常用的载冷剂是水,但水只能在高于0℃的条件下使用。当使用温度低于0℃时,一般采用盐水,如氯化钠或氯化钙盐水溶液,或采用乙二醇或丙三醇等有机化合物的水溶液。

2. 地铁空调制冷系统

地铁空调制冷系统由三个系统组成:制冷剂系统、冷却水系统和冷冻水系统。

如图4-2所示为地铁空调制冷系统。其中,左侧为冷冻水系统,中间为制冷剂系统,右侧为冷却水系统。

地铁空调系统制冷原理

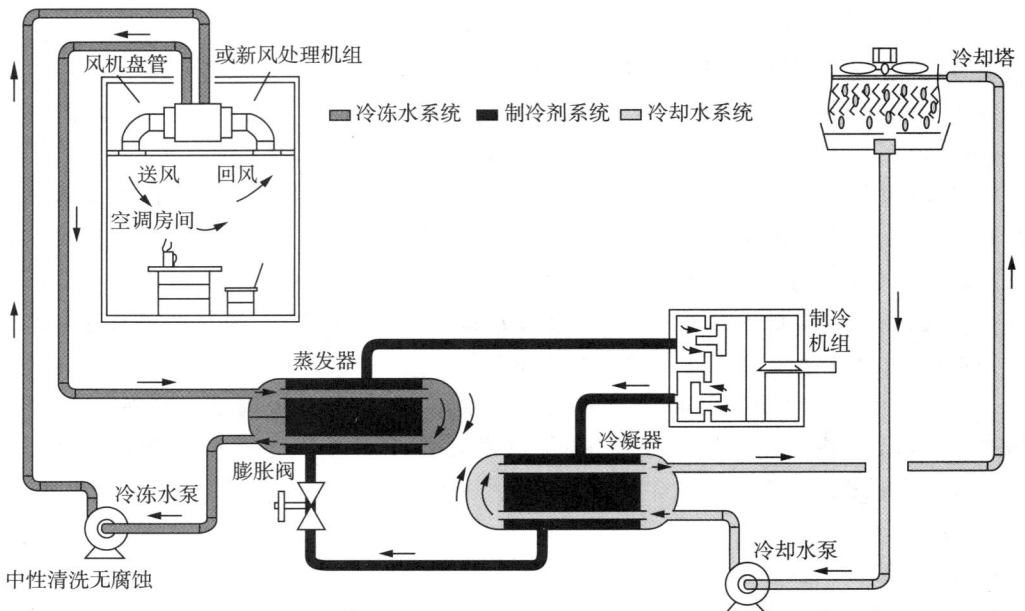

图4-2 地铁空调制冷系统图

（1）制冷剂系统

制冷剂蒸汽从蒸发器出来后被压缩机吸入并被压缩成高压气体，在压缩过程中，压缩机不断地消耗机械能并转换为热能，所以制冷剂蒸汽的温度升高，呈过热状态。从压缩机排出的高压过热制冷剂蒸汽，在冷凝器里把热量传递给冷却水，从而使制冷剂蒸汽逐渐冷凝成制冷剂液体。从冷凝器出来的制冷剂液体经过降压设备（膨胀阀或节流阀）降压到蒸发压力后，产生部分蒸汽，气液混合物被送入蒸发器。在蒸发器内气液混合状态下的制冷剂开始蒸发，吸收冷冻水的热量，最终所有的液体变为干饱和蒸汽，继而流入压缩机的吸气口。冷冻水由于放出热量而温度降低，实现制冷的目的。如此往复循环构成制冷剂系统。

（2）冷却水系统

冷却水经过冷却水泵加压以后送到冷凝器里，吸收制冷剂冷凝过程中释放的热量，温度升高后，再送到地面上的冷却塔与空气进行热交换，将热量传递给空气，冷却后的冷却水经过冷却水泵加压后再送到冷凝器吸收制冷剂冷凝过程中的热量，如此往复循环构成冷却水系统。

（3）冷冻水系统

冷冻水在蒸发器里热量被蒸发过程中的制冷剂吸收，待温度降低到规定值后，被冷冻水泵吸出加压送到空调机组中的表面式冷却器里，同地铁室内空气进行热交换。冷冻水吸收空气中的热量，对室内空气进行制冷，吸热后的冷冻水再回到蒸发器去将热量传递给蒸发过程中的制冷剂，如此往复循环构成冷冻水系统。

知识拓展：

2021年11月3日，在北京人民大会堂隆重举行2020年度国家科学技术奖励大会。作为我国城市轨道交通通风空调领域的知名专家，李国庆参与研究的"建筑热环境理论及其绿色营造关键技术"荣获国家科学技术进步奖二等奖，这是他15年来第三次步入人民大会堂领取国家级奖项。

"建筑热环境理论及其绿色营造关键技术"属土木建筑领域。李国庆项目组围绕建筑热环境理论及其绿色营造关键技术研发与工程应用，形成了动态热环境营造技术标准体系，研发了热环境智慧节能、高效调控关键技术与装备，构建了我国建筑热环境绿色营造标准体系，特别是在城市轨道交通应用领域作出诸多创新性贡献，对我国的建筑节能减排起到极大的支撑作用。

目前，该成果已应用于国家体育场、成都双流机场、北京地铁、杭州地铁等30余项重大工程，近3年新增产值35.72亿元，新增利润4.73亿元，取得了显著的经济和社会效益。

手捧着鲜红的证书，李国庆感慨道，"这是一份荣誉，也是一份责任，是国家对我们整个科研团队研究成果的认可和勉励。我将持续坚持创新引领，立足行业前沿，努力培养一支'政治可靠，业务过硬，作风优良'的干部人才队伍，为我国城市轨道交通绿色低碳发展、企业的高质量发展作出贡献"。

从清华学子到通风空调领域专家，他用30余年的潜心研究，致力于做"风"与"热"有机融合技术的引路人，不断刷新我国地铁通风空调技术，为城市轨道交通系统的"双碳"目标实现做出了贡献。

任务二　通风空调系统的组成及运行

引导案例

　　2022 年暑期将近,气温持续走高,合肥地铁也开启了"度夏"降温模式。6 月 6 日,合肥市轨道集团发布消息,合肥地铁 1、2、3 号线列车继续采用分区控温,4、5 号线将视客流情况开启。

　　考虑到不同乘客对温度的敏感程度不同,合肥地铁 1、2、3 号线列车今年将继续采用分区控温——同一列车的第一、二、三节车厢采用强冷,第四、五、六车厢采用弱冷。"强冷和弱冷之间有 2℃ 的温度差,让怕热的和怕冷的乘客都有适合自己的去处。"该负责人告诉记者,乘客进入候车站台时,可以根据站台门外张贴的引导指示,快速找到适合自己的车厢。"合肥地铁 4、5 号线通风空调系统投入了创新技术——采用磁悬浮冷水机组,制冷效果比其余 3 条线路要更好,也更节能。将视客流量开启'同车不同温'模式。"

　　思考:地铁通风空调系统是怎么运行的呢? 有哪些节能措施可以用在地铁通风空调系统里呢?

☞ 相关知识

　　城市轨道交通通风空调系统是指对车站站厅、站台、隧道、设备及管理用房等场所的环境进行空气处理的系统,主要是调节指定区域内的空气温度、湿度、空气流速和空气品质等主要因素,以此来创造一个适用于地铁设备正常运转、人员安全舒适的人工环境。

通风空调系统的组成

一、通风空调系统组成

　　以屏蔽门通风空调系统为例来介绍通风空调系统的组成,如图 4-3 所示,通风空调系统分为车站通风空调系统和隧道通风系统。通风空调系统主要包括以下几个系统:

　　(1)车站大系统(兼排烟系统);

　　(2)车站小系统(兼排烟系统);

　　(3)空调水系统;

　　(4)车站隧道通风系统(兼排烟系统);

　　(5)区间隧道通风系统(兼排烟系统)。

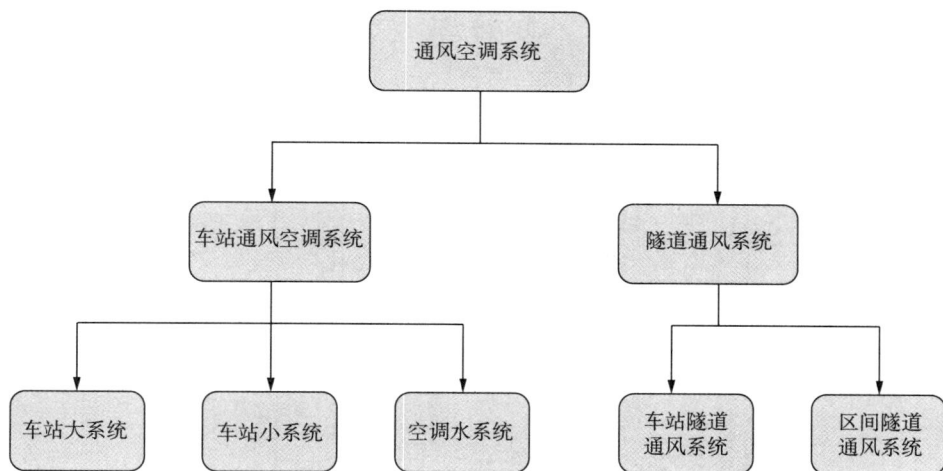

图 4-3　屏蔽门通风空调系统组成图

1. 车站大系统

车站大系统是指车站公共区部分(站厅、站台、人行通道)的空调、通风(兼排烟)系统,如图 4-4 所示,一般采用全空气一次回风空调系统。典型车站在站厅层两端设环控机房,各负担车站一半公共区的通风空调负荷。机房内设置一台组合式空调机组、一台相对应的回/排风机(兼排烟)以及一台小新风机,空调机组内的风机和回/排风机配备变频器,采用变频调节风量,此外还有各种风阀、防火阀等设备。这些设备通过风道与车站连接,将风送进、送出,通过空调或机械通风来排出车站公共区的余热、余湿,为乘客创造一个舒适的乘车环境。并在发生火灾时,通过机械排风进行排烟,便于乘客撤离和消防人员灭火。

车站大系统气流组织为站厅层、站台层公共区的通风空调采用上送上回方式。送、排风管原则按均匀送风和均匀排风设计,布置困难时可采用集中回风的方式,当兼作排烟时应满足消防排烟有关规定。车站大系统风路如图 4-5 所示。

地下车站的出入口通道连续长度大于 60m(计算至距出入口最近的一级楼梯或扶梯的第一个踏步)时,应单独设置风机盘管降温系统、通风及排烟系统。通风排烟风机结合出入口地面风亭设置或设置在独立的通风排烟机房内,也可将通风排烟风机设置在吊顶内,但吊顶需做防火处理。通风排烟风管布置在出入口通道吊顶内。风机盘管均匀布置在出入口通道吊顶内,但要避开扶梯和楼梯的顶部,以便维修。

紧急疏散通道楼梯间设置前室时,应设置独立的加压送风系统。

2. 车站小系统

车站小系统是指车站管理用房及设备用房的空调、通风(兼排烟)系统,如图 4-6 所示,主要由送风机、回/排风机、排烟风机、柜式或吊挂式空调机及各种风阀、防火阀等设备组成。其作用是通过对各用房的温度、湿度等环境条件的控制,为工作人员提供一个舒适的工作环境,为各设备提供正常的运行环境。在火灾发生时,通过机械排风方式进行排烟。

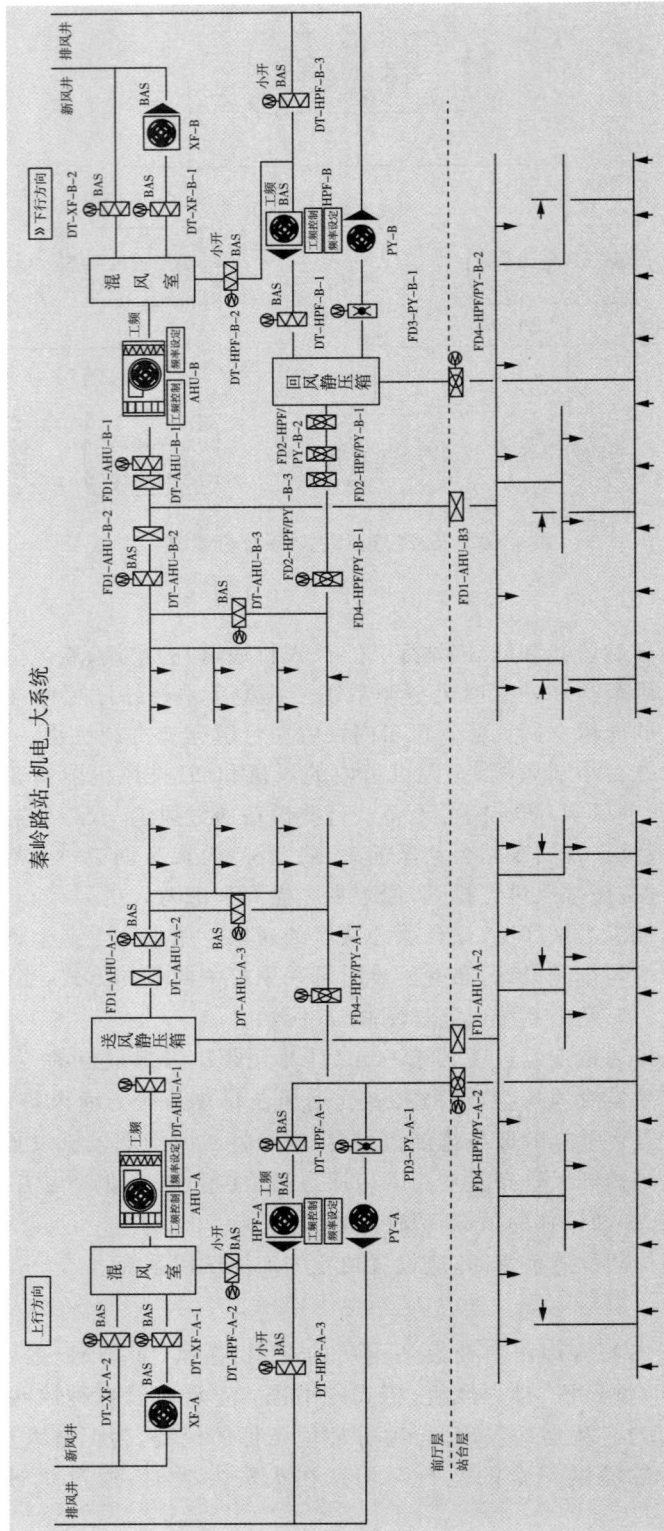

图4-4 车站大系统图

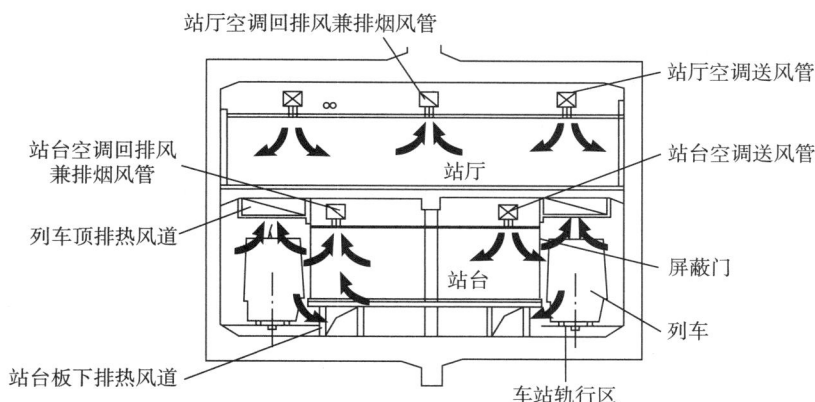

图 4-5 地铁大系统风路

车站小系统根据各站具体情况,按照工艺要求和排烟要求进行通风空调和排烟的设计。一般的设备及管理用房设置全空气空调系统(兼排烟系统)。变电所设置冷风系统降温,风量按排除余热量计算。有气体灭火要求的房间,通风系统根据选用的灭火介质进行设计,一般气体灭火房间的排风系统设置下部排风,灭火后排出的气体直接排至地面。

污水泵房、厕所设置独立的机械排风、自然进风系统,所排出的气体直接排至地面。通风空调机房、冷冻机房设机械送、排风系统,排风系统可兼做排烟系统用。蓄电池室、泵房、车站备品库、茶水间、清扫工具间等用房设置排风系统。设备与管理用房通风空调用新风亭、排风亭分别与公共区通风空调用新风亭、排风亭共用。

3. 空调水系统

空调水系统是指车站制冷供冷系统,如图 4-7 所示,主要由冷水机组、冷冻水泵、冷却水泵、集水器、分水器、冷却塔、膨胀水箱组成。其作用是为车站空调系统制造冷源并将其供给车站大小系统,同时将热量通过冷却水系统送出车站。

地下车站空调冷源宜采用水冷冷水机组。冷水机组的选择应根据空调系统的负荷大小、运行时间、运行调节要求和节能效果等因素确定。车站空调水系统采用定水量系统,即冷水机组和水泵的水量不变,有的车站选用两台容量相同的冷水机组,承担车站公共区及设备及管理用房的空调冷负荷。

枢纽站一般会设置集中冷冻站,作为相邻车站的空调冷源。枢纽站空调水系统采用二次冷冻水泵变流量系统,为相邻站公共区空调系统提供冷冻水。集中冷冻站冷冻水推荐采用 8℃大温差(冷水机组蒸发器的出水温度为 7℃,进水温度为 15℃)的供给方式。冷冻站集中设置在车站一端的制冷机房内,位置尽可能靠近负荷中心,力求缩短冷冻水供/回水管长度。冷冻水系统采用一次泵系统,空调机组设置电动二通阀,供/回水干管或集水器和分水器间设置自力式压差旁通阀。冷冻水系统的定压、补水采用膨胀水箱或定压罐。

4. 车站隧道通风系统

隧道通风系统分为车站隧道通风系统和区间隧道通风系统,如图 4-8 所示。车站隧道通风系统主要由隧道排热风机、电动风阀和防火阀等设备组成。其作用是通过机械送、排风排除车站隧道内余热,保证列车和隧道内设备的正常运行。

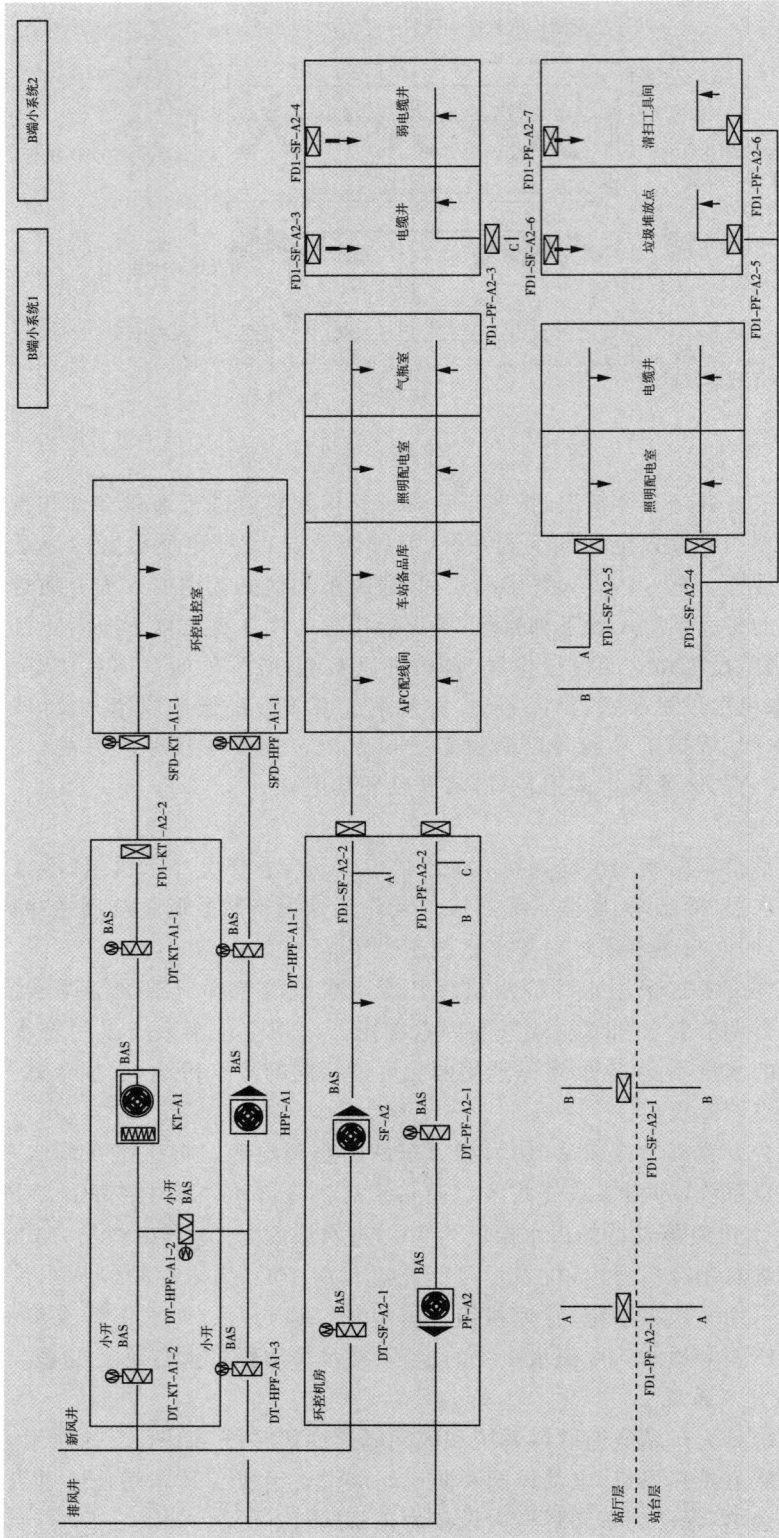

图4-6 车站小系统图

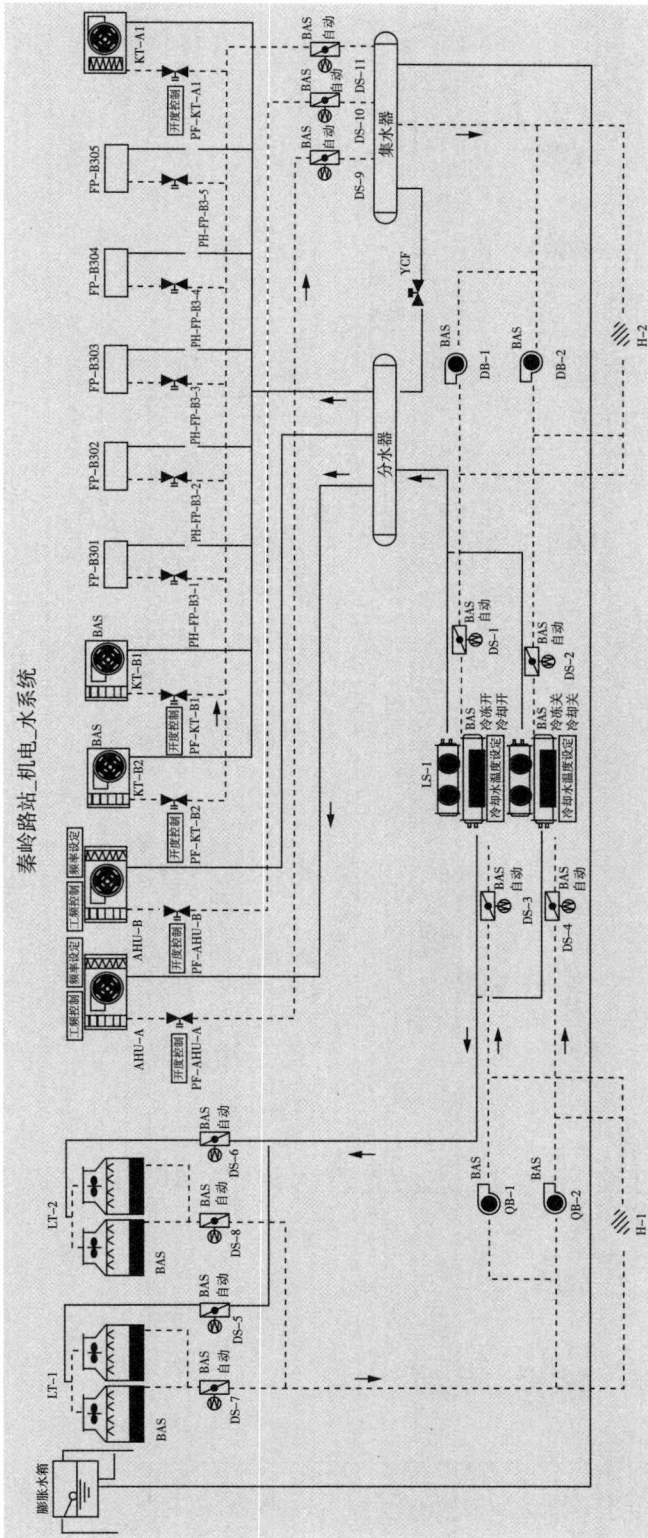

图4-7 空调水系统图

秦岭路站_机电_水系统

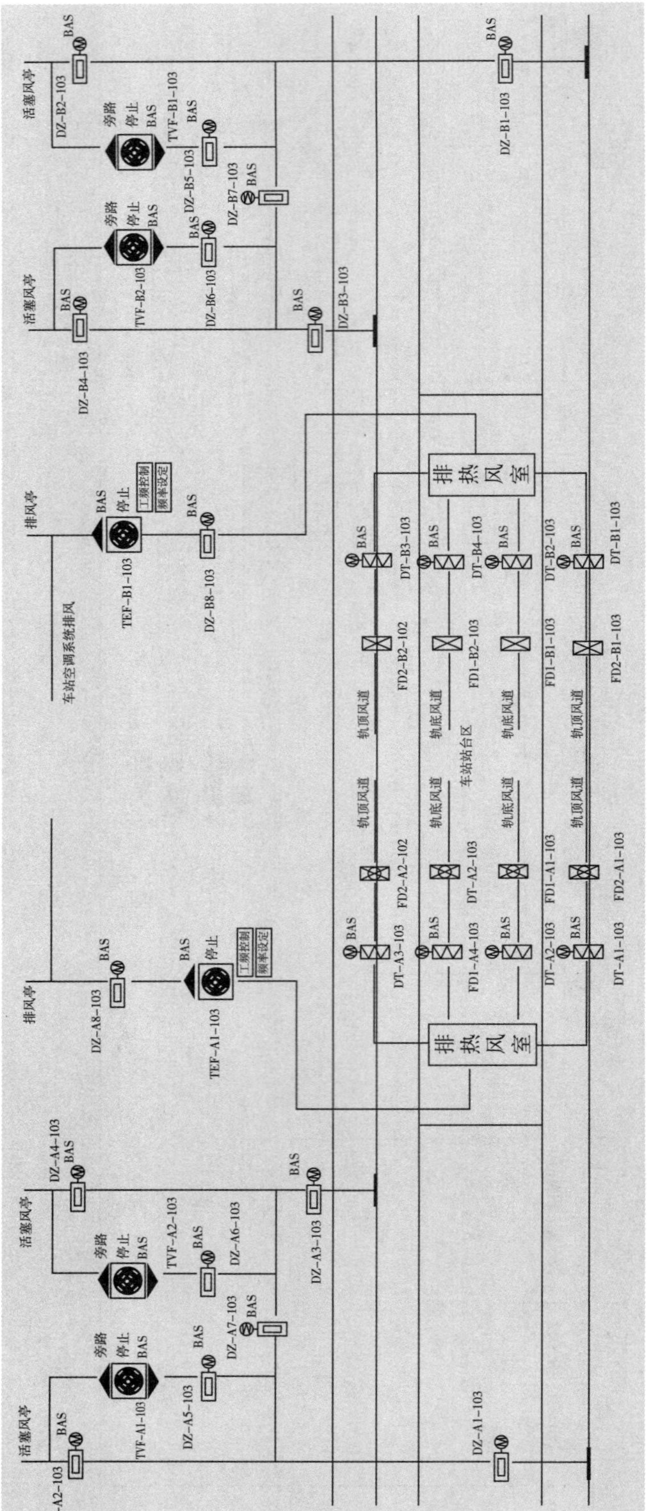
活塞风亭
排风亭
旁路
停止
BAS
工频控制
频率设定
车站空调系统排风
排热风室
轨顶风道
轨底风道
车站站台区
DZ-B1-103
DZ-B2-103
DZ-B3-103
DZ-B4-103
DZ-B5-103
DZ-B6-103
DZ-B7-103
DZ-B8-103
TVF-B1-103
TVF-B2-103
TEF-B1-103
DT-B1-103
DT-B2-103
DT-B3-103
DT-B4-103
FD1-B1-103
FD1-B2-103
FD2-B1-103
FD2-B2-102
DZ-A1-103
DZ-A2-103
DZ-A3-103
DZ-A4-103
DZ-A5-103
DZ-A6-103
DZ-A7-103
DZ-A8-103
TVF-A1-103
TVF-A2-103
TEF-A1-103
DT-A1-103
DT-A2-103
DT-A3-103
FD1-A1-103
FD1-A4-103
FD2-A1-103
FD2-A2-102

图4-8 隧道通风系统图

　　列车通过及制动等产生的热量是隧道中热量的主要来源。在列车产生的热量中,大约有一半是列车在站内停车时从车厢下方排出的。地铁列车安装有顶置式空调,用来控制车厢内部的温度,空调系统产生的热量也会排入隧道空气中。为了将列车产生的热量及时排至地面,在车站轨行区设置通风系统,由排热风机、车轨上部排热风道(OTE)和站台下部排热风道(UPE)组成。车轨上部排热风道上设置成组风口,正对列车空调冷凝器;站台下部排热风道上设置成组风口,正对列车刹车制动装置系统,将列车停站时散发的热量直接排至地面。

　　正常运营时,车站隧道通风系统运行,在列车停站时,排除车顶冷凝器和车厢底部发热设备的热量;列车发生火灾停靠在车站时,利用车站隧道通风系统进行排烟;区间隧道事故运营时,根据系统的控制模式要求开启或关闭车站隧道通风系统。

　　5. 区间隧道通风系统

　　区间隧道通风系统包括区间隧道活塞通风系统和区间隧道机械通风系统。区间隧道通风系统主要由隧道风机、射流风机及相关电动风阀组成,一般布置于车站两端。隧道风机可放置在活塞风道内,以便区间通风、事故和火灾时运行。

　　根据地面风井的设置条件,活塞风道可分为单活塞和双活塞两种方案。大部分车站采用双活塞风道方案,车站两端对应于上、下行区间隧道各设一条区间活塞/事故风道,通过活塞/事故风阀(开孔面积为20m²)与相对应的区间隧道连通。每条风道内设置一台区间事故风机(参数为:风量40～90m³/s,风压800～1200Pa),风机后设置与风机联动的事故风阀,风机旁边的过流面积满足活塞通风要求,在该过流断面上设置活塞风阀(风阀净流通面积16m²)。两条风道之间通过风阀可以连通,通过开启和关闭不同的阀门,可以实现活塞通风工况,或者两台区间事故风机对同一区间隧道进行通风或排烟的工况。由于每端的隧道风机互为备用,运行工况的隧道风机出现故障时,可以切换到备用风机运行。

二、通风空调系统的运行方式

　　通风空调系统的运行方式通常分为正常状态运行方式和非正常状态运行方式。由于地面车站和高架车站只设有小系统,因此,下文所述的车站大系统和隧道通风系统的运行方式均指的是地下车站。车站小系统运行方式地下车站和地面高架车站基本相同,除特指外不再加以说明。

　　1. 正常状态运行方式

　　(1)车站大系统正常状态的运行方式

通风空调系统的运行方式

　　当室外空气焓值大于空调回风焓值时,采用最小新风量空调模式,即使用最小新风量风机和回/排风机。新风与回风混合后通过空调机组中的空气处理单元,再由送风机经消声段分别送至站厅层和站台层。

　　当室外空气焓值小于等于空调回风焓值,且室外空气干球温度高于通风工况转换温度时,采用全新风空调。

　　当室外空气干球温度小于等于通风工况转换温度时,采用机械通风,停止制冷。

　　(2)隧道通风系统正常工况运行方式

　　借助于列车行驶时的活塞效应,新风由后方车站区间隧道活塞风井自然进入区间隧道,冷却隧道后,从前方车站活塞风井和车站隧道通风系统排到地面。夜间停运后,可以根据隧道温度的情况进行 0.5h~1.0h 的全面地下机械通风,如图 4-9 所示。

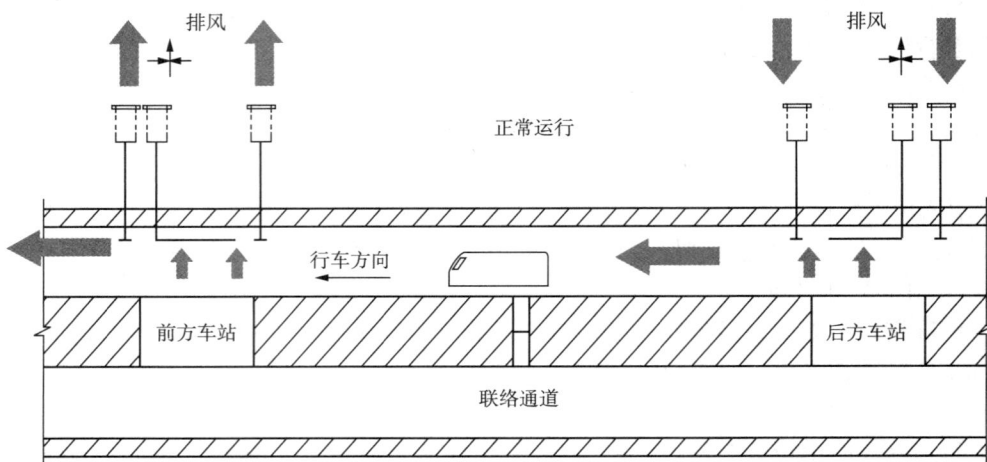

图 4-9　区间正常工况运行方式

知识拓展:

焓是热力学中表征物质系统能量的一个重要状态参量。空气中的焓值是指空气中含有的总热量,通常以干空气的单位质量为基准,称作比焓。工程中简称为焓,是指一千克干空气的焓和与它相对应(1kg 干空气中含有)的水蒸气的焓的总和。在工程上,我们可以根据一定质量的空气在处理过程中比焓的变化,来判定空气是得到热量还是失去了热量。空气的比焓增加表示空气中得到热量;空气的比焓减小表示空气中失去了热量。

干球温度是从暴露于空气中而又不受太阳直接照射的干球温度表上所读取的数值。它是温度计在普通空气中所测出的温度,即我们一般天气预报里常说的气温。

2. 非正常状态运行方式

(1)列车阻塞在区间隧道的运行方式

列车因故障(非火灾事故)停留在区间隧道内时,必须对隧道内送入新风,送排风原则是沿着列车运行方向进行送排风。车站事故风机操作应根据调度的指令,在明确了列车阻塞后的位置(上行线或下行线),打开阻塞区间前方车站的事故风机、后方车站的事故风机或推力风机以及相关风阀的开关。通过事故风机或推力风机给前方阻塞区间隧道送入新风,前方事故风机进行排风,如图 4-10 所示。

(2)火灾工况运行方式

① 车站火灾排烟工况

车站一旦发生火灾,停止制冷系统的运行,转为火灾排烟运行模式。

车站站厅公共区火灾时,车站的送风系统以及站台的排风系统关闭,站厅的排风系统转入排烟状态,回排风机转为排烟风机,出入口自然补风。

站台公共区发生火灾时,车站的送风系统和站厅的排风系统关闭,同时关闭屏蔽门,站

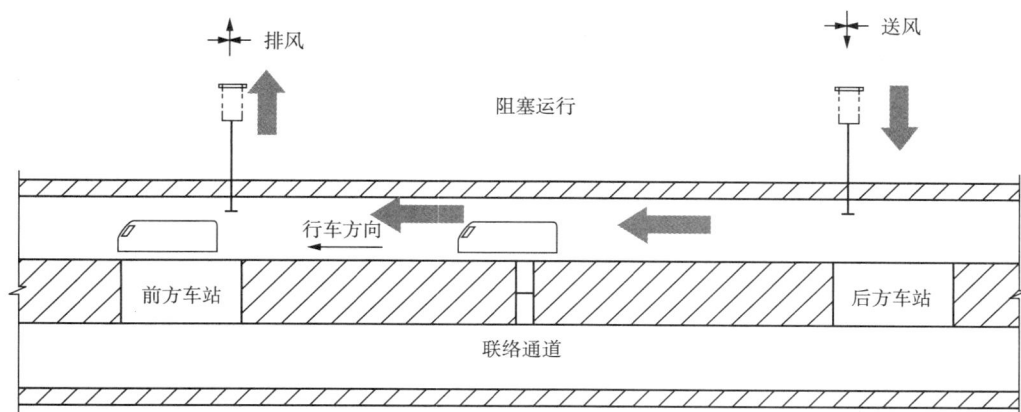

图 4-10　列车阻塞在区间隧道的运行方式

台的排风系统转入排烟状态,回排风机转为排烟风机。为了加大楼梯口的向下风速,在站台至站厅的楼梯口设置挡烟垂帘,火灾时落下,在不影响人员疏散高度的情况下,尽量减少过风面积;同时在车站附属房间较少的一端,从排热风室接出一段排风管,在站台公共区处加常闭排烟口,利用排热风机辅助排烟,出入口通风楼梯口自然补风。如图 4-11 所示为站台发生火灾送排风示意图。

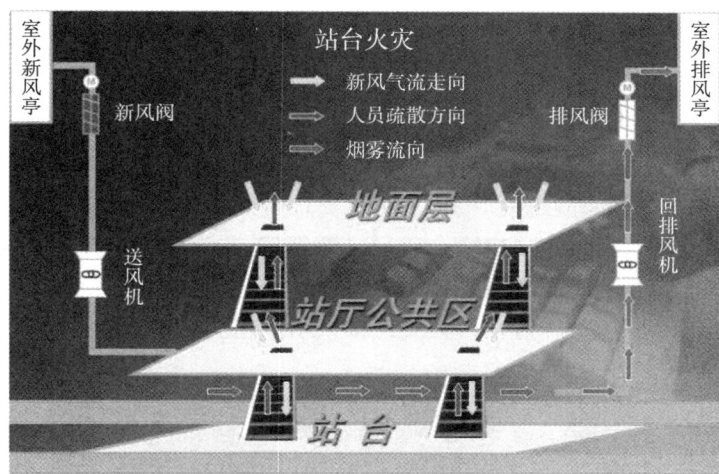

图 4-11　站台发生火灾送排风示意图

有排烟要求的设备管理用房发生火灾时,排风系统转为排烟系统运行,送风系统转为补风系统运行。

当走廊发生火灾时,开启走廊的常闭排烟口进行排烟,通过站厅至走廊的自然补风口补风,如果风口设计困难,则可以考虑走廊开设送风口机械送风。

气体灭火的电器设备房间发生火灾时,关闭火灾房间的通风系统和相应的风口或电动防火阀,进行气体灭火,灭火后开启排风系统进行排气。

在设备管理用房区域发生火灾时,在启动火灾区域的排烟系统的同时,应同时启动紧急疏散口的加压送风系统。

出入口发生火灾时,启动出入口的排烟系统,出入口外自然补风。同时启动紧急疏散口楼梯间及其前室的加压送风系统。

② 车站轨行区火灾排烟工况

当车站轨行区发生火灾时,开启火灾一侧的屏蔽门,关闭车站另一侧屏蔽门。同时关闭车站公共区的通风空调系统,开启排热风机和事故风机,对火灾侧的轨行区联合排烟,隧道和出入口补风。车站轨行区发生火灾送排风示意图如图 4-12 所示。

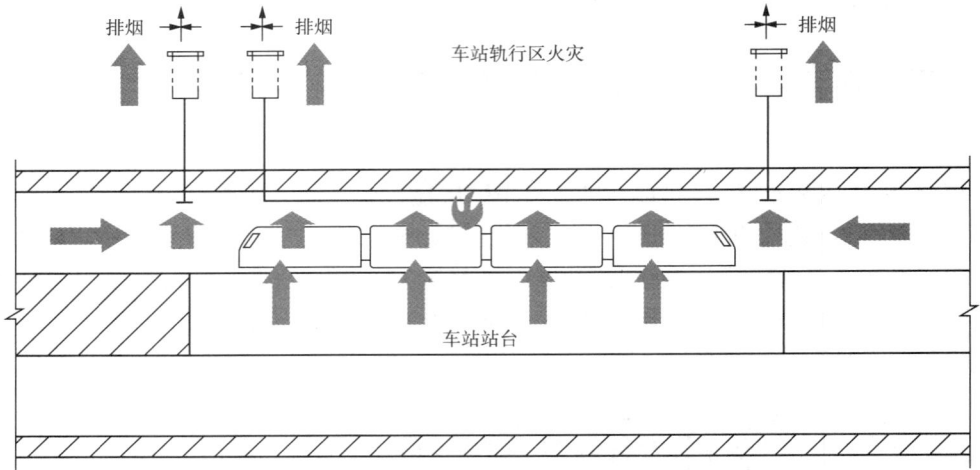

图 4-12 车站轨行区发生火灾送排风示意图

③ 列车在区间隧道内发生火灾排烟工况

若火灾时列车停在区间隧道内,根据列车火灾部位及列车在区间隧道的位置,确定乘客疏散方向,通过相关车站的隧道风机联合运行排除烟气,并为疏散乘客提供新风。

由区间两端车站的 TVF 风机及相关射流风机联合运行控制烟气,排烟方向与人员疏散方向相反,如图 4-13 所示为隧道发生火灾送排风示意图。

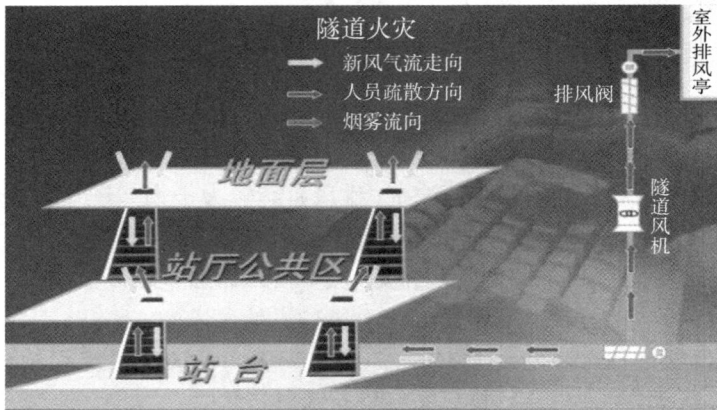

图 4-13 隧道发生火灾送排风示意图

三、通风空调系统的控制方式

通风空调系统的控制方式由中央级控制、车站级控制和就地级控制三种控制方式组成。

1. **中央级控制**

通风空调系统的中央级控制装置设置在控制中心 OCC,配置有中央级工作站、全线隧道通风系统及车站环控系统中央模拟显示屏。中央级控制装置可以对全线系统的通风空调系统设备的运行状态进行监控,必要时直接向车站控制室发出控制指令,并可显示主要设备的非常状态,记录设备事故情况,并可遥测各车站内及区间隧道的各点空气物理状态。在区间隧道发生阻塞或火灾时,中央级控制装置可以统一控制全线区间隧道的通风空调设备的运行。

2. **车站级控制**

各车站通风空调系统的车站级控制设在车站控制室内,配置有车站级工作站和紧急控制盘。在正常情况下,可监视本站的隧道通风系统、车站大系统、车站小系统及空调水系统,向中央级控制上传本站设备信息,并执行中央级控制下达的各项运行指令。车站及车站轨行区域发生火灾时,对火灾区域进行排烟控制。

目前,城市轨道交通自动化程度越来越高,通风空调系统的正常运行由环境与设备监控系统(Building Automatic System,简称 BAS)来控制,按照预定的模式实现自动运行。

3. **就地级控制**

就地级控制是在通风空调设备现场对其进行的控制。这种控制主要通过人工操作设在环控设备现场的电控箱上的启动/关停(或复位)按钮来实现。这种控制方式主要是方便通风空调系统的安装调试与维护维修。

就地级控制为最高优先级,车站级控制为次优级,中央级控制为最低级。这三个级别规定的含义为:设备处于就地级控制时,后两级控制不能控制设备的运行状态(开、关、复位);设备处于车站级控制时,中央级不能控制设备的运行状态。

四、通风空调系统的节能运行

地下车站的空调系统是一个耗电大户,因此空调系统的运行节能对整个轨道交通系统的节能具有重要的作用。目前空调系统的节能途径主要有:

1. **合理选择室内设定值**

确定合理的室内温度和湿度是节能的重要方面。对大部分工业空调系统及几乎全部的舒适性空调系统来说,采用全年固定设定值的方式是不经济的,也是不必要的。同时,在冬天把空气处理到偏高的设定值,夏天把空气处理到偏低的设定值也要消耗更多的能量。所以对大多数空调系统来说,可采用变设定值控制的方法。根据有关文献报道,夏季室内温度设定值从 26℃ 提高到 28℃,冷负荷减少 21%～23%,冬季室内温度从 22℃ 降低到 20℃,热负荷可减少 26%～31%,效果是很明显的。因此,为了节约能耗,空调房间内的温度基数,在满足生产要求和人体健康的前提下,夏季应尽可能提高,冬季应尽可能降低。

2. **控制室外新风量**

控制和正确利用室外新风量是空调系统冬、夏季节能的有效措施。一般可根据被调空间的人流数量的增减来决定所需的新风量。在地下车站,由于有明显的客流高峰和非高峰时段,因此完全可以利用新风量的调节起到节能的作用。

3. 运行管理的自动控制

空调系统调节的自动化,不仅可以提高调节的质量,降低冷热量的消耗,减少能量,减轻劳动强度,同时还可以提高劳动生产率和技术管理水平。空调系统的自动控制就是根据被调参数(如温度、湿度等)的实际值与给定值之间的偏差,用由专用的仪表和装置组成的自动控制系统调节参数的偏差值,使参数保持在允许的波动范围内。

知识拓展:

2022 年 4 月 20 日,记者从洛阳市轨道交通集团获悉,洛阳地铁 1 号线空调节能示范项目,日前入选《2022 中国建筑节能年度发展研究报告》公共建筑节能最佳工程实践案例。

洛阳地铁 1 号线磁悬浮直膨式空调节能示范项目,通过优化设计方案与设备选型,将公共区与设备区大小系统冷源独立设置,在牡丹广场站、解放路站首次采用了磁悬浮直膨式空调系统方案。按照磁悬浮直膨式空调系统方案,机组引入磁悬浮压缩机技术、风机墙技术等关键技术,在节约冷冻机房面积与建设投资的前提下,可以极大提高空调系统能效比。

2021 年 3 月以来,牡丹广场站、解放路站作为国内首个大系统采用磁悬浮直膨式空调机组且已投运的地铁项目,系统能效比相较于传统车站至少可提升 89%。以解放路站为例,该站 2021 年空调系统能耗为 40 万度电,相较于传统方案单站节约能耗可达 35 万度电以上,相当于少排放 200 吨以上二氧化碳。

任务三 通风空调系统的设备

引导案例

2020 年 6 月 24 日,在北京地铁六里桥站空调机房,工作人员正在对空调滤网进行消杀。据北京地铁公司介绍,目前北京地铁全路网通风模式改为"全新风",室外空气进入地铁实现全消杀,确保乘客吸入的空气是安全的。

经过 7 层门禁,记者来到地铁六里桥站风室,一名工作人员正在使用喷壶对空调滤网进行消杀。整个过程大概持续 20 分钟,一面 30 平方米左右的空调滤网墙就完成了消杀。北京地铁机电分公司技术部副部长介绍,近期根据防疫形势的需要,北京地铁公司在坚持车站既有防疫通风措施的基础上,针对车站空调系统投入运行制订了专项夏季空调通风方案。

此前,在没有疫情的正常通风情况下,地铁夏季空调采取小新风空调模式,即车站内空气大部分循环利用,同时又从室外补充部分地面新鲜空气,车站公共区环境温度可以达到地铁设计规范要求。针对本次疫情防控,调整夏季空调为全新风模式,即新鲜空气从地面进风亭进入地铁送风道,经空调系统调制降温后全部送入车站,车站内的空气再经排风道和地面排风亭全部排出室外,不进行循环利用。

　　思考:你知道地铁通风空调系统都由哪些设备组成吗? 和家庭使用的空调设备有什么区别呢?

一、控风设备

1. 风机设备

地铁通风空调系统中,通常使用两类风机:轴流风机和离心风机。

(1)轴流风机和离心风机

① 轴流风机

按照我国风机的分类,风压在 4900Pa 以下,气流沿轴向流动的通风机,称为轴流风机,如图 4-14 所示。

当叶轮旋转时,气体从进风口轴向进入叶轮,受到叶轮上叶片的推挤而使气体的能量升高,然后流入导叶。导叶将偏转气流变为轴向流动,同时将气体导入扩压管,进一步将气体动能转换为压力能,最后引入工作管路。

轴流风机的特点是风压较低,风量较大,噪声相对较大,耗电少,便于维修。轴流风机安装简单,直接与风管相连、占用空间较小,用途广泛。

风机设备

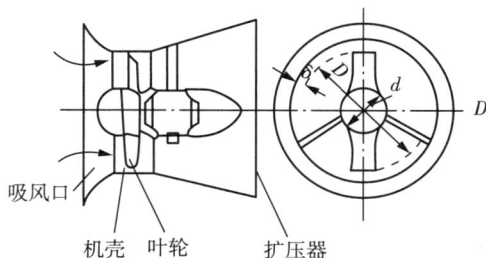

图 4-14　轴流风机

② 离心风机

离心风机中气体先沿轴向流动,后转变为垂直与风机轴的径向运动,如图 4-15 所示。离心风机是根据动能转换为势能的原理,利用高速旋转的叶轮将气体加速,然后减速、改变流向,使动能转换成势能(压力)。在单级离心风机中,气体从轴向进入叶轮,气体流经叶轮时改变成径向,然后进入扩压器。在扩压器中,气体改变了流动方向并且管道断面面积增大使气流减速,这种减速作用将动能转换成压力能。压力增高主要发生在叶轮中,其次发生在扩压过程。在多级离心风机中,用回流器使气流进入下一叶轮,产生更高压力。

离心风机的特点是风压高,风量可调,噪声相对较低,可将空气进行远距离输送等优点,适用于要求低噪声、高风压的场合。

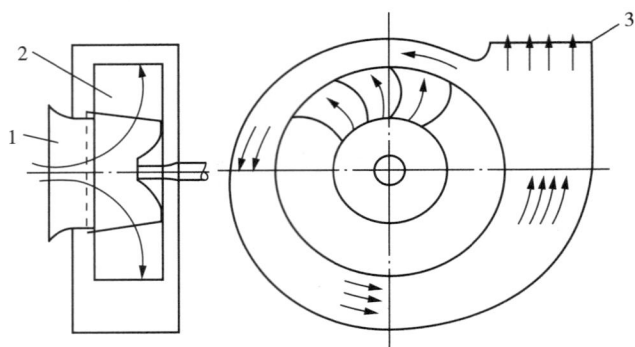

图 4 - 15　离心风机

1—进口(集流器);2—叶轮;3—机壳

(2)隧道风机

　　隧道风机又称为 TVF 风机,如图 4 - 16 所示,为双向可逆转大型耐高温轴流风机,一般设于车站两端的隧道风机房内,用于区间隧道、车站隧道通风、防排烟。

　　TVF 风机的主要部件包括叶片、轮毂、机壳、导流器、固定支架、减振器、电动机、轴承、防喘振装置等。TVF 风机要求结构紧凑,可灵活拆卸,正反向具有基本相等的性能,具有一定的防腐性能,设计使用寿命 20 年,叶片角度可调节。不兼作站内隧道排风机的 TVF 风机在排除 150℃烟气 1h 过程中正常运行;兼作站内隧道排风机的 TVF 风机整机在排出 250℃烟气 1h 过程中正常运行,并采用变频控制技术。

(3)事故风机

　　事故风机是区间隧道通风系统中的主要设备,同时有正向和反向的要求,因此多为轴流风机,要求耐温 150℃,持续工作 1h。区间事故风机的直径一般较大,根据控制要求,可以对区间隧道进行送风或者排风,如图 4 - 17 所示。

图 4 - 16　隧道风机

图 4 - 17　区间事故风机

(4)排热风机

　　排热风机如图 4 - 18 所示,为单向轴流风机,设在车站两端,它分别与上排热风管及下排热风道相连接,用于排走地铁列车在停站区间散发的热量及辅助排烟。上下排热风管和风道上分别装有防火阀,在发生火灾时,可以进行运行调节。排热风机前后均设有独立的结构消声器,并且在风机对风井侧方向设置组合风阀,排热风机与相对应的组合风阀采用强电连锁,由动力照明实现、连锁关系为:开机时风阀先开,确认后开风机;关机时风机先关,然后关风阀。要求排热风机整机在排除 250℃ 烟气 1h 过程中正常运行。

（5）新风机

新风机分两种:全新风机和空调新风机,如图 4 - 19 所示。全新风机是地铁车站在通风季节的通风设备,其作用是将地面的新风输送到空调机组,通过空调机组再送至站厅、站台。全新风机通常采用轴流风机,根据车站规模的大小,环境控制要求可配置不同风量的风机。空调新风机是地铁车站中央空调的通风设备,其作用是在空调季节向站厅、站台补充新鲜空气。空调新风机向空调机组输送新风,与回风混合后经表冷器冷却,由空调机组送至站厅、站台。

图 4 - 18　排热风机　　　　　　　　　图 4 - 19　新风机

车站小系统新风机通常采用轴流风机,风量依据使用房间大小或负责房间的数量而选定。其作用是向这些设备用房输送新鲜空气。

（6）回排风机（兼排烟风机）

车站大系统回排风机（兼排烟风机）,如图 4 - 20 所示,和组合式空调机组一一对应,其风量应满足正常运行的排风量和火灾时的排烟量。回排风机与排烟风机也可单独设置,回排风机完成正常工况下的排风,排烟风机完成公共区火灾工况下的排烟任务。在地铁车站内采用的回排风机和排烟风机多为轴流风机,外形基本相同,只是根据风量和风压的区别,尺寸大小有所不同。

（7）排风机（兼排烟风机）

车站小系统排风机（兼排烟风机）与车站大系统回排风机（兼排烟风机）外形上基本相同,仅在大小上有所区别。另外,车站小系统风机中还会采用混流风机,如图 4 - 21 所示,该风机的风量和压头偏小。其特点为混流轮毂叶轮,采用高温电机,电机全封闭内置;设有专门的电机冷却系统,耐高温性能优良、效率高、噪声低、结构合理、体积小、安装方便;水平、垂直、吊装安装均可。

图 4-20　回排风机（兼排烟风机）　　　　图 4-21　混流风机

2. 组合式空调机组

组合式空调机组是地铁通风空调系统中空气集中处理设备，由新回风混合段、空气过滤段、表冷段、风机送风段组成，可完成对空气的多种处理功能，包括新风和回风混合、空气过滤、冷却、加热、去湿、消声等。如图 4-22 所示是组合式空调机组的外观图，如图 4-23 所示是组合式空调机组的内部结构图。

空调机组

图 4-22　组合式空调机组的外形图

（1）进风段

组合式空调机组一般有两个进风段：在空调季节投入运行的空调进风段和在通风季节投入运行的通风进风段，进风段风口上安装有防火阀和电动调节阀。防火阀在正常运行时常开，一旦发生火灾。由火灾自动报警系统给信号而关闭，也可由操作人员手动关闭，电动调节阀起风量调节作用。

空调进风段上有两个进风口，分别与空调新风口及回风口相连接，在空调季节，关闭全新风电动调节阀，打开空调新风口电动调节阀和按一定比例开度的回风口电动调节阀。空调进风段位于空调机组表冷段的前面。

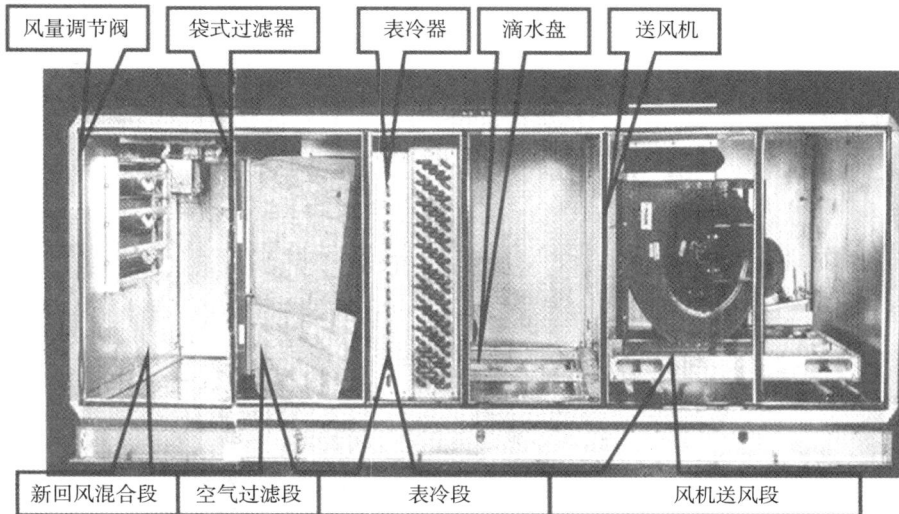

图 4-23　组合式空调机组的内部结构图

在通风季节,关闭空调新风口电动调节阀和回风口电动调节阀。通风进风段位于空调机组表冷段的后面。在通风进风段上有全新风口,风口上装有电动调节阀。此阀在通风季节时开启,在空调季节关闭。

(2)空气过滤段

空调机组有两个过滤段:一个过滤段在空调进风段对空调新风及回风混合风进行除尘过滤,另一个过滤段在通风进风段对全新风进行除尘过滤。目前广泛使用的过滤器按效率分为以下三种:

初效过滤器主要用于过滤粒径为 $10\sim100\mu m$ 的大颗粒灰尘,通常采用金属丝网、粗孔聚氨脂泡沫塑料和各种人造纤维滤料制作而成。

中效过滤器主要用于过滤粒径为 $1\sim10\mu m$ 的灰尘,它的主要滤料是玻璃纤维、中细孔聚乙烯泡沫塑料和无纺布。为了提高过滤效率并能处理较大风量,这种过滤器都做成抽屉式或袋式。

高效过滤器的滤料为超细玻璃纤维、超细石棉纤维(纤维直径 $<1\mu m$)做成的滤纸。为了减少阻力并增加对微尘的扩散效应,必须采用低滤速,所以须将滤纸多次折叠,使其过滤面积为迎风面积的 $50\sim60$ 倍。这种过滤器必须在粗中效过滤器保护下使用。

(3)表冷段

组合式空调机组的表冷段内安装有表冷器,如图 4-24 所示。表冷器全称表面式冷却器,其原理是让冷冻水流过金属管道内腔,而要处理的空气流过金属管道外壁进行热交换来达到冷却空气的目的。地铁地下车站夏季空调工况时,通常由冷水机组提供 $7\sim12℃$ 的冷冻水送至空调机组的表冷器。经与空气进行热交换后,再回到冷水机组,被冷水机组冷却后,再送回空调机组的表冷器,完成一个冷冻水的冷却循环。经过空调机组表冷器冷却后的空气由空调机组内的离心式风机送至站厅和站台。

在表冷器的底部有冷凝积水盘,积水盘与存水弯相连接,便于冷凝水排出机组。表冷器的进出水管分别与冷冻水的进出水管相连接。在表冷器的后面还装有挡水板,以防止冷凝水流入机组的其他段内。在空调季节,表冷段投入运行,应打开进出水管上的阀门,以保证冷冻循环水的畅通。

图 4-24　表冷器

（4）风机送风段

组合式空调机组的风机送风段内安装一台离心式风机,如图 4-25 所示,其作用是将经过表冷器冷却后的空气或全新风送至站厅、站台。离心风机通过传动皮带由电动机带动,离心风机支撑在机架的带座轴承上。为了降低送风噪声,一般在风机后安装消声器。

图 4-25　离心式风机

其他控风设备

3. 风机盘管

风机盘管安装于设备及管理用房内,经处理的新风通过新风送风道送到房间,室内的风通过回风口与送入的新风混合再经过风机盘管处理,达到要求后再送入房间,这样不断地循环,达到房间的使用要求。风机盘管工作原理如图 4-26 所示。

风机盘管按照形式不同可以分为卧式风机盘管、立式风机盘管。如图 4-27 所示为风机盘管的内部结构图,图 4-28 为风机盘管的常见外形图。

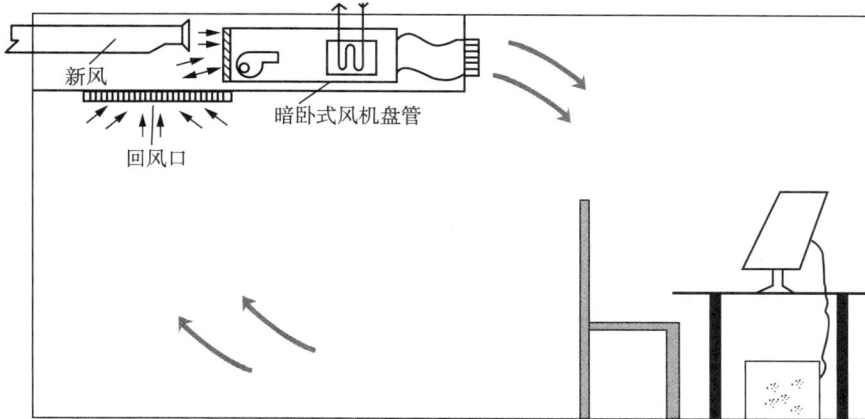

图 4 - 26　风机盘管工作原理图

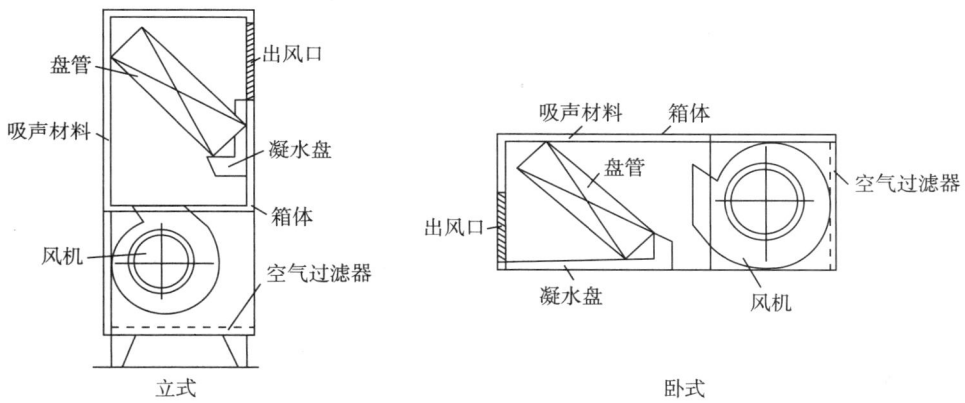

新风

暗卧式风机盘管

回风口

盘管

出风口

吸声材料

凝水盘

箱体

风机

空气过滤器

立式

吸声材料

箱体

盘管

空气过滤器

出风口

凝水盘

风机

卧式

图 4 - 27　风机盘管内部结构图

（a）立式风机盘管

（b）卧式风机盘管

图 4 - 28　风机盘管外形图

4. 风阀

风阀如图 4 - 29 所示,主要用来调节风量,平衡各支管或送、回风口的风量及启动风机等。为保证通风、空调系统的总风量、各支管及送风口风量达到设计给定值,应对系统进行测定和调整,采用多叶调节阀进行调节。单体风阀如图 4 - 29(a)所示,组合风阀如图 4 - 29(b)所示。

单体风阀由阀框、叶片、轴、轴承、传动机构、执行机构(手动或电动)组成。叶片在全开时垂直于流通截面,在全闭时平行于流通截面。地铁用单体风阀结构坚固、控制精度高、泄漏量小,摩擦力矩小,运行灵活、噪声低,可满足不同通风面积、不同风压和环境温、湿度要求,外形平整。

组合风阀主要由风阀底框、多个单体风阀、传动机构、电动执行器四个部分组成。组合风阀主要用于地铁、隧道工程中间活塞通风和机械通风系统中,通过组合风阀的启闭来完成机械风和活塞风的转换。即正常工况时,活塞风阀打开,联锁风阀关闭,区间利用列车运行活塞风进行通风换气,为列车正常运营提供所需的环境条件。当区间发生阻塞或火灾工况时,活塞风阀关闭,TVF 风机启动,与其相连的联锁风阀联合开启,对区间进行机械通风。使阻塞区间温度达标,保障列车空调正常工作,或火灾工况时迅速排除烟气,诱导乘客安全疏散。安装于车站隧道通风系统的组合风阀与排热风机联动,实现对车站轨顶、轨底的排热功能。

组合风阀的启闭程序依据车站或隧道环控系统编制的正常工况,阻塞工况和火灾工况区间通风控制模式执行。

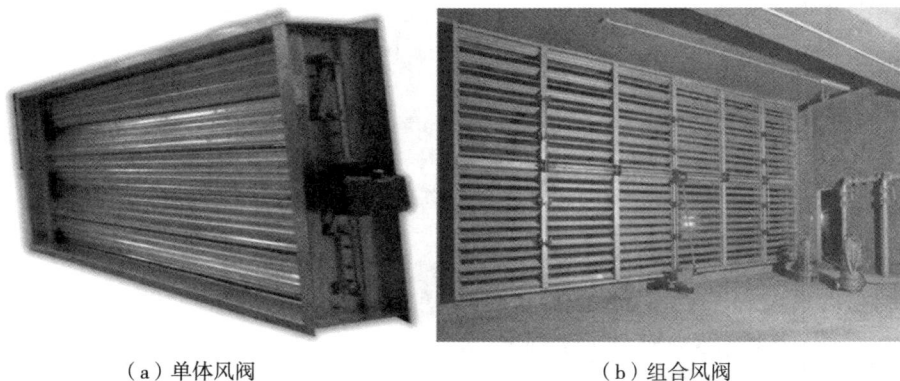

(a)单体风阀   (b)组合风阀

图 4 - 29 风阀

5. 结构消声器

在事故风机前后均设有结构消声器,保证消声要求。消声器是允许气流通过,同时又使气流中的噪声得到有效降低的设备,如图 4 - 30 所示。目前国内地铁通风系统选用的消声设备一般以组性消声器为主。组性消声器的工作原理是利用声波在敷设于气流通道内多孔性吸声材料中传播时,因摩擦将声能转化为热能而消散,使沿管道传播的噪声随距离而衰减,从而达到消声降噪的目的。

图 4 - 30 结构消声器

6. 防火阀

防火阀设置在地铁通风空调送排风系统以及防排烟系统的管路上,一般安装在风管穿越防火分隔(防火墙、空调机房、气体灭火系统保护房间、重要房间的墙体、楼板)处及分支管处等位置,起防止烟、火沿风管蔓延的作用。

防火阀如图 4 - 31 所示,由阀体、叶片、轴、轴承、温度熔断器传动机构、执行机构(手动或自动)组成。防火阀分为 70℃防火阀和 250℃/280℃排烟防火阀。

70℃防火阀安装于通风空调系统的送、回风管路上,正常运行时阀门呈开启状态,发生火灾时管道内气体温度达到 70℃时,易熔片熔断,阀门在扭簧力作用下自动关闭。在一定时间内能满足耐火稳定性和耐火完整性要求,起隔烟阻火作用。阀门关闭时,输出关闭信号。

250℃/280℃排烟防火阀安装于排烟管路上和排风管路上,正常运行时阀门处于开启状态,起排烟作用。当排烟管楼道内烟气温度达到 250℃/280℃时关闭,在一定时间内能满足耐火稳定性和耐火完整性要求。

7. 风管和风口

风管是采用薄钢板、铝合金板、镀锌钢板,玻璃纤维板或预制保温板(两层金属板间加隔热材料)制作而成,用于空气流通的管道,如图 4 - 32 所示。它一端连接着风阀风机,一端连接风口,将合适的风送入或排出。风管是通风空调系统中联通各个部分的重要构件,为了减少管道的能量损失,防止管道表面产生结露现象,保证进入空调房间的空气参数达到规定值,风管的外部要有保温措施。

图 4 - 31 防火阀

图 4 - 32 风管

风管中包含很多配件和部件。风管配件是指风管系统中的弯管、三通、四通、各类变径及异形管、导流叶片和法兰等。风管部件是指通风、空调风管系统中的各类风口、阀门、排气罩、风帽、检查门和测定孔等,表4-1所列为风口系列。

表4-1 风口系列

风口系列				
方形散流器	圆形散流器	扩散出风口	可调式喷流风口	旋流风口
双层格栅出风口	扁叶散流器	可开式百叶回风口	蛋格式可开回风口	可开式花板回风口

二、控水设备

1. 冷水机组

冷水机组是为地铁车站空调大、小系统提供冷源的设备,是实现制冷循环的重要组件。冷水机组是由压缩机、蒸发器、冷凝器、膨胀阀、自动控制元件及其他附属设备组成的一个整体设备。地铁通风空调工程常用的冷水机组有螺杆式冷水机组和离心式冷水机组,如图4-33所示,是螺杆式冷水机组。

控水设备

螺杆式冷水机组体积小、制冷量大、可靠耐用,产品根据工业应用特点设计,内置低温循环水泵及不锈钢冷冻水箱,使用极为方便,所有与水接触的材料均采用防腐蚀材料,有效防

图4-33 螺杆式冷水机组

止生锈、腐蚀。螺杆式冷水机组内置电子水位指示及报警装置,低水位自动报警,操作人员通过控制面板就能掌握冷水水箱的水位情况,能够在缺水的时候及时补水。

离心式冷水机组具有单机制冷量大的特点,但存在压力过高,密封问题较难解决,工作转速过高等缺点。

2. 水泵

通风空调系统中的水泵分为冷冻水泵和冷却水泵两种,如图4-34所示。冷冻水泵一般安装在冷冻水回水管路上,冷冻水泵为冷冻水循环提供动力,起着输送冷量的作用。因运输12℃的冷冻水回冷水机组可能存在冷量损失,故冷冻水泵连接的冷冻水管均采取保温措施。冷却水泵的冷却水管两端主要连接冷水机组和冷却塔两大设备。冷却水泵为冷却水循环提供动力,起着输送热量的作用。

城市轨道交通通风空调系统的水泵一般采用单级、单吸清水离心泵,由泵体、叶轮、轴、轴承、联轴器、机械密封和电动机等部分构成。

图4-34 水泵

3. 分集水器

分集水器由分水器和集水器组成,属于冷冻水循环部分,如图4-35所示。分水器是将一路进水分散为多路输出的设备,其功是向用户分配冷冻水。集水器是将空调水系统设备末端中的冷冻水通过各个环路收集起来,通过主管道送入蒸发器的设备。

分集水器由主管、分路支管、排污口、排气口、压力表、温度计等组成,外表面做防腐或保温处理。

图4-35 分集水器

4. 冷却塔

冷却塔是冷却水系统中的一个重要设备,一般被放置在地铁车站外。温度较高的冷却水通过冷却水泵送到冷却塔进行冷却。

根据冷却塔内空气流动的动力不同,冷却塔可分为自然通风式冷却塔和机械通风式冷却塔两种。其中,机械通风式冷却塔主要由风机、电动机、减速器、布水器、淋水填料和电机支架等组成,如图4-36所示。冷却水在冷水机组的冷凝器中吸热,温度升高,通过冷却水泵,送到冷却塔的布水器中。在布水器中,冷却水被喷淋,形成细小水滴,流经填料层时形成薄薄的水膜,最后流到塔底,同时,冷却塔顶部的风机进行机械送风,加速冷却水和空气之间的热量交换。冷却后的水被冷却水泵输送到冷水机组的冷凝器中开始新的循环。

根据空气与水的相对流向不同,冷却塔又可分为逆流式冷却塔(水和空气平行流动,但方向相反)和横流式冷却塔(水和空气互相垂直流动)。

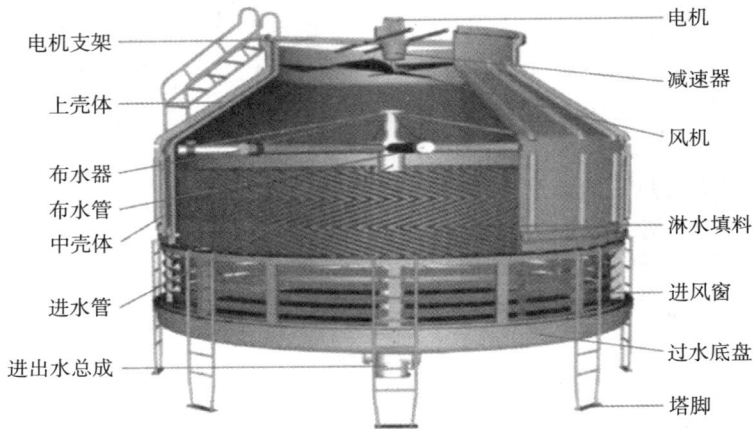

图4-36 机械通风式冷却塔

5. 压差旁通阀

压差旁通阀,如图4-37所示,一般装设于空调系统供水和回水管路之间用来平衡压差。压差旁通阀内部有一个止回阀芯,由一个调校压力作用力弹簧控制。当供回水之间的压力差大于此弹簧的设定压力时,止回阀成比例开启,旁通的相应流量维持系统设定的压差值;当压差低于设定值时,止回阀关闭,供回水之间无旁通。

知识拓展:

清洗地铁空调和家用空调有啥不一样?工作更复杂要求更高!

据地铁相关负责人透露,地铁空调运行期间,空调的清洁、滤网的干净,关系到市民乘客的健康、安全。和家用空调清洗不同,地铁列车的空调清洗工作更加复杂,要求更高。

图4-37 压差旁通阀

据了解,在清洗前,检修人员会一一查看各安装座外观是否良好,紧固螺栓有无松动,空调机组内部各部件及各类接线插头是否安装到位,管路表面有无损伤,有无油污,管路接口有无损坏、有无松动……这一套检查下来,往往会花费车辆检修人员5个小时左右时间。

为了保证所有温度传感器正常运行,车辆检修人员会使用PTU读取显示温度值记录,对比列车各回风温度,要求最大相差小于4℃,对比列车各新风温度,要求相差小于10℃。

上述工作完成后,才是清洗空调新风滤网。首先,检修人员需要将空调的"帽子"取下来,也就是"拆卸空调机组箱盖",为后续工作做好充足的准备。接着,利用高压打气泵对空调机组内部核心部件进行初步除尘,将过滤网、通风机、蒸发器等部件上的污渍及各类污物彻底清洗。

据悉,地铁空调专检是所有地铁车辆会定期进行的一项专项检查,这项工作不仅可以延长电客车空调的使用寿命,提高工作性能,还能提高电客车客内部的空气质量,为广大乘客提供更加舒适、健康、良好的乘车环境。

任务四　通风空调系统的维护和故障处理

> **引导案例**
>
> 2017年5月11日15时左右,某市地铁二号某车站站台内突然冒出阵阵烟雾,一股类似橡胶烧煳的味道,非常刺鼻,很快烟雾就开始蔓延起来,个别乘客慌忙奔跑,地铁工作人员开始疏散乘客。
>
> 记者从某市地铁运营分公司了解到,11日14时54分,地铁二号线该车站因空调机组轴承损坏,造成卡组皮带磨损产生烟雾。15时06分故障排除,车站开启抽排风模式排除烟雾。15时48分车站烟雾已全部排除,16时08分车站运营秩序恢复正常。
>
> 据悉,某市地铁将对二号线各车站空调机组进行全面摸排,防止类似事件再次发生。某市地铁提醒,如乘车过程中遇到突发事件,请乘客尽量保持克制、冷静,听从工作人员指挥,有序地撤离现场,以避免发生踩踏等次生灾害事件。
>
> 思考:地铁通风空调系统出现故障该如何处理呢? 如何预防故障出现呢?

一、通风空调系统的维护

通风空调系统设备的维护分为四级:日常检查、定期计划维护保养、故障检修以及设备大修。

（1）日常检查

日常检查通常采用经常的、不定期的设备巡查,通过看、听、闻、摸、量、测试、记录等方式及时掌握设施设备的运行状况,准确记录设备的各种运行参数、数据,判断设备的可持续安全运转性能。及时发现设备在运转中的各种问题,能够处理的及时处理,消除设备的运行缺陷和安全隐患,确保系统及设备能正常运转。对于不能立即处理的问题及时向班组汇报,做好先期处理工作,为以后集中处理提供条件。同时做好设备的清洁工作,清除设备本体、四周的杂物和积灰,保持设备整洁。

本项工作主要由维修小组来完成。各维修小组按照制定的设备范围(按照地域——站点来划分),由设备的养护人、责任人具体执行,班组监督检查执行情况。

(2)定期计划维护保养

定期计划维护保养工作是为了集中处理日常检查过程中发现的设备问题,恢复和改善系统设备的性能,增强安全运转可靠性的检修工作。定期计划维护保养按保养内容和时间间隔分为月度维护保养和年度维护保养两大类。根据设备使用频率、使用时间和作用的重要性大小以及工作环境等情况,通常在上月中旬前计划好下月的任务,年初计划好本年度的维护保养任务。如需临时变更、增减计划内容的,则应按设备管理的相关规定履行审批手续。

(3)故障检修

故障检修(包括应急抢险)是对临时出现的设备故障进行的故障判断、故障排除、设备试用等作业,在执行时间的先后顺序上通常优先于日常检查和定期计划维护保养作业。

故障检修的直接负责机构是维修车间,执行层为维修班组。

(4)设备大修

重要设备设施在经过一定的使用时间后,可以进行计划性的设备大修,集中解决年度计划检修遗留的问题。

通风空调系统设备的日常检查见表4-2所列。

表4-2　通风空调系统设备的日常检查

序号	设备	日常检查项目
1	风机	探听风机运行中有无异常噪声、振动;检查风机软接头有无破损漏风现象;检查风机机体外表面有无明显变形和锈蚀迹象,如果有,做简单处理;检查风机就地控制箱内部整洁情况,指示灯、转换开关、按钮等功能是否正常;查看排烟机、隧道风机、射流风机、排热风机等重要设备运行时电流表显示数值是否正常,检查风机运行状态;对传动带传动的通风机,传动带数量应齐全,型号一致,松紧适宜、无裂痕和破损,检查传动带磨损情况,更换破损传动带;外观检查传动带传动轮的连接情况是否正常,电动机有无异常温升和噪声、振动;检查减振器有无损坏;检查设备支架以及支架与预埋钢板的连接是否牢固
2	风管风阀	检查各种风管有无连接脱落、严重漏风现象,有无大面积锈蚀现象,风管外包隔热材料有无脱落现象;抽查风阀开关到位情况,根据使用方要求适当调整调节阀的开度来调整风量;清除风网表面灰尘及杂物;抽查执行器的电动、手动是否灵敏,位置反馈信号显示是否正常;抽查传动杆件是否有松动现象;检查风阀开闭是否顺畅、灵活到位;就地操作箱外观检查,指示灯、开关等是否正常;检查消声器有无异物缠绕,外表面清洁情况,有无锈蚀迹象;检查防火网位置是否正常,信号反馈是否正常;检查执行器内润滑油的油位及油质情况,并对轴承等转动配合部位加油;检查风阀密封条是否齐全完好;抽查风口紧固情况,有无损坏,目测通风量是否正常;检查风阀的标示是否醒目;填写设备巡查记录表

（续表）

序号	设备	日常检查项目
3	环控配电柜	检查母联柜主断路器电压表显示电压是否正常,工作指示灯、合闸分闸位置显示是否正常,手动应急工具是否齐全;检查各抽屉柜是否处于正常状态,显示仪表、指示灯是否齐全和正常,外观是否整洁,抽查个别柜子检查内部电器元器件是否正常;检查继电器柜转换开关、指示灯、继电器是否正常,端子排连接是否整齐、美观;检查 24 V 电源箱工作是否正常,外观、内部电器元器件有无异常;外观检查转接箱、部分电缆是否正常,有无安全隐患;认真填写日常检查记录本
4	冷水机组	检查电源、接地是否符合要求,接线是否正确;探听机组运行中有无异常噪声和声响、振动;通过机组显示屏,检查机组各种参数、数据是否正常,检查油位是否正常,外观检查制冷剂有无明显泄漏现象;检查冷却水循环系统运转是否正常,有无异常温升、噪声振动;检查水系统阀件位置是否正常,抽查个别阀件动作是否灵活,管路系统有无泄漏;检查水处理器工作是否正常;检查冷却塔工作情况是否正常,水位是否适当;检查空调机组、立式卧式空调柜运行是否正常,外形有无明显锈迹或形变,探听有无异常噪声,电动机运行是否正常,检查过滤网有无脏堵,排水管排水是否顺畅,风管风阀有无异常;抽查站厅、站台、设备区域环境温度是否异常,目测布风器风量有无异常;检查紫外线空气净化器工作是否正常;认真填写设备日常检查记录本
5	多联分体空调系统	检查外机运行状态是否正常,有无故障代码显示,重点检查重要房间、重要区域的机组运行情况;检查制冷剂管道有无明显损坏,隔热层是否良好,外观检查有无制冷剂泄漏现象;检查室内机、风机有无故障代码,运行中有无异常;检查风管、风阀、风口等附件有无异常;对机组及其四周环境进行清洁;填写设备日常检查记录

二、通风空调系统的故障处理

1. 空调水系统堵塞

管道堵塞是空调系统中最常见的问题,常常会导致系统无法正常工作。堵塞的主要原因有:

（1）异物进入

通风空调系统冷却水泵出现故障经检查发现冷却水泵进水口处橡胶软接头有凹瘪开裂现象,打开泵前水过滤器,发现过滤器堵塞严重,从而导致泵前负压,冷却水泵不能正常工作。清理堵塞物后,电动机电流恢复正常,冷却泵运行正常。同样,某饭店房间制冷效果很差,尽管空调风机供回水管的阀门都是打开的,但是空调风机供回水管压力表显示接近零,由此断定空调风机冷却盘内流量极小,估计是管道内有堵塞,打开供回水管前的水过滤器,果然发现堵塞严重,堵塞物有小石子、施工用麻丝、小螺栓等。堵塞物被清除后,房间供冷情况马上得到改善。

（2）水质不良,形成水垢铁锈

中央空调管网内的水一般经过离子软化,管道均为不锈钢管,因此较纯净。值得注意的是,大多数情况下,冷却冷凝器的冷却水为普通自来水,且多为开式循环,即使水质良好,冷却水长时间循环使用,水在升温、流动、蒸发等条件的影响下,会发生如下变化:

① 水温升高,促使水中的碳酸盐分解,其中的碳酸根离子和水中的钙离子形成水垢。

② 冷却水循环使用,不断蒸发浓缩,使水中含盐量增加,pH 值升高。有数据表明,pH 值为 6~8 的冷却水使用一个月后,pH 值可达到 20 左右,加速水垢形成。

③ 冷却水与空气充分接触,造成水中溶解氧浓度增高至饱和状态,生成 $Fe(OH)_3$ 垢或 Fe_3O_3 沉淀,对管道造成腐蚀,使管壁粗糙,加速水垢生成。

水垢形成除了使传热效果不断下降,使有效管径减小,还会发生水垢大量脱落,在过滤器处聚集,造成堵塞。除垢方法有机械法、化学法、高频电磁除垢法。机械法、化学法都曾大量采用,但是均对设备有损伤,且化学法污染环境,因此现在逐步采用高频电磁除垢。电子除垢器利用电子元件产生高频电磁,使水分子电位下降,溶解盐类离子及带电离子间静电引力减弱,难以聚集。某系统采用电子除垢器,使用四年来,未发现冷却水管结垢现象。

(3)藻类、菌类繁殖

为了杀灭冷却水中藻类,可采用投放灭藻药剂。灭藻剂一般有一定的毒性,对环境及人体不利。某系统在冷却水管路中装设电子除垢器后,被高频交变电磁场激励的水分子促使微生物细胞壁破裂,从而在除垢的同时达到杀菌灭藻的效果。

判断除污器是否堵塞最重要的一个标志,就是观察循环水泵的运行电流,电流下降越多,证明堵塞越严重。另外,根据流量计和进出口压力表也可以判断除污器的堵塞情况,依据各自的额定值,如果流量计读数越小,出口压力越低,则堵塞越严重。

2. 风机运行时的常见故障

风机运行时的常见故障和原因见表 4-3。

表 4-3 风机运行时的常见故障和原因

序号	常见故障	产生原因
1	风机振动过大	(1)叶片积灰、污垢过量或检修后叶片错位安装叶轮产生不平衡; (2)叶片连接螺栓松动使叶片与机壳相碰擦; (3)风机安装基础受损,导致基础刚度不够; (4)电机安装螺栓松动; (5)风机与系统管道安装不良,产生共振; (6)电机轴承损坏
2	电机轴承温升过高	(1)由于风机固定螺栓松动导致风机异常振动引起的电机过热; (2)电机润滑油脂质量不良、变质,或填充过多、含有灰尘、粘砂、污垢等杂质而影响轴承润滑所引起的电机过热; (3)风机阻力过大或三相电流不平衡,或电压过低引起的电机过热; (4)风机选型不当,导致风机的性能参数与系统匹配不合理引起功率超载产生的电机过热; (5)电机轴承的选用及布置不合理,或电机轴承损坏
3	风机调试及运行时电流过大	(1)开机时进出风管堵塞; (2)系统阻力与设计阻力偏离过大; (3)风机输送的气体密度增大,导致压力增大; (4)电动机输入电压过低或电源单相断电; (5)受电机振动剧烈的影响

3. 通风空调系统的其他常见故障

通风空调系统的其他常见故障见表4-4所列。

表4-4　通风空调系统的其他常见故障

序号	常见故障	故障原因及处理方法
1	机器露点温度正常或偏低，室内降温慢	(1)送风量小于设计值，换气次数少，请检查风机型号是否符合设计要求，叶轮转向是否正确，皮带是否松弛，开大送风阀门，消除风量不足因素； (2)有二次回风的系统，二次回风量过大，请调节降低二次回风风量
2	系统实测风量大于设计风量	(1)系统的实际阻力小于设计阻力，风机的风量因而增大，有条件时可以改变风机的转数； (2)设计时选用风机容量偏大，请关小风量调节阀，降低风量
3	系统实测风量小于设计风量	(1)系统的实际阻力大于设计阻力，风机风量减小，条件允许时，改进风管构件，减少系统阻力； (2)系统有阻塞现象，请检查清理系统中可能的阻塞物； (3)系统漏风，应堵漏； (4)风机达不到设计能力或叶轮旋转方向不对、皮带打滑等，检查、排除影响风机出力的因素
4	室内噪声大于设计要求	(1)风机噪声高于额定值，请测定风机噪声，检查风机叶轮是否碰壳，轴承是否损坏，减震是否良好，对症处理； (2)风管及阀门、风口风速过大，产生气流噪声，请调节各种阀门、风口，降低过高风速； (3)风管系统消声设备不完善，请增加消声弯头等设备
5	系统总送风量与总进风量不符，差值较大	(1)风量测量方法与计算不正确，请复查测量与计算数据； (2)系统漏风或气流短路，请检查堵漏，消除短路
6	室内气流速度分布不均有死角	(1)气流组织设计考虑不周，应根据实测气流分布图，调整送风口位置或增加送风口数量； (2)送风口风量未调节均匀，不符合设计值，应调节各送风口风量使与设计要求相符

知识拓展：

变频调速技术是一种节能控制技术，主要在自动化控制领域使用，适用于负荷变化较快的情况。地铁通风空调系统较为复杂，电机频繁启动情况明显，不仅会对电机本身产生伤害，还会导致能量消耗。

在地铁通风空调系统中，变频技术主要是通过传感器探测空气温湿度及二氧化碳数据后确定风机运转频率，从而实现良好的节能效果。在通风空调系统中应用变频调速技术，能够有效改善负荷以及运行工况不确定情况下的控制工作，能够对回排风机、组合式空调机组等设备进行灵活地控制。

复习思考题

一、填空题

1. 非屏蔽门系统按地下车站与地面通风风道的连接方式，又分为_____和_____。
2. 开式系统中地铁内部与外界交换空气的方式分为_____通风及_____通风两种。
3. 蒸汽压缩式制冷系统可概括为 4 个过程，_____、_____、_____和节流过程。
4. 地铁空调制冷系统由三个系统组成：_____系统、_____系统和_____系统。
5. 通风空调系统分为_____系统和_____系统。
6. 通风空调系统的控制方式由_____、_____和_____三种控制方式组成。
7. 组合式空调机组是地铁通风空调系统中空气集中处理设备，由_____、_____、表冷段、风机送风段组成。
8. 通风空调系统中的水泵分为_____和_____两种。

二、简答题

1. 地铁车站通风空调系统的组成有哪些？
2. 车站通风空调系统的控制方式有哪些？
3. 车站通风空调系统的运行方式有哪些？
4. 车站通风空调系统的分类有哪几类？各有什么优缺点？

项目五　给排水及水消防系统

学习目标：

1. 掌握给排水系统的组成和主要设备；
2. 掌握水消防系统的组成和主要设备；
3. 了解给排水和水消防系统的维护和故障处理。

任务一 初识给排水及水消防系统

引导案例

2021年7月30日中午1时许,某市多地出现中到强雷雨,地铁21号线某站突然进水。现场乘客拍摄的视频显示,地铁站内突然有水蔓延,随后水越涨越高,滚滚洪流直冲地面出口。在列车上的乘客拍摄到,水流从楼梯自上而下涌入站台,但并未渗入车厢。现场一名乘客描述:"感觉像是洪水在我身后追赶。"

车站立即启动应急预案,地铁工作人员及时将站内乘客全部疏散。随后,地铁运营管理部门立即停止了该车站运营服务,并取消全线快车运行,启动公交接驳。

下午3时许,地铁官微发布通告,称车站正在进行站内清洁和设备检查。此前,乘客已全部安全疏散,没有人员伤亡。

记者从市应急管理局了解到,进水原因为车站一在建地铁口的施工工地排水不畅,中午暴雨之后,造成地面积水。积水聚集过多,导致工地与地铁站运营区域之间的挡水墙小面积倒塌,泥水冲入地铁站内。

思考:给排水系统在地铁中起着什么作用? 遇到强暴雨,地下车站该如何排水呢?

☞ 相关知识

城市轨道交通车站给排水及水消防系统包括给水系统和排水系统两个部分。其中给水系统包括生产生活给水系统和消防给水系统;排水系统包括废水系统、污水系统和雨水系统。城市轨道交通车站给排水及消防系统主要作用如下:

● 提供地铁运营所必须的生产、生活,消防等用水。

● 收集并排出生产、生活,消防等产生的废水、污水及地下结构渗漏水,雨水等。

● 提供完整的水消防系统,保证地铁安全、正常的运营。

一、给排水及水消防系统的总体设计原则

(1)给水应满足地铁工程对水量、水压和水质的要求,坚持综合利用、节约用水的原则,并应有防止污染的措施。

(2)给水系统水源采用城市自来水,车站应采用生产、生活用水和消防用水分开的给水系统。车站内生产、生活给水系统为枝状管网,由城市自来水管引入一路给水管和车站内生产、生活给水管连接。消防给水系统采用环状管网,一般由不同的城市自来水厂引入二路给水管和车站内消防给水管连接。

(3)城市轨道交通按照同一时间内发生一处火灾来设计消防系统。火灾延续时间,消火栓系统按2h计算,自动喷水灭火系统按1h计算。

（4）城市轨道交通消防应有完善可靠的消防给水系统及自动灭火系统，所有的建筑物应根据不同建筑的功能和重要性，按《建筑灭火器配置设计规范》配置不同种类的灭火器，以确保能迅速有效地扑灭各种火灾。所有配置的消防设施附近均不应有遮挡物遮挡。

（5）市政自来水管网压力不能满足消防要求而水量能够满足消防要求时，应设消防增压泵房。消防时采用直接从城市自来水管网吸水，不设消防水池。此种消防供水方式应与城市消防部门和自来水公司协商后确定。

（6）高架车站和沿线附属建筑消防设计按《建筑设计防火规范》或《高层民用建筑设计防火规范》执行。高架区间消防尽量利用市政消防设施，必要时设置消火栓系统。

（7）地下区间上下行线各设置一根消防给水管，在车站端部和车站环状管网连接。区间消防给水连通管的设置应结合区间联络通道设置。在经济技术比较合理的情况下，地下区间的两条消防给水干管之间可不设连通管。

（8）结合城市轨道交通车站设置的地下商场及地下车库等附属建筑，单独进行消防报批及验收，其面积或停车数量达到设置自动喷水灭火系统规定时，必须设置自动喷水灭火系统。自动喷水灭火系统应采用独立的系统，不应和生产、生活及消火栓消防给水系统共用。

（9）城市轨道交通排水应根据污水的性质、污染程度，并应结合室外的排水体系和城市排水规划对污水进行分类集中，就近排放。同时城市轨道交通污水的排放应符合国家现行有关排放标准。

（10）城市轨道交通排水采用分流制。排水系统对结构渗漏水、消防及冲洗废水、生活及粪便污水、露天出入口及隧道峒口的雨水，应分类集中，就近排至城市污水系统、雨水系统或地面河流。

（11）当车站附近无城市污水排水系统时，城市轨道交通排出的生活污水必须经过处理，达到排放标准后才能排放。

（12）城市轨道交通给、排水管道及设备应采取防止杂散电流腐蚀的有效措施。地下车站的给排水管道宜由车站出入口通道或风道引出。穿过地下主体结构的给排水管道均应设防水套管，给水管在主体结构内侧设防杂散电流的绝缘接头，在主体结构外侧采用一段三米的给水塑料管。排水管只在主体结构内侧设绝缘接头。

（13）给排水及水消防系统设备的选型，应采用技术先进、安全可靠、经济合理、经过实际运营考验的国产设备，其规格应尽量统一，且应便于安装和维修。

（14）车站及区间的给排水管和市政给排水管接管位置、冷却塔位置、水表井、水泵接合器、室内消火栓、检查井、污水处理设施、化粪池等位置，均应和城市有关部门达成协议。

二、给水系统

城市轨道交通车站给水系统由生产、生活给水和消防给水两部分组成。根据经济技术比较，目前最常采用的有生产、生活和消防共用的给水系统或是生产、生活和消防用水分开的给水系统。

生产、生活和消防共用的给水系统，可节省给水管道，降低工程造价，而且使用管理比较方便。

给水系统

生产、生活和消防用水分开的给水系统便于控制管理,消防用水量增大和供水压力增高的情况下,不会影响生产及生活给水设备的使用。但是,消防给水管网内的水长期不用容易变质,比共用系统增加了生产及生活给水管道的造价。

车站的生产、生活和消防的水源均取自城市自来水供水管网,如图 5-1 所示。

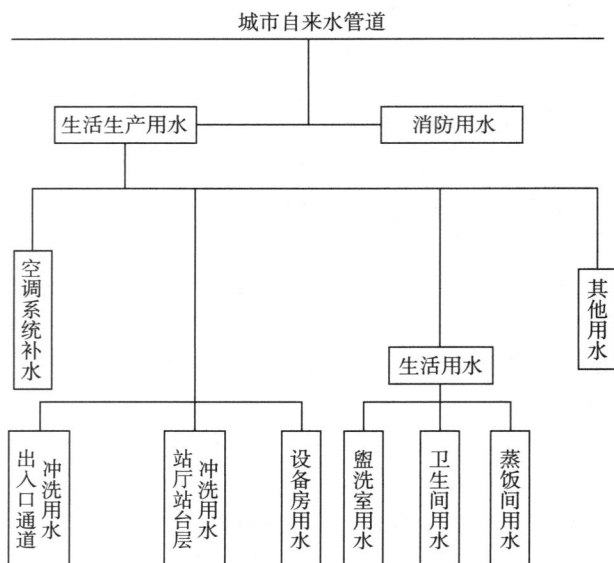

图 5-1　城市轨道交通给水系统

1. 生产、生活给水系统

(1)地下车站生产、生活给水系统

地铁地下车站一般均采用直接供水方法。车站的生产、生活给水系统利用市政管网压力供水,由车站附近的大口径城市自来水管道引出两路 DN200 管道供消防使用,在其中一路管道上再引出口径 DN80～100 管道一路,作为车站的生产、生活用水总管道,并在地面设有水表井,装有水表和阀门。

地下车站的生活、生产给水管道一般沿车站风井、出入口等处与消防供水管道一起进入地下车站。车站设有站内总阀门,生产、生活给水管道在车站内成枝状形式布置。一路管道沿站厅层顶部两侧延伸至车站两端,另一路由车站一端向下穿入站台层站台板下,沿着站台板下向车站另一端延伸。车站除卫生设备用水、空调设备用水、生活用水外,在车站站厅层两侧和站台层扶梯旁等处均设有冲洗栓,供车站冲洗所用。在水泵房环控机房等处均设有水龙头。

穿越站厅、站台层上方部位的管道均采取保温措施,以防管道结露,保温材料为橡塑或超细玻璃棉毡,一般每隔 4 米左右设支架或支墩一处固定。生活、生产给水管道一般采用镀锌钢管道,丝扣联接。车站地面部分给水管道一般采用承插式给水铸铁管道,承插式联接。

直接供水方式有以下优缺点:

① 供水较可靠、系统简单、投资省、安装维护简单;

② 可充分利用城市自来水管网水压,节省能源;

③ 由于车站内部无贮备水量,外部管网停水时车站内部立即断水。

(2)地面及高架车站生活、生产给水

地面及高架车站低层建筑一般采用市政自来水管网直接供水。高层建筑及地铁车辆段范围采取贮水池、水泵、高位水箱、液位自控装置等组成的联合给水方式。

直接供水方式已经介绍过,这里我们重点介绍一下联合给水方式,如图 5-2 所示。城市自来水引入低位贮水池,在低位贮水池内设有浮球阀控制水池内的贮水量,再由水泵将水池内的水加压后提升至高位水箱内。在高位水箱内设有水位控制装置,控制水泵运行,保证高位水箱保持有一定的贮水量。车站内的生产生活用水都是从高位水箱内取水。该供水方式当车站停电停水时可延时供水,供水可靠,供水压力稳定。但系统设备投资较大,设备安装维护保养较麻烦。

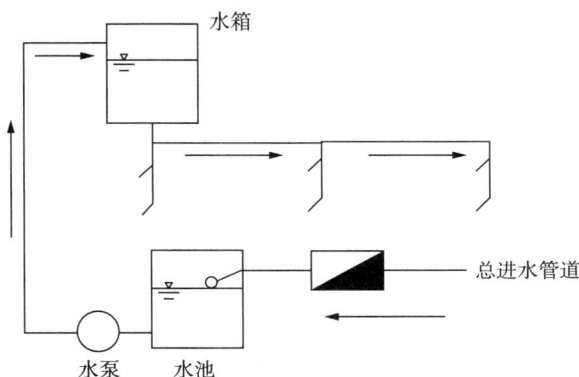

图 5-2　联合给水方式

2. 消防给水

根据车站附近市政自来水管网实际情况地下车站的消防给水,一般采用两路进水方式。在条件允许下尽量采用分别由两根市政自来水管道上引出水源。当车站附近只有一根市政自来水管道时,则在市政自来水管道上加设一个阀门,并在两侧引出两根进水管道引入车站。总进水管道为两路 DN200 管道,管道上设有倒流防止器,在地面均设有水表井和阀门,车站内不设消防水池。消防给水由风道和风亭引入车站消防泵房进行加压后,送到车站站厅和站台组成消防给水环网,供消火栓取用。平时消火栓灭火系统管网压力由市政管网直接稳压,当水量或水压不足无法满足车站消防要求时,可手动启动消火栓增压泵组加压。

区间消防给水管道沿行车方向的右侧布置,在车站端头与车站环状管网进行连通。区间消防干管每隔 50m 仅预留 DN65 消火栓口,不设消火栓箱和水龙带,每 5 组消火栓栓口间设检修蝶阀。水龙带均设置在相邻车站端部及区间联络通道的区间专用消防器材箱内。消防设备箱内放 2 根 25m 的水龙带和两支水枪。

消防给水方式如图 5-3 所示。

地面和高架车站的消防给水方式和地下车站基本相同,只是在管道布置上略有不同,一

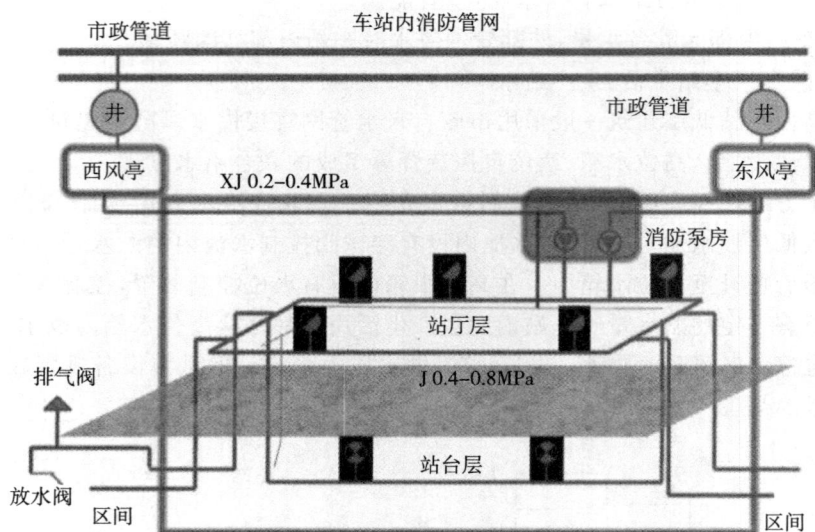

图 5-3 消防给水方式

般按建筑物室内管道布置要求安装。

三、排水系统

车站排水系统包括废水系统、污水系统和雨水系统。排水系统的主要作用是及时收集车站和区间的雨水、消防废水、冲洗废水、生活污水及结构渗漏水,就近纳入市政排水管或规划保留河道,保证区间和车站的正常运营。

1. 排水方式

城市轨道交通车站排水系统除重力排水外,还采用机械排水,车控室通过 BAS 系统对机械排水设备运行情况进行监控。

(1)地下车站排水

① 车站废水排水

地下车站的废水主要包括:地下结构渗漏水、冲洗废水、消防废水等等。

排水系统

车站站厅层和站台层的冲洗废水、消防废水等由地漏收集,通过排水立管汇集到轨道两侧的线路明沟和站台板下的排水沟内,如图 5-4 所示。线路明沟以 3‰ 的坡度将废水汇集至车站废水泵房的集水池。站台下排水采用两边设小明沟,并依靠底板 2‰ 纵坡将废水汇集到废水泵集水池。

一般车站内设 1~2 个废水泵房,如图 5-5 所示,位置一般放在车站的端头,集水池设在废水泵房下部。每个泵房内设两台潜污泵,平时互为备用,消防时并联使用,排出消防废水。集水池的有效容积不应小于单台水泵 20min 的水量。废水由潜污泵提升压力后通过沿车站风井布置的排水管排入市政污水管道。废水排水管道口径一般为 DN150~200,集水池下设有反冲洗管,用于冲搅集水池底部,减少池内杂物沉淀。

图 5-4　车站排水明沟

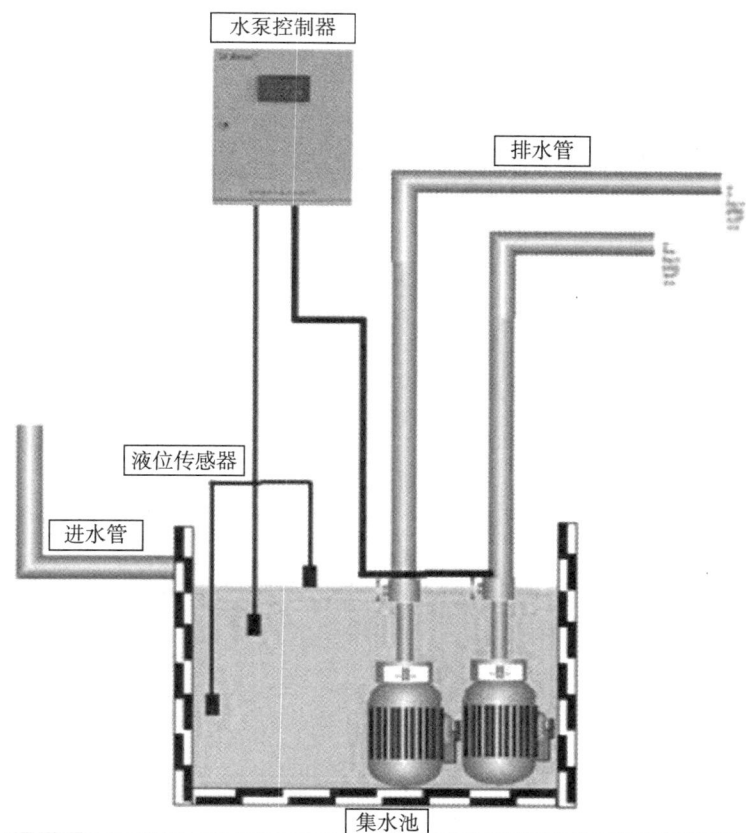

图 5-5　泵房示意图

② 区间隧道废水排水

地下区间隧道的废水种类有：地下结构渗漏水、冲洗废水、消防废水等等。为了便于疏通，一般采用明沟排水，如图 5-6 所示，废水泵房设置在两地铁车站之间的线路低洼处，大部分设置在上、下行线路之间的联络通道中。集水池容积按 4 小时隧道渗水量考虑。泵房一般设有两台潜水泵，两台水泵平时一用一备，消防时两台并联使用。潜水泵需配置自动反冲洗阀装置。一部分泵房的废水经水泵提升压力后先排入车站废水泵房的集水池,再由车站排水泵将废水排出车站。一部分泵房废水由水泵提升压力后直接排出车站,单坡区间废水可利用车站废水泵房收集排出。

图 5-6 区间隧道排水明沟

③ 车站污水排水

地下车站的污水主要是厕所污水,结合卫生间的布局设置密闭式污水提升装置,如图5-7所示。密闭式污水提升装置将污水纳入全封闭水箱,通过干式水泵组提升至室外市政污水管道。密闭式污水提升装置设有通气管连通地铁排风井,并设有手摇泵组,保证在主泵故障情况下可通过手动排除污水。

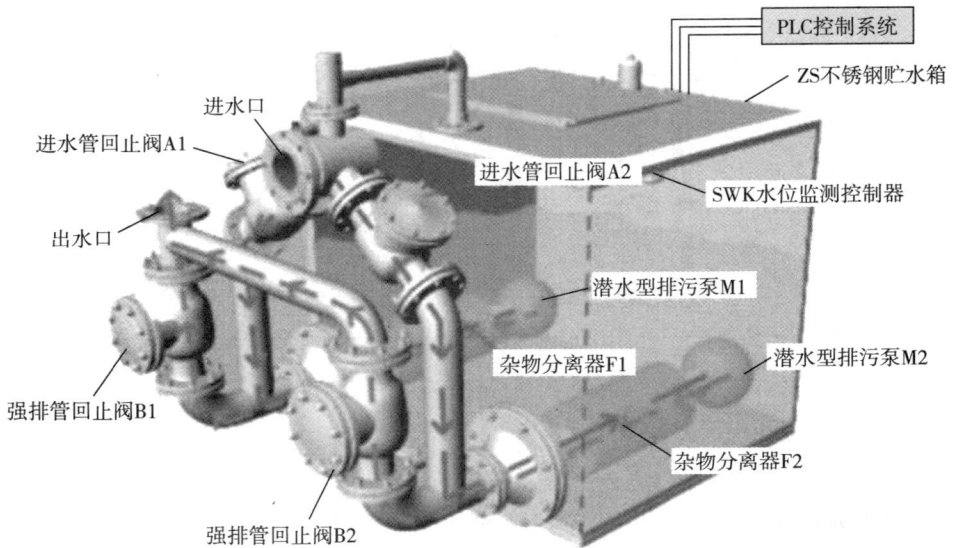

图 5-7 密闭式污水提升装置

④ 雨水排水

地下车站敞开式出入口和地面风亭,车辆段出入段线峒口及区间峒口处需要设置雨水排水系统。一般在地下车站敞开式出入口自动扶梯下,地面风亭下,峒口处设置雨水泵房和集水池,用于收集雨水,每个泵房设有两台潜水泵,一用一备(互为备用)。排水方式分为水泵提升后直接排水出车站和先经水泵提升后排入车站泵站,再排出车站两种情况。

(2)地面车站和高架车站排水

① 车站废水排水

地面和高架车站的废水主要包括:冲洗废水、消防废水等。在车站的站厅层和站台层均设地漏,用于收集车站内的废水。地面车站的站台层下设排水泵,用于排出站下积水,高架车站以重力流方式将地漏收集的废水直接就近纳入排水点。

② 车站污水排水

地面及高架车站厕所等生活污水,由排水管道汇集至室外化粪池,且化粪池的位置应当得到市排水管理部门的认可。

③ 雨水排水

地面和高架车站的雨水经雨水口收集后,通过排水立管以重力流方式纳入排水点。区间桥面雨水经雨水口收集后,沿桥墩一般设置排水立管接至地面集水井,分段集中后就近纳入排水点。

2. 排水泵站的控制方式

排水泵均采用就地水位自动控制运行。在就地设置电器控制箱,当电控箱上的转换开关设定在1用2备或2备1用的位置时,水泵即根据水位高、低自动运行排水。

车站控制室内BAS监控界面显示水泵运行情况(开泵、停泵、运行时间等)和高低水位报警。

车站废水泵站、区间泵站(包括消防增压水泵)等主要泵站均采用双电源供电,当集水池高水位时,排水泵站均可双泵并联启动排水。在车站废水泵站、污水泵站和区间隧道内的排水泵站等主要排水泵站,均加装有应急排水接口装置,以便设备维修等应急排水之用。

四、水消防系统

1. 消火栓系统

车站站厅层两侧每隔45m设一消火栓箱,成交叉布置或单边布置。站台层的消火栓箱设在楼梯间的侧墙上和站台层两端头,如图5-8所示。车站内每个消火栓箱内设有DN65单头消火栓2个或双头双阀消火栓1个,消火栓箱门上均设有手动报警器、消火栓增压水泵启动开关、消防紧急电话插孔、箱内配有2支多用途水枪和2盘消防水带。

消火栓系统

每个站的消防泵房内有两台IS型水泵用于消火栓系统管网的增压,如图5-9所示。平时两台水泵一用一备。部分消防泵房内设备有消火栓管路的放水口,便于设备检修。部分车站的水幕管网与消火栓管网两个系统之间设有联通管道,该联通管道一般设在消防泵房内,其作用是必要时水幕增压水泵可对消火栓管网进行增压或消火栓增压水泵可对水幕管

图 5-8　站台层消火栓箱

网进行增压。平时该联通管道中的阀门常闭，以保持水幕系统和消火栓系统管网的各自独立性。

图 5-9　消防泵房

　　车站消火栓系统由市政自来水管道二路供水。管道从地面首先进入消防泵房内，经增压水泵增压。管道出消防泵房后在车站内形成环网布置，并与相邻上、下行线区间隧道内的消火栓管道相联通。当本站消火栓增压水泵不能工作或二路消防供水断水时，则可由相邻两个车站的消火栓增压水泵增压供水。在地面，消火栓系统设有两个双头消防接合器，当本站消火栓增压水泵不能工作或二路消防供水断水时，也可由消防车将增压水通过消防水泵接合器向车站消火栓管网供水。

　　车站消火栓增压水泵控制方式：

当消防泵房内就地电器控制箱的转换开关设定于1自2备或2自1备的状态下：

(1)扳动消火栓箱内启动开关,通过按钮开关控制启动车站的消火栓增压水泵。

(2)在车站的火灾自动报警控制器上启动消火栓增压水泵(即在车控室内可启动消火栓增压水泵)。

消防水泵的就地电器控制箱配有二路电源供电,平常一用一备,故障时能自动切换。

消火栓系统设备运行程序为:打开消防箱,连接水带水枪→打开消火栓阀门→启动增压水泵开关→持枪灭火→灭火完毕首先停泵→设备复位。

2. 水喷淋系统

地铁的水喷淋系统主要用于车辆段的停车库和地下,地面商场等部位。水喷淋系统设备由玻璃球洒水喷头、湿式阀装置、增压水泵、水流指示器、水力报警器、压力开关管网等组成。玻璃球洒水喷头均布于房屋顶部,用来探测火灾。当火灾时房内温度高于玻璃球洒水喷头的额定温度时,玻璃球破碎后喷水,湿式阀开启,并通过报警器发出声光报警信号。控制管网供水的主要控制阀称为湿式阀。水喷淋系统同样需与火灾自动报警控制器一起联动运行,如图5-10所示是水喷淋系统演示示意图。

水喷淋系统

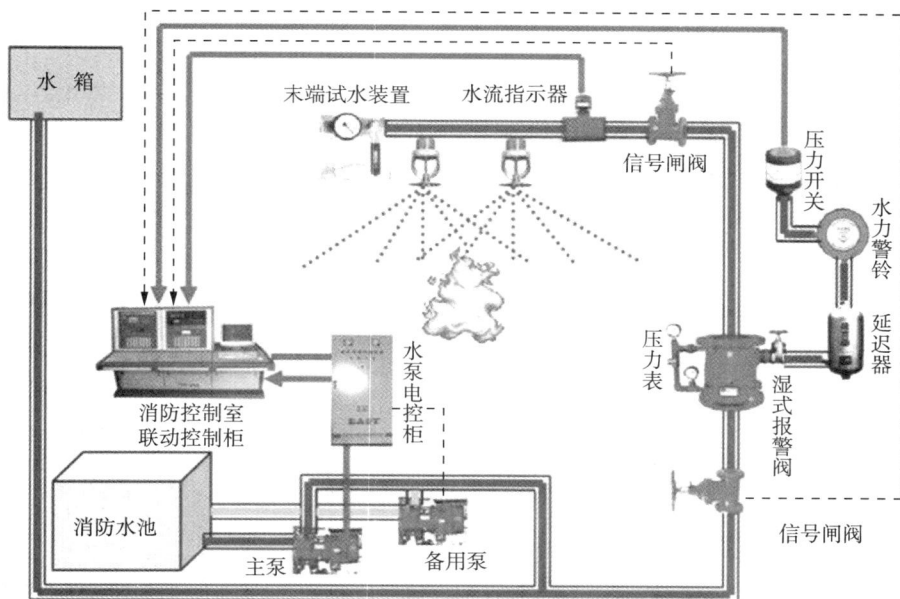

图5-10　水喷淋系统演示示意图

地面供水管道首先进入消防泵房,泵房内设有两台增压水泵,平常一用一备。水喷淋管道出泵房后,管网按区域布置,每一个喷洒区域供水主管道上设置一个水流指示器,分别指示该区域的喷头喷放。

(1)水流指示器(水流报警装置)

水流指示器安装在管网中,当有大于预定流量的水流通过管道时,水流指示器能发出电信号,显示水的流动情况。通常水流指示器设在喷水灭火系统的分区配水管上,当喷头开启时,向消防中控室指示开启喷头所处的位置分区;有时也可设在水箱的出水管上,一旦系统开启,水箱被动用,水流指示器可以发出电信号通过消防中控室或直接启动水泵供水灭火。

（2）压力开关（压力继电器）

一般安装在延迟器与水力警铃之间的信号管道上,当闭式喷头启动喷水时,水流指示器亦即启动通水,湿式阀打开,水流经信号管进入压力继电器,压力继电器接到水压信号,即接通电路报警,并启动增压水泵。

（3）水力报警器（水力警铃）

当闭式喷头启动喷水后,湿式阀打开,水流经信号管流入水力报警器,推动水力警铃发出连续而响亮的报警声响。

（4）延迟器

延时器安装在报警阀与水力警铃之间的信号管道上,用以防止水源发生水钟现象时引起水力警铃的误动作。当发生水钟现象时,湿式报警阀往往会发生短暂开启或局部渗漏而引起水力警铃动作,此时使水流先进入延迟器,只有当水流充满延迟器后才能进入水力警铃,如果由于水钟现象而使湿式报警阀开启,则时间极为短暂,因此延迟器容纳了湿式报警阀误动作的水流,避免了水力警铃的误报警。当发生火灾时,湿式报警阀开启,水流满延迟器后继续冲向水力警铃,从而准确发出火警信号。

水喷淋系统设备的运行程序如下:火灾发生后→玻璃球洒水喷头破碎喷水→该喷水区域的水流指示器动作→湿式报警阀启动打开→压力开关,水力警铃动作→增压水泵启动→灭火完毕,关停增压水泵→关闭湿式报警阀装置下端的供水阀门→设备复位。如图 5-11 所示为水喷淋系统动作流程图。

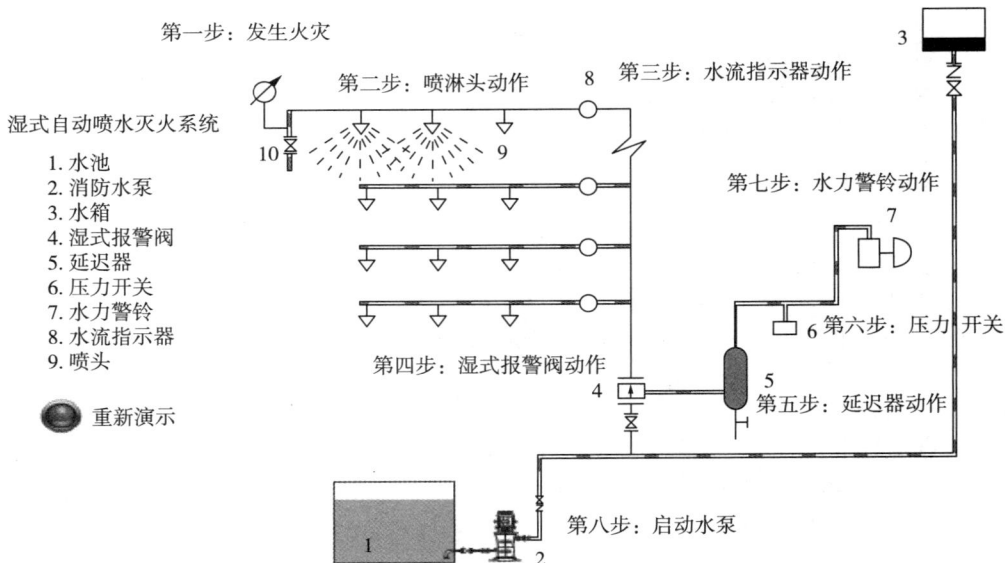

图 5-11 水喷淋系统动作流程

知识拓展：

上海地铁五道防线防汛

2021 年 7 月 21 日上午 10 点半左右,记者来到 2 号线陆家嘴地铁站,看到该地铁站配有挡水板、阻水袋、集水泵等设备。

陆家嘴值班站长告诉记者,在地面上的地铁出入口前有阻水沟,阻水沟连通排水管网,可以快速排走积水。当雨量过大难以短时间排走时,就要靠第二道防线,每个出入口在设计时抬高了一定数量的台阶,防止积水倒灌进车站。在入口处的第三道防线是防汛板,防汛板根据每个车站出入口专门定制,需要时放置在入口处。阻水袋构成了第四道防线,阻水袋放置在防汛板后方,阻水袋起到了吸水作用,站台空档处万一有漏水,可以及时阻止雨水渗入。如果当雨量实在太大时候,集水泵会自动报警,进行自动疏通排水,这也是第五道防线。

上海地铁运营方相关负责人告诉记者,地铁与市气象服务中心共同研发了轨道交通气象风险预警系统,实现对影响轨道交通的灾害性天气实时监测、阈值报警、风险预警等功能,为应对灾害性天气的运营指挥提供依据,确保第一时间落实有效应急部署。

如果大风暴雨来袭,除了对常发性积水区段、关键部位、防汛薄弱部位(如车站出入口、车站周边地面风井、线路洞口、与建设工地接口区域、下沉式广场)加强现场监控,对高水位报警等信息及时处置外,其他的举措也将迅速落实到位。

任务二　给排水及水消防系统的设备

引导案例

为提高突发事件应急处置能力,检验"龙吸水"子母式排水抢险车实战功能,2021 年 9 月 17 日下午,青岛地铁在蔡家庄水库开展防汛专用设备应急拉练。

应急拉练通过现场实战形式开展,以消除 6 号线创智谷站——石山路站区间 TBM 穿越蔡家庄水库重大地质风险为背景,采用"龙吸水"子母式排水抢险车对水库库存水进行抽排。拉练开始,仅用时 15 分钟便完成从设备进场到每小时 3000 立方米额定功率运行。响应速度和排水能力得到与会专家领导的高度认可。

据悉,"龙吸水"排水抢险车最大流量约是常规最大 55 千瓦水泵排水量的 15 倍。以此库存 20 万立方米水库为例,若用常规水泵,需要一字排开数十台各型号水泵进行抽排,耗时耗力;一台"龙吸水"仅需三天三夜、每班用工两人即可完成抽排,自带燃油动力,具有自动化水平高、操作简单、占地少等优点,可广泛应用于地铁站、狭小道路、涵洞隧道、地下车库、水库排险等低矮环境下的应急排水,为城市防汛抗涝提供了新的解决方案。

> 思考:你见过地铁车站里的给排水设备吗?你觉得为了应对暴雨等突发事件,地铁应该配置哪些给排水设备呢?

一、阀门

阀门是用来对管道及设备内介质流量进行调节和控制,或对流向进行控制,以实现管道系统正常运行的装置,是地铁管道中常见的管路附件。它们的作用一般是通过改变管道的通道截面积来实现的。

阀 门

1. 闸阀

闸阀也叫闸板阀,如图 5-12 所示,是启闭件(闸板)由阀杆带动,沿闸座密封面作升降运动的阀门。闸板的运动方向与流体方向垂直,闸阀只能作全开和全关,不能用来调节流量。闸阀关闭时,密封的方式有两种,一种是自密封,是指只依靠介质压力将闸板的密封面压向另一侧的阀座来保证密封面的密封性;另一种是强制密封,是指阀门关闭时,要依靠外力强行将闸板压向阀座,以保证密封面的密封性。

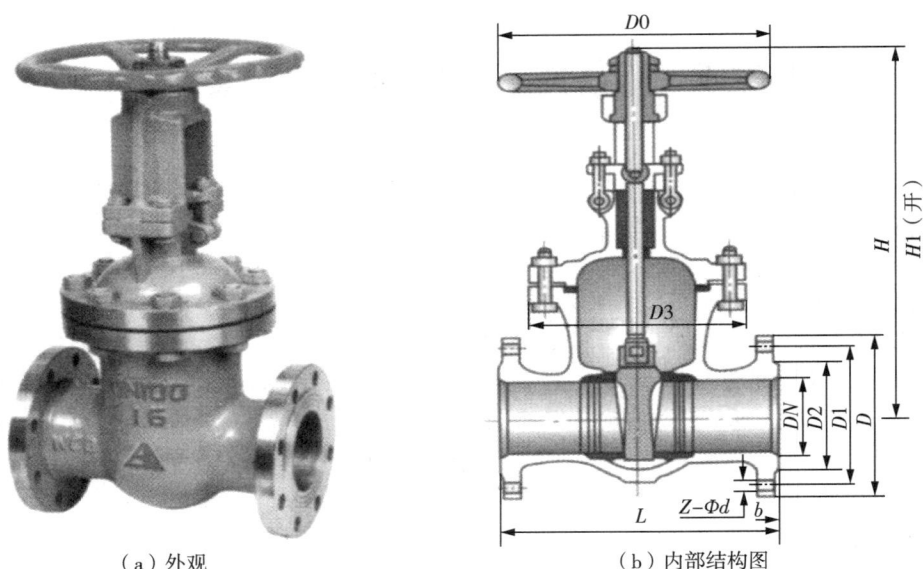

(a)外观　　　　　　　　　　(b)内部结构图

图 5-12　闸阀

优点:由于介质通过阀体时流动方向不变,流体阻力小,启闭省劲,开启缓慢,可以在介质双向流动的情况下使用,没有方向性,全开时密封面不易冲蚀。

缺点:结构复杂,外形尺寸大;闭合面磨损快,维修不方便。

（2）截止阀

截止阀,如图 5-13 所示,也叫截门阀,启闭件是塞形的阀瓣,阀瓣由阀杆带动,沿阀座（密封面）轴线作升降运动的阀门。截止阀用于接通或截断介质。在开启或关闭时,阀瓣沿阀座中心线上下移动,介质由阀座下进入,经阀瓣后流出,通常称为"低进高出"。因此在阀体上标出介质流向的箭头,使用时要注意介质流动的方向,不能装反。

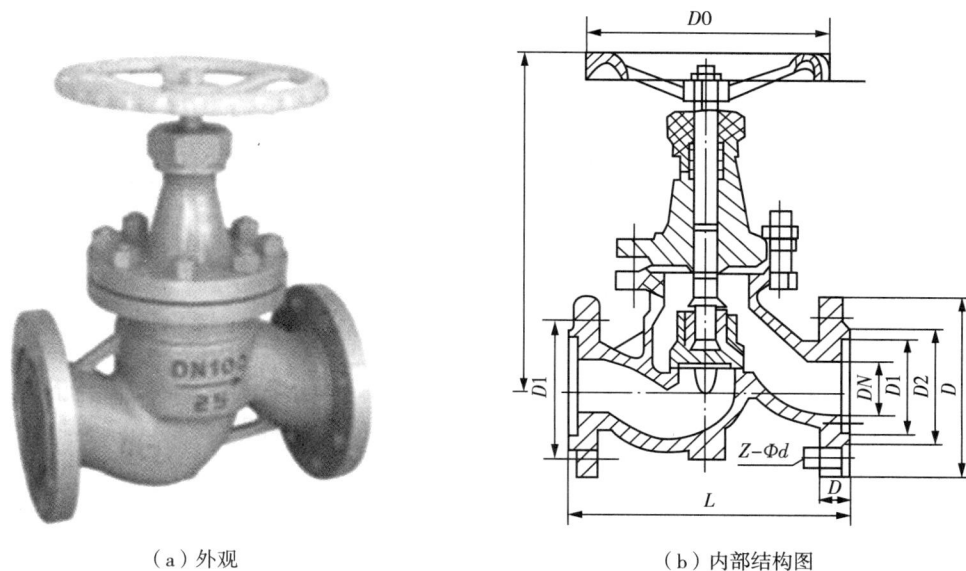

（a）外观　　　　　　　　　（b）内部结构图

图 5-13　截止阀

优点:与闸阀相比,开启高度小,关闭时间短,制造与维修方便,密封面不易磨损、擦伤,密封性能较好、使用寿命长。

缺点:截止阀的结构长度大于闸阀,同时流体阻力大,长期运行时,密封可靠性不强。

（3）蝶阀

蝶阀,如图 5-14 所示,又叫翻板阀,启闭件（阀瓣或蝶板）绕固定轴旋转的阀门。蝶阀用于接通或截断介质,通过调整启闭件的旋转角度可以调节流量。地铁采用的蝶阀按驱动方式分为手动蝶阀和电动蝶阀。

优点:结构简单,质量轻,体积小,启闭力矩小,操作省力。与金属密封的闸阀和截止阀相比,采用软密封的蝶阀可实现完全密封,气密性非常好。蝶阀操作简便,在 90°回转范围内即可实现启闭功能。在低压管道上多用来代替截止阀。

缺点:使用压力和工作温度范围小。

（4）止回阀

止回阀,如图 5-15 所示,又叫逆止阀或单向阀,启闭件为圆形阀瓣,利用阀前、阀后的压力差使阀门完成自动启闭,从而控制管道中的介质只向指定的方向流动,当介质即将倒流时,它能自动关闭,从而阻止介质逆向流动。止回阀有升降式和旋启式两大类。升降式止回阀的阀瓣靠介质压力向上顶起,介质即可通过,反之介质压力使阀瓣与阀座密合,介质不能

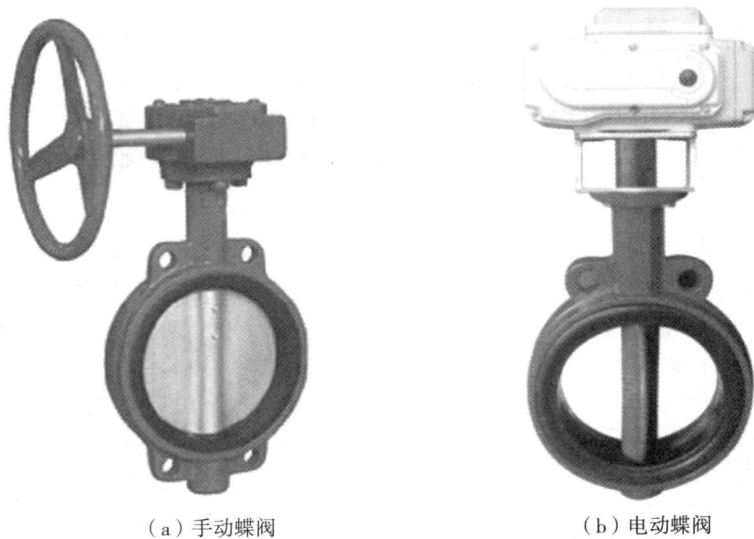

（a）手动蝶阀   （b）电动蝶阀

图 5-14　蝶阀

通过。旋启式止回阀的阀瓣可以绕着水平轴旋转，介质流过时将其顶开；反之，阀瓣靠自身重力又压在阀座上，介质反向流动不能通过。旋启式止回阀多用于水平管道上。安装止回阀时要注意介质流动方向。止回阀一般用于清洁介质，不适用于含固体颗粒和黏度较大的介质。

　　地铁给排水系统采用的止回阀包括排水泵站和市政给水引入管上的橡胶瓣止回阀（旋启式单向阀）和气体消防管路上气、液单向阀（升降式单向阀）。

　　（5）球阀

　　球阀，如图 5-16 所示，启闭件（球体）绕垂直于通路的轴线旋转的阀门。球阀是利用一个中间开孔的球体做阀芯，靠旋转球体来控制阀的开启和关闭。球阀按照驱动方式分为：气动球阀、电动球阀、手动球阀。球阀结构简单，体积小、零件少、重量轻，开关迅速，操作方便，流体阻力小，制作精度要求高。由于密封结构及材料的限制，目前生产的球阀不宜用在高温介质中。

图 5-15　止回阀   图 5-16　球阀

（6）旋塞阀

旋塞阀，如图 5-17 所示，启闭件是带通孔的阀塞，阀塞随阀杆转动，通过旋转 90°使阀塞上的通道口与阀体上的通道口相通或分开，以实现启闭动作。它的阀塞的形状可成圆柱形或圆锥形。在圆柱形阀塞中，通道一般成矩形；而在锥形阀塞中，通道一般成梯形。这些形状使旋塞阀的结构变得轻巧。最适于作为切断和接通介质以及分流适用，有时也可用于节流。

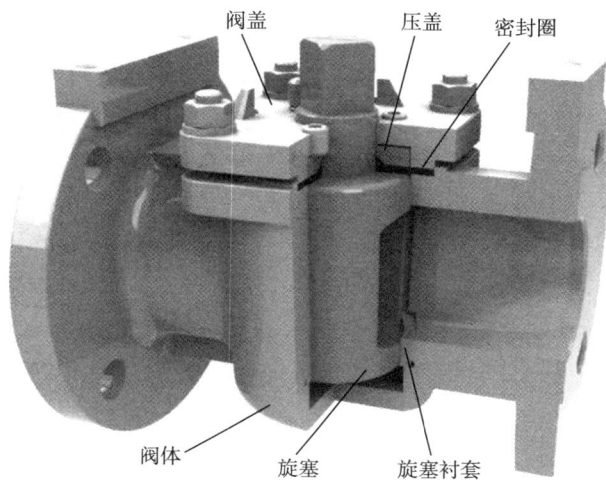

图 5-17　旋塞阀

（7）安全阀

安全阀，如图 5-18 所示，其作用是当管路中流体压力超过一定值时，安全阀打开，排放一定量的液体，释放部分压力，保护管路安全。

安全阀阀盖上方有一根弹簧，弹簧的作用力将阀盖压在出水口上，当流体压力小于弹簧作用力时，阀盖保持关闭。当流体压力大于弹簧的作用力时，阀盖被顶开，弹簧的作用力决定了安全阀的动作范围。

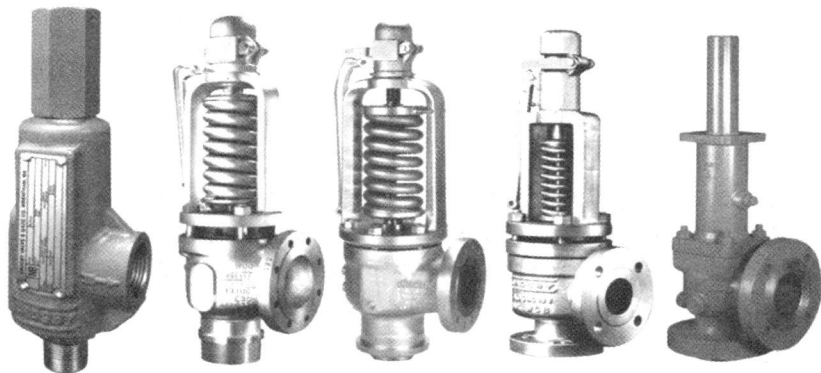

图 5-18　安全阀

二、水泵

城市轨道交通车站给排水及水消防系统主要采用的水泵有消防泵和潜水泵两种，两种水泵都属于离心式水泵，但因所适用的环境不同，结构上也存在差异。潜污泵是一种专门用于抽含有杂质污水的潜水泵，为了防止堵塞，流道设计的较宽或者采用开式叶轮。

水 泵

1. 水泵工作原理

城市轨道交通车站最常用的是离心式水泵，其原理如下：水泵开动前，先将泵和进水管灌满水，水泵运转后，在叶轮高速旋转而产生的离心力的作用下，叶轮流道里的水被甩向四周，压入蜗壳，叶轮入口形成真空，水池的水在外界大气压力下沿吸水管被吸入补充了这个空间。继而吸入的水又被叶轮甩出经蜗壳而进入出水管。由此可见，若离心式水泵叶轮不断旋转，则可连续吸水、压水，水便可源源不断地从低处扬到高处或远方。离心式水泵的工作原理如图 5-19 所示。

离心式水泵的特点如下：

（1）水沿离心式水泵的流经方向是沿叶轮的轴向吸入，垂直于轴向流出，即进出水流方向互成 90°。

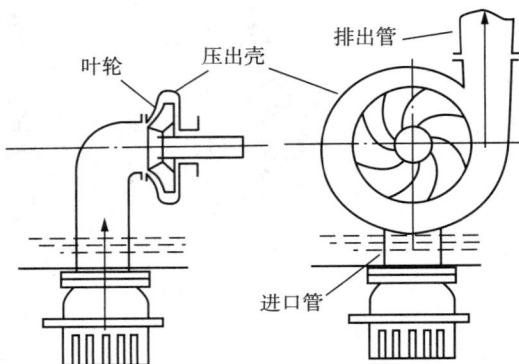

图 5-19 离心式水泵的工作原理

（2）由于离心式水泵靠叶轮进口形成真空吸水，因此在起动前必须将泵内和吸水管内灌注引水，或用真空泵抽气，以排出空气形成真空，而且泵壳和吸水管路必须严格密封，不得漏气，否则形不成真空，也就吸不上水来。

（3）由于叶轮进口不可能形成绝对真空，因此离心式水泵吸水高度不能超过 10 米，加上水流经吸水管路带来的沿程损失，实际允许安装高度（水泵轴线距吸入水面的高度）远小于 10 米。如果安装过高，则不吸水。

2. 消防泵

消防泵，如图 5-20 所示，一般采用立式单级单吸系统，水泵的吸水口浸没在管道中。由于水泵的叶轮浸没在被抽送液体中，启动时无需灌水。该泵适用于抽送无腐蚀性，温度低于 60℃，悬浮物（不含纤维、非磨粒）含量小于 150mg/L 的废水，废水中杂物粒径应小于 6mm。

消防泵站设备主要由消防泵、消防管道、阀门、软接头、水泵基础、电器控制箱、液位浮球等等组成。水泵由工作部分、输水部分、泵座及传动装置等部分组成。工作部分由叶轮、泵轴、泵体、泵盖

图 5-20 消防泵

等组成；输水部分由扬水管、中间传动轴、轴承支架等组成；泵座及传动装置部分主要由泵座、电动机支架、传动轴、轴承部件、调整螺母等组成。调整螺母用于调节水泵叶轮的轴向位置。

2. 潜水泵

潜水泵如图 5-21 所示，是一种水泵和电动机一体化的水泵，电动机可完全淹没于水面以下运行，水泵和电动机中间有一个油腔，水泵和油腔之间采用机械密封进行隔离，油腔和电动机之间采用骨架油封进行隔离，也有一些产品采用机械密封进行隔离。

图 5-21　潜水泵

城市轨道交通车站主要使用的是 QS 型系列潜水泵和 WQ 系统潜水泵。其特点都是抗堵塞潜水泵，采用大通道的水力部件设计，保证一定大小的颗粒无堵塞通过，能保证直径 30～80 毫米固体颗粒及杂草等各类污水排放。该类潜水泵配有双导轨式自动固定安装机构—自动耦合装置，安装与维修较方便。

潜水泵站与传统的长轴泵站相比，建造泵站的建筑费用能大大减少。因为配备潜水泵的泵站比传统泵站要小得多。而且因为潜水泵本身就是完全防淹的，可以省去为防淹泵而额外的防范。常用潜水泵的功率为 0.8kW～30kW。

三、管道

1. 无缝钢管

无缝钢管，如图 5-22 所示，是用钢锭或实心管坯经穿孔制成毛管，然后经热轧、冷轧或冷拔制成的周边没有接缝的管材。一般用普通素钢、优质碳素钢及合金钢制成。地铁给排水选用的标准为流体输送用无缝钢管（GB/T8163-2008），一般用作排水管、消防管等等。优点是品种多、强度高、耐压高、韧性强，管段长，易加工焊接；缺点是价格高、易锈蚀，因此寿命不长。一般采取表面镀锌措施以延长管道的使用寿命。

管　道

图 5-22　无缝钢管

2. 焊接钢管

焊接钢管分为水煤气输送钢管和卷焊钢管。

(1)水煤气输送钢管,如图 5-23 所示,是用碳素钢以炉焊、电焊、气焊的方法制成的焊缝管,可分为不镀锌的(黑铁管)和镀锌的(白铁管),按壁厚又可分为普通管、加厚管和薄壁管。

图 5-23　水煤气输送钢管

普通管用于 1Mpa 压力以下的介质,加厚管用于输送 1.6Mpa 以下的介质。输送介质最大工作温度在 200℃以内,水煤气管的规格用英寸或公称直径表示。该种管道在地铁给水系统等处大量使用。

(2)卷焊钢管,如图 5-24 所示,有螺旋缝电焊钢管及直缝卷制电焊钢管。卷焊钢管主要用于大口径管道中。螺旋缝电焊管用于工作压力不超过 2.0Mpa,介质湿度不超过 200℃且直径较大的管道。直缝卷制电焊钢管由于壁较薄,用于工作压力不超过 1.6Mpa,介质最高温度不超过 200℃,直缝卷制电焊钢管是现场用钢板卷制焊接而成。

图 5 - 24　卷焊钢管

3. 球墨铸铁管

球墨铸铁管如图 5 - 25 所示,分为给水铸铁管和排水铸铁管。给水铸铁管要承受的压力较大,因此比排水铸铁管的管壁要厚,承插口要深。按连接方法分为承插式和法兰式两种。球墨铸铁管的主要成分有碳、硅、锰、硫、磷和镁。内壁喷锌、水泥砂浆防腐材料等。

图 5 - 25　球墨铸铁管

球墨铸铁管主要用于市政、工矿企业给水、输气、输油等,是供水管材的首选,具有很高的性价比。球墨铸铁管具有铁的本质、钢的性能,防腐性能优异、延展性能好,密封效果好,安装简易。与 PE 管材相比,从安装时间上,球墨管比 PE 管安装更简单快捷,且安装后内外承压力更好;从密闭性和防腐性上来看,球墨管安装后的密闭性更好,也可以通过多种防腐手段提高防腐蚀性能;从水力性能来看,因球墨管规格一般指内径,PE 管规格一般指外径,所以同等规格条件下,球墨管能实现更大的径流量;从综合安装维护造价来看,球墨管有着更加优越的性价比。

4. 塑料管

塑料管,如图 5 - 26 所示,一般是以塑料树脂为原料、加入稳定剂、润滑剂等,以"塑"的方法在制管机内经挤压加工而成。塑料管种类很多,分为热塑性塑料管和热固性塑料管两大类。属于热塑性的有聚氯乙烯管、聚乙烯管、聚丙烯管、聚甲醛管等;属于热固性的有酚塑料管等。塑料管的主要优点是质轻、耐腐蚀、外形美观、无不良气味、加工容易、施工方便；缺点是强度较低,耐热性差。主要用作房屋建筑的自来水供水系统配管、排水、排气和排污卫生管、地下排水管、雨水管以及电线安装配套用的穿线管等等。

图 5 - 26　塑料管

5. 复合钢管

复合钢管,如图 5 - 27 所示,是以碳钢管作为基管,通过缩径法、冷扩法、爆燃法或钎焊法复合工艺将内、外衬材料与基管复合的管材。常见的有:涂塑钢管(钢塑复合管)、内衬不锈钢复合钢管、陶瓷复合钢管、复合玻璃钢管、内外涂环氧钢管等。

图 5 - 27　复合钢管

四、水消防设备

1. 消火栓

消火栓又称为消防栓,是一种固定式消防设施,分为室外消火栓和室内消火栓。

(1)室外消火栓

室外消火栓,如图 5 - 28 所示,也称为消防地栓,是设置在建筑物外面消防给水管网上的供水设施,主要供消防车从市政

水消防设备

给水管网或室外消防给水管网取水实施灭火,也可以直接连接水带、水枪出水灭火,是扑救火灾的重要消防设施之一。

室外消火栓有地上消火栓和地下消火栓两种,地铁主要使用SS100型地上式消火栓。消火栓由阀体、阀座、阀瓣、排水阀、法兰短管、阀杆、主体、KWS65接口、进水弯管组成,使用时在消火栓接口上联接水带,水枪打开阀瓣即可持枪灭火。

图 5-28 室外消火栓

(2)室内消火栓

室内消火栓,如图5-29所示,是设置在室内消防给水管网上的固定消防供水设施,通常安装在消火栓箱内,与消防水带和水枪等器材配套使用。

城市轨道交通主要使用的室内消火栓是SN65型直角单出口式消火栓和SNSS65双头双阀消火栓,如图5-30所示。

图 5-29 室内消火栓

图 5-30 SNSS65 双头双阀消火栓

室内消火栓主要由固定接口 KN65、阀体、阀瓣、密封垫、丝杆、阀盖、手轮等组成。当转动手轮打开阀瓣,消火栓即出水。

2. 消防水泵接合器

消防水泵接合器,如图 5-31 所示,分为多用式、墙壁式、地上式和地下式四种。城市轨道交通主要使用的是地上式和墙壁式消防水泵接合器。室外消防水泵结合器与室内消防管道、喷淋管道连接,当遇到火灾等时,消防车无法从消火栓取水或其他情况下,消防车将接口与消防水泵结合器连接,将消防车自带的水用高压通过消防水泵结合器打到室内消防管、喷淋管进行灭火。消防水泵结合器起到送水作用,所以消防水泵结合器采用的是单向阀,只送不出。

地上式消防水泵接合器主要由法兰接管、弯管、止回阀、放水阀、安全阀、闸阀、消防接口、本体等组成、可连接消防车、机动泵等的消防水出水管,向建筑物内部输送消防用水。

(a)多用式消防水泵接合器　(b)墙壁式水泵接合器　(c)地上式水泵接合器　(d)地下式水泵接合器

图 5-31　消防水泵接合器

城市轨道交通中使用的墙壁式消防水泵接合器为 SQ100A 型。该产品具有体积小巧、结构合理、维修方便等优点。墙壁式消防水泵接合器主要有:固定接口(KN65)、阀体、止回瓣、止回橡胶垫、密封垫、阀瓣、丝杆、阀盖、填料、手轮、安全阀(AZIH-15)等组成。

3. 湿式报警阀

湿式报警阀,如图 5-32 所示,是一种只允许水单向流入喷淋系统并在规定流量下报警的单向阀,由阀体、阀瓣和报警阀等组成。

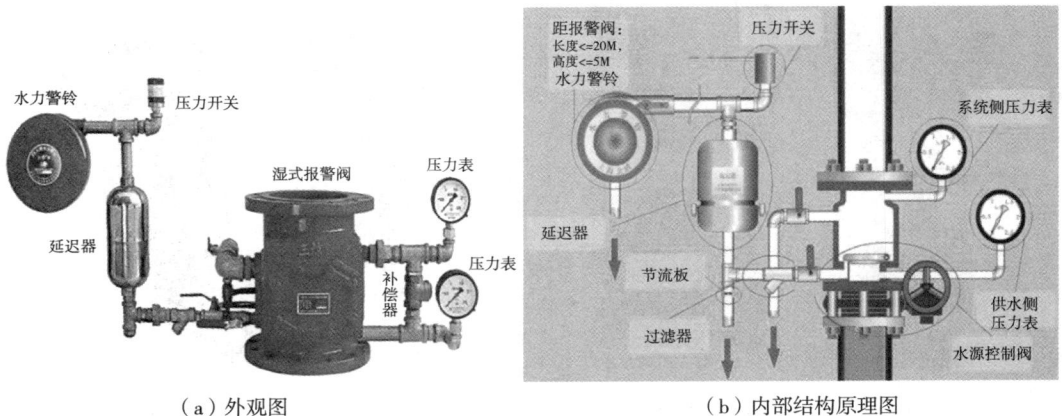

(a)外观图　　　　　　　　　　(b)内部结构原理图

图 5-32　湿式报警阀

正常工作时,管路中必须充满水,由于阀瓣的自重和阀瓣前后所受水的总压力不同,阀瓣处于关闭状态(阀瓣上面的总压力大于阀瓣下面的总压力)。发生火灾时,闭式喷头开始喷水,报警阀上面水压下降,此时阀瓣前水压大于阀瓣后水压,于是阀瓣开启,向立管及管网供水,为喷头提供消防用水。同时,一部分水沿着报警阀的环形槽进入延时器、压力开关及水力警铃等设施,发出火警信号并启动消防泵。

五、其他材料

地铁给排水工程中,还需用一些辅助性材料,常用的有密封材料、防腐材料、保温材料等。

其他材料

表 5-1　城市轨道交通常用辅助材料

类别		图例	简介
密封材料	生料带		简称聚四氟乙烯,用于管件连接处,增强管道连接处的密闭性。具有无毒、无味、优良的密封性、绝缘性、耐腐性等优点
	麻丝		沥青和麻丝混在一起,是一种良好的防水材料。管道系统中常用的麻有亚麻、线麻(大麻)、白麻(荷麻)和油麻。其中亚麻纤维长而细,强度较高,最适宜做管螺纹的填充材料,线麻次之。亚麻和线麻经油浸并阴干后,可做铸铁管承插上的第一层填料。在水泥或石棉水泥承插口的麻层中,第一道和第二道麻用油麻,第三道用浸水的白麻,以加强麻与水泥的黏结力
	石棉绳		主要用于机械传动、制动以及保温、防火、隔热、防腐、隔音、绝缘等方面,由于石棉纤维能引起石棉肺、胸膜间皮瘤等疾病,许多国家选择了全面禁止使用这种危险性物质
	石棉橡胶板		是用石棉、橡胶、填充料压制的板材。适用于高温高压的水、饱和蒸汽、过热蒸气、煤气、惰性气体等介质的设备管道法兰连接处密封衬垫材料。使用时一般按要求冲制成各种形状、尺寸的垫片
	铅油		又称原漆,是用颜料与干性油混合研磨而成,需要加鱼油,溶剂等稀释后才能使用。这种漆的涂膜柔软,与面漆的黏结性好,遮盖力强,是最低级的油性涂料。适用于涂饰要求不高的建筑工程或水管接头处,可以增强管道密闭性

（续表）

类别		图例	简介
防腐材料	环氧树脂		是一种重要的热固性树脂胶水,用它配制的环氧树脂胶黏剂素有"万能胶"之称,具有优良的物理机械性能、电绝缘性能、耐化学腐蚀性能、耐热及粘接性能
	沥青		具有防水、防潮、防腐性能。分为石油沥青和焦油沥青两种,地下管道使用较多的是焦油沥青,呈黑色,加热时有特殊臭味,燃烧时冒黄烟,有毒。冬季性脆、夏季易软化,具有较高的抗水性及抗微生物腐蚀能力
	银粉漆		由铝粉、清漆和汽油三种原料配制而成。具有防腐、防锈、耐水、耐温、反光,干燥快、附着力强等特点。多用于老式建筑中的水暖管道表面粉刷
	防锈漆		是一种可保护金属表面免受大气、海水等的化学或电化学腐蚀的涂料。主要分为物理性和化学性防锈漆两大类。前者靠颜料和漆料的适当配合,形成致密的漆膜以阻止腐蚀性物质的侵入,如铁红、铝粉、石墨防锈漆等;后者靠防锈颜料的化学抑锈作用,如红丹、锌黄防锈漆等
保温材料	橡塑		采用优质的橡胶和聚氯乙烯(NBR/PVC)为主要材料制成的混合发泡材料。具有导热系数低、防火阻燃、防潮阻湿、减振降噪、环保健康、使用寿命长、外观素雅美观、安装方便等优点。广泛应用于冷热介质管道或容器,能达到降低冷损和热损的效果。加上施工简便,外观整洁美观,且产品不含纤维粉尘,不会滋生霉菌等有害物质,因此是一种高品质的新一代绝热保温材料
	泡沫塑料		泡沫塑料是聚氨酯合成材料的主要品种之一,具有超低温热传导率,耐热保温的优点

知识拓展：

消火栓的使用步骤

（1）打开消火栓门，按下内部火警按钮（报警和启动消防泵），取出消防水带；

（2）展开消防水带；

（3）水带一头接到消防栓接口上；

（4）一人接好枪头和水带，奔向起火点；

（5）另外一人打开消防栓上的水阀；

（6）对准火源根部，进行灭火。

注意：电起火要切断电源。

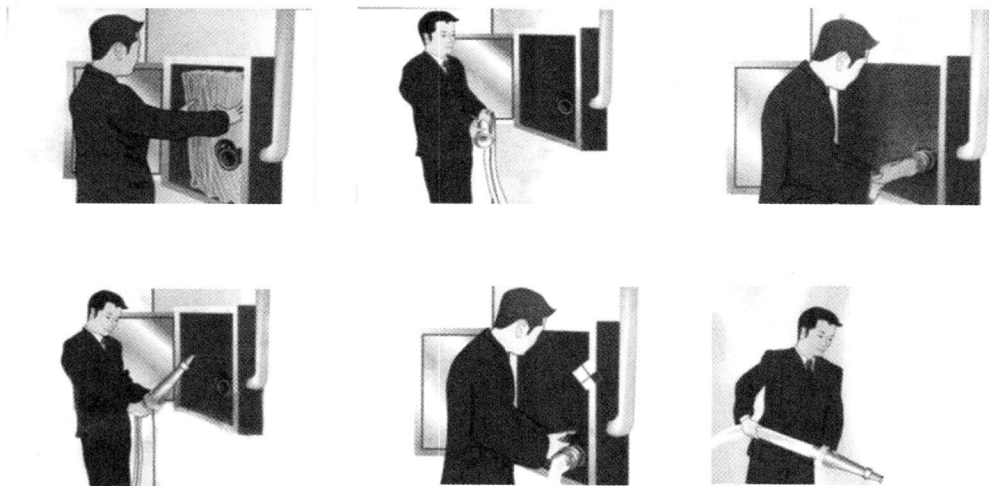

图 5-33　消火栓的使用步骤

任务三　给排水及水消防系统的维护及故障处理

引导案例

2016 年 5 月 28 日早上 7 点多，没想到一场暴雨，暴露了地铁 2 号线某车站周边排水系统不畅的问题。有市民在微信朋友圈发出照片："整个地铁站出入口陷入'汪洋大海'之中"，有网友在照片后发出感叹，"都说人们是开车去坐地铁，现在怕是要开船才能去坐了吧。"也有网友对地铁站周边的排水系统表示了担忧："是当初设计施工没有考虑好吗？要是雨水倒灌到地铁站了，那该怎么办呀？"

> 好在到了上午9点多，雨水逐渐停了，地铁站周边的积水才慢慢退去，也没有造成雨水倒灌到地铁站里的情况，不过，东站的三个出入口却因此封闭了2个多小时。
>
> 思考：给排水及水消防系统设备在日常使用中该如何维护？出现了故障该怎样处理呢？

一、给排水及水消防系统的维护

轨道交通车站给排水系统的维护管理遵循"坚持预防为主，实行全面养护，重点整治病害，逐步改善条件，确保使用安全"的原则，根据给排水系统专业管理的标准和要求，规范给排水设备设施的维修养护工作，确保给排水设备设施各项性能良好，延长设备设施的使用寿命，避免发生意外事故。

1. 水泵机组的维修养护

（1）水泵的维修养护

生活水泵、消防水泵、排污泵、潜水泵每季度进行一次全面养护。其养护内容主要有：

检查水泵轴承是否灵活，如果有阻滞现象，应加注润滑油，如果有异常摩擦声响，则应更换同型号规格轴承，若有卡住、碰撞现象，则应更换同规格水泵叶轮，如轴键槽损坏严重，则应更换同规格水泵轴；检查压盘根处是否漏水成线，若是则应加压盘根，清洁水泵外表，若水泵脱漆或锈蚀严重，则应彻底铲除脱落层油漆，重新刷油漆；检查电动机与水泵弹性联轴器有无损坏，如损坏则应更换；检查机组螺栓是否紧固，如松弛则应拧紧。

（2）控制柜的维修养护

对控制柜每半年进行一次全面养护。其维修养护内容主要有：清洁柜内所有元器件、清洁外壳，务必使柜内无积尘、无污物；检查、紧固所有的接线头，对于锈蚀严重的接线头应更换；检查柜内所有线头的号码管是否清晰，有否脱落，如有问题应及时整改；对于交流接触器，应清除灭弧罩内的碳化物和金属颗粒，清除触头表面的污物，不能正常工作的触头应更换；检查复位弹簧是否正常工作，然后拧紧所有紧固件；自耦降压启动器的电阻不低于 $0.5M\Omega$，否则应进行干燥处理；柜体外壳接地可靠，若有松脱或锈蚀则应做除锈处理，然后拧紧接地线；热继电器的绝缘盖板应完好无损，导线按头应无过热痕迹或烧伤，如有则需维修或更换；自动空气开关电阻应不低于 $100M\Omega$，否则应烘干；在开关闭合或断开过程中应无卡位现象，触头表面清除干净；中间继电器、信号继电器应做模拟试验，检查动作是否可靠，信号输出是否正确；检查信号灯、指示灯是否指示正常，若有偏差应调整或更换；检查远传压力表信号线接头是否腐蚀，若有则重新焊接或更换。

（3）电机的维修养护

电机的维修养护的内容主要有：外观应整洁、铭牌完好，接地线连接良好；用摇表检测绝缘电阻，电阻应不低 $0.5M\Omega$，否则应作烘干处理；电机接线盒内三相导线及连接片应牢固紧密；检查电动机轴承有无阻滞或异常声响，电动机风叶有无碰壳现象；清洁外壳，检查外壳是否脱漆严重，若严重应重新油漆。

（4）相关阀门、管道及附件的维修养护

相关阀门、管道及附件维修养护内容主要有：检查闸阀密封胶垫是否漏水，若有则应更换；检查黄油麻绳处是否漏水，若漏水则应重新加压黄油麻绳，对阀杆加黄油润滑，锈蚀严重者应重新油漆；止回阀的维修养护应检查止回阀的密封胶垫是否损坏，弹簧弹力是否足够，油漆是否脱落；浮球阀的维修养护应检查密封胶垫、连杆、连杆插销；液位控制器应检查密封圈、密封胶垫是否损坏，若损坏则应更换，清除压力室内污物，疏通控制水道，紧固所有螺母。

2. 水池、水箱的维修养护

水池、水箱的维修养护每半年进行一次，若遇特殊情况可增加清洗次数。清洗的程序如下：

（1）首先关闭进水总阀，关闭水箱之间的连通阀门，开启泄水阀，抽空水池、水箱中的水。

（2）泄水阀处于开启位置，用鼓风机向水池、水箱吹 2h 以上，排除水池、水箱中的有毒气体，吹进新鲜空气。

（3）用燃着的蜡烛放入池底不会熄灭，以确定空气充足。

（4）打开水池、水箱内照明设施或设临时照明。

（5）清洗人员进入水池、水箱后，对池壁、池底洗刷不少于三遍，并对管道、阀门、浮球按上述维修养护要求进行检修保养。

（6）清洗完毕后，排除污水，然后喷洒消毒药水。

（7）关闭泄水阀，注入清水。

3. 室外给排水设施的维修保养

室外给排水管道每半年全部检查一次，要求水管阀门完好，无渗漏，水管通畅无阻塞，若有阻塞，应清除杂物，若管道坡度不正确，应重新铺设。下沉式广场水沟每半年全面检查一次，沟体应完好，盖板齐全。排水井、雨水井、化粪池每季度全面检查一次，每半年对易锈蚀的雨污水井盖、化粪池盖刷一次黑漆防锈，保持雨污水井盖标识清楚，路面井盖要做防震垫圈。室外喷水池每月检查保养一次，要求喷水设施完好，喷水管道无锈蚀。

室外消防栓每季度作全面试放水检查，每半年养护一次，主要检查消防栓玻璃、门锁、栓头、水带、连接器阀门、"119""消防栓"等标识是否齐全；对水带的破损、发黑、发霉与插接头的松动现象进行修补、固定，更换变形的密封胶圈；将水带展开换边折叠卷好；将阀门杆上油防锈；抽取总数的 5% 进行试水；清扫箱内外灰尘，将消防栓玻璃门擦净，最后贴上检查标志，标志内容应有检查日期、检查人、检查结果。

上、下雨污水管每月检查一次，每次雨季前检查一次，每 4 年油漆水管一次，要求水管无堵塞、漏水或渗水，流水通畅，管道接口完好，无裂缝。

4. 室内给排水设备设施的维修保养

（1）消防设备的维修养护

室内普通消防栓的维修养护内容及程序见上面室外消防栓的保养内容及程序。对于自动喷淋消防灭火系统的维修养护，其内容如下：

① 每天巡视系统的供水总控制阀、报警控制阀及其附属配件，检查外观，确保处于无故障状态。

② 每天检查一次警铃启动是否灵活,打开试警铃阀,水力警铃应发出报警信号,如果警铃不动作,应检查整个警铃管道。

③ 每月对喷头进行一次外观检查,不正常的喷头应及时更换。

④ 每月检查系统控制阀门处于开启状态,保证阀门不会误关闭。

⑤ 每两个月对系统进行一次综合试验,按分区逐一打开末端试验装置放水阀,试验系统灵敏性。

当系统因试验或因火灾启动后,应在事后尽快使系统重新恢复到正常状态。

(2)用户室内给排水管道及附件的维修及养护

用户室内给排水管道及附件在使用过程中,由于使用不当或前期隐患,会出现各种各样的问题,需要进行及时维修和正常养护。其主要的维修养护内容如下:

① 停水。要先关掉总阀,打开支管阀门,检查堵塞原因,及时更换或清洗。

② 维修墙内水管。关闭室内所有用水阀门,查看水表,如果转动说明墙内水管破损漏水,然后关闭水表前阀门,打通漏水处墙面,取出破损水管,装入新水管,再打开总阀看是否漏水,如无漏水,则补好墙面,恢复装修饰面。告知用户不得擅自改动墙内水管。

③ 阀门接头漏水。关闭自来水总阀,查找原因:若是阀门、接头未扭紧的缘故而漏水,应拆下阀门接头,在外丝处旋上几道水胶带,再把阀门接头装上扭紧;如因配件破损而漏水应及时更换阀门或接头。然后告知使用人员,应爱护使用,旋扭阀门不要用力过度。

④ 疏通地漏。先用抽子试通,不能查明原因则打开检查口检查,不通时再使用疏通机疏通直至通畅为止,然后用胶管试水检验,并告知使用人员,使用时不要向管道乱丢杂物。

二、给排水及水消防系统的故障处理

给排水系统设备、设施是城市轨道交通机电设备的一部分,其事故(故障)处理原则要求遵循城市轨道交通主管部门制定的相关规定及要求,以"安全第一"为指导思想,确保事故(故障)处理有序、可控、快速、及时,做到"先通后复"。尽量缩小事故(故障)影响范围,减少事件带来的损失,避免对正常运营造成影响。

给排水及水消防系统常见故障及处理方法见表5-2所列。

表5-2 给排水及水消防系统常见故障及处理方法

序号	故障现象、原因分析与处理方法
1	故障现象:水泵流量不足或不出水
	原因分析:(1)叶轮反转;(2)通道堵塞;(3)被抽介质浓度过大;(4)扬程过高;(5)叶轮严重磨损
	处理方法:(1)调整任意两相相序;(2)清除杂物;(3)用水冲稀,降低浓度;(4)改泵或降低扬程;(5)更换叶轮
2	故障现象:水泵不能启动
	原因分析:(1)电源缺相;(2)叶轮卡住;(3)绕组接头或电缆短路;(4)定子绕组烧坏;(5)电器控制故障
	处理方法:(1)检查接线;(2)清除杂物;(3)用兆欧表检查并修复;(4)进行修理,更换绕组;(5)检查控制柜,修理后调换电器零件

（续表）

序号	故障现象、原因分析与处理方法
3	故障现象:管道连接处漏水
	原因分析:(1)密封垫片的压紧力不足;(2)结合面的粗糙度不符合要求;(3)垫片变形、老化、回弹力下降、龟裂;(4)螺栓变形或伸长;(5)垫片装偏,使局部紧力过度,超过密封垫片的设计极限;(6)法兰紧固过程中用力不均或两法兰中心线偏移
	处理方法:(1)拧紧;(2)更换法兰;(3)更换垫片;(4)更换螺栓;(5)重新安装;(6)重新安装
4	故障现象:管道卡箍连接处漏水
	原因分析:(1)卡箍紧固螺栓未拧紧;(2)卡箍密封胶圈老化;(3)卡箍两端管道错位严重;(4)卡箍断裂;(5)卡箍密封胶圈与管道沟槽之间有杂物;(6)卡箍两端管道支架靠近卡箍
	处理方法:(1)重新拧紧;(2)更换密封胶圈;(3)调整管道;(4)更换卡箍;(5)清除杂物;(6)适当调整两端支架位置
5	故障现象:消防管路漏水
	原因分析:管路渗漏
	处理方法:(1)及时关闭漏水点相邻管段阀门,对泄漏点进行封堵;(2)及时关闭相邻管段阀门,更换相应爆管管路
6	故障现象:消火栓漏水
	原因分析:(1)消火栓壳体有裂纹;(2)消火栓未关死;(3)消火栓阀芯橡胶垫片老化;(4)阀芯与阀座之间有杂物;(5)阀杆断裂
	处理方法:(1)更换消火栓;(2)重新拧紧;(3)更换阀芯垫片;(4)重新开启后再关紧;(5)更换
7	故障现象:潜水泵运转有异常振动,不稳定
	原因分析:(1)水泵底座地脚螺栓未拧紧或松动;(2)出水管路没有加独立支撑,管道振动影响到水泵;(3)叶轮质量不平衡甚至损坏或安装松动;(4)水泵上下轴承损坏
	处理方法:(1)均匀拧紧所有地脚螺栓;(2)对水泵出水管道设独立稳固的支撑,不让水泵的出水管法兰承重;(3)修理或更换叶轮;(4)更换水泵的上下轴承
8	故障现象:湿式报警阀误动作
	原因分析:(1)人为误操作打开了末端试验装置的泄水阀引起水压下降;(2)人为误操作打开了湿式报警阀试验装置的泄水阀引起水压下降;(3)喷头漏水;(4)管网漏水;(5)湿式报警阀故障
	处理方法:(1)关紧;(2)关紧;(3)更换;(4)补漏、更换或紧固;(5)更换

知识拓展:

对于2016年某车站积水事件,该镇三防办称,经过应急处理,当天上午9时许积水已经排去。据介绍,5月28日早上7时,该镇受大暴雨影响,降雨量达157mm,造成靠近火车站的方中路和地铁站的秋元路等路段内涝水浸,同时也造成地铁该站A、B、G三个出口无法通行。该镇三防办表示,将加快对火车站南片区排水升级第二阶段改造,提升此区域排涝能力,保障火车站和地铁站的运营安全。

相关专家表示,该车站当时水浸并没有进到地铁站里面,因为 2 号线的出入口标高都做过洪水位评估,是按照能抵御 50 年一遇的防洪标准,由第三方水文单位独立来做的,市民无需担心水浸会蔓延到地铁站内。

复习思考题

一、填空题

1. 给水系统包括_____和_____;排水系统包括_____、污水系统和_____。

2. 水喷淋系统设备由玻璃球洒水喷头、_____、增压水泵、_____、_____、压力开关管网等组成。

3. 城市轨道交通车站给排水及水消防系统主要采用的水泵有_____和_____两种。

4. 消火栓,又称为消防栓,是一种固定式消防设施,分为_____和_____。

二、简答题

1. 城市轨道交通车站给水排水系统的主要任务是什么?

2. 给水排水系统常见故障有哪些? 如何进行故障处理?

3. 简述城市轨道交通车站排水流程。

4. 消防给水有什么要求?

项目六　消防系统

学习目标:

1. 掌握火灾自动报警控制系统的功能和设备组成;

2. 掌握自动灭火系统的原理和特点;

3. 了解消防系统的维护和故障处理。

任务一　火灾自动报警系统

引导案例

2017年2月10日晚约7时15分,某市地铁列车在开行过程中,车上突然有浓烟冒出。事件造成多人受伤,大部分人被烧伤,伤者陆续被送往医院。地铁方表示,该事件是由于有乘客点燃危险品引起的。

一名男生目击过程发生,他忆述过程时双手仍然发抖。他指出,当时列车从车站开出不久,车厢非常挤。一名男子突然大叫,随后男生便见到有液体泼出,并伴有火光。另一名目击者张小姐则表示,当时她也在事发位置附近,突然见到一团火光,她立即退后。但因人太多,她跌倒在地上,双脚擦伤。她靠着扶手起身,见到一名男子被人推跌。其他乘客大叫"冷静",秩序良好。

思考:你觉得在拥挤的车站中是否应该设置消防系统呢? 如果在乘坐地铁过程中遇到火灾该如何应对呢?

☞ 相关知识

城市轨道交通在施工和运营期间可能发生的灾害大致分为两类:自然灾害和人为灾害。自然灾害主要由洪涝、水淹、地震、雪灾、台风、泥石流、滑坡等;人为灾害主要有战争、交通事故、火灾、泄毒、化学爆炸、环境污染、工程事故和运营事故等。

虽然各类灾害表现形式不同,但是其共同的特点是空间分布有限性、潜在性、突发性,发生灾害的时间、空间和强度的随机性。对其发生发展的规律和机理人们还缺少充分认识,因此造成的灾害无法避免。随着人们认识的提高,许多自然灾害在未来将逐步得到抑制,但人为灾害往往因失控而增长。地铁大部分处在地下车站和隧道构成的半封闭区域内,四周为岩土介质包裹,地铁对来自外部的灾害防御能力好,对来自内部的灾害的抵御能力差。从世界一百多年的历史教训看,地铁灾害中发生频率最高,造成损失最大的是火灾。在地下狭小空间内,人员和设备高度密集,一旦发生火灾,疏散和抢救十分困难。

由于相对封闭的环境特点,地铁中发生火灾将比地面建筑物中发生火灾更具有危险性。地铁火灾的主要特点如下:

(1)人的心理恐慌程度大,行动混乱程度高。地铁区间隧道出入口少、通道狭窄、疏散距离长、人员多,故造成的人员恐慌和行动混乱程度要比在地面建筑物中严重得多,易发生挤踩事故。

(2)浓烟积聚不散。地铁内部封闭的环境使物质不易充分燃烧,火灾时可燃物的发烟量很大,而地铁的进排风只靠少量的风口,机械通风系统发生故障时很难依靠自然通风补救,烟雾的控制和排除都比较复杂。浓烟积聚不散,对人员逃生和火灾扑救都将带来很大的障碍。

（3）温度上升快，峰值高。由于地铁建筑物是一个相对封闭的空间，发生火灾以后，大量的热量积聚无法散去，空间温度提高很快，火势猛烈阶段温度可达到1000℃以上。高温有时会造成气流方向的变化，对逃生人员影响很大，而且会对车站结构造成很大的破坏。

（4）人员疏散难度大。人员从地铁内部到地面开阔空间的疏散和避难都要有一个垂直上行的过程，比下行要耗费体力，从而影响疏散速度。同时，自下而上的疏散路线与内部烟和热气流自然流动的方向一致，因而人员的疏散必须在烟和热气流的扩散速度超过步行速度之前完成。这一时间差很短，又难以控制，故给人员的疏散带来很大困难。

（5）扑救困难。由于地下空间限制，以及浓烟、高温、缺氧、有毒、视线不清、通信中断等原因，救援人员很难了解现场情况；又由于大型的灭火设备无法进入现场，进入的救援人员需要特殊防护等特点，因此救人、灭火困难大。

1987年11月，英国伦敦最繁忙的国王十字地铁站发生大火，火势吞噬了整个售票大厅，将数百名乘客困在里面。大火产生了热浪和大量的有毒烟气，引起乘客恐慌，争相逃命，相互挤踏，难以找到避难道路，结果造成了31人死亡，100多人受伤。1993年10月，美国曼哈顿地铁列车发生火灾，数百人被困于车中。2003年2月18日，韩国大邱市地铁发生的一起人为纵火引起的火灾事故，造成近200人死亡、数百人受伤、车站设施损坏等严重后果。

一、火灾自动报警系统概述

火灾发生的概率高，危害严重，损失大，为了尽早探测到火灾的发生并发出火灾警报，启动有关防火、灭火装置而在建筑物中设置了一种自动消防设施，被称为火灾自动报警系统（Fire Alarm system，简称FAS）。

城市轨道交通遵照国家对火灾"预防为主，防消结合"的方针，设置火灾自动报警系统（FAS）。FAS系统一般情况下独立成系统，并与环境与设备监控系统（Building Automatic

火灾自动报警系统概述

System，简称BAS）等设备存在接口关系。一般情况下全线FAS系统按照同一时间内发生一次火灾考虑。

FAS采取一体化网络、两级管理、三级控制的运营模式。一体化网络是指全线各车站的火灾报警控制器和中央级的火灾报警控制器为主干网上的独立节点，该独立节点包括车站的图形显示控制中心，运营控制中心（Operating Control Center，简称OCC）的图文工作站、备用中心的工作站，保证网络的中央级相互热备，主备中心的无缝转换，在网络再生功能上有着无可比拟的优点。两级管理为在城市轨道交通运营控制中心（OCC）设置消防指挥中心，在各车站、车辆段、主变电所等处设置防灾控制室作为车站级消防控制中心。三级控制为中央级控制、车站级控制和就地级控制。

车站级FAS管辖范围包括：车站及相邻半个区间的消防设备。车辆段内的车辆停放和各类检修车库的停车部位、燃油车库、可燃物品仓库、重要用房等处设有的火灾自动报警系统。车站及区间内的防排烟系统（除火灾专用的排烟风机外）和送排风系统共用的暖通空调系统设备、车站及区间的废水泵由BAS进行监控，火灾时，FAS向BAS发送救灾模式指令，

BAS 执行。FAS 具有控制优先权。车站及区间的排烟风机、补风机、消防泵除了由火灾自动报警系统设置自动控制外,还需在车站控制室的 IBP 盘上设置手动控制装置,进行手动紧急控制。

工作方式:主备用中心设备、各车站的 FAS 为全天 24h 不间断工作,并且所安装位置为 24h 有人值班的控制室,实时保持对全线的不间断监视和控制工作,并把日常的历史纪录(包括火警、故障、联动等信息)归档管理打印。各种防灾救灾的应急预案、措施都存放在主备中心,当网络中任意车站、中心有异常情况都有相应措施,指挥全网络的防灾救灾。

工作流程:在火灾发生初期,系统通过设置在现场的感烟、感温和感光火灾探测器等火灾触发器件自动接收火灾燃烧所产生的烟雾、温度变化和热辐射等物理信号,并将其变换成电信号输入火灾报警控制器;也可以通过手动报警按钮以手动的方式向火灾报警控制器通报火警。火灾报警控制器对输入的报警信号进行处理、分析,经判断为火灾时,立即以声、光信号等火灾报警装置向人们发出火灾警报,并记录、显示火灾发生的时间和位置,同时向防烟排烟系统、自动喷水灭火系统、室内消火栓系统、气体灭火系统、泡沫灭火系统、干粉灭火系统以及防火门、防火卷帘等防烟防火设施发出控制命令,启动各种消防装置,指挥人员疏散、控制火灾蔓延、发展。

二、火灾自动报警系统功能

1. 中央级功能

中央级 FAS 是全线 FAS 的调度、管理中心,对全线报警系统信息及消防设施有监视控制及管理权,对车站级的防救灾工作有指挥权。其通过全线防灾直通电话、CCTV、列车无线电话等通信设备,组织指挥全线防救灾工作,并与消防报警电话 119 连接,负责地铁消防工程防救灾工作与外界的联络。

中央级 FAS 可以和综合监控系统(Integrated Supervision and Control System,简称 ISCS)通信联络,ISCS 可接收 FAS 控制中心的报警信息命令、停止正常工况命令。FAS 具有对参与救灾的机电设备进行联动控制的优先权。

中央级 FAS 通过车站级 FAS 接收报警设备信息,向火灾区间相关车站下达模式控制指令,相关车站执行救灾模式。

当区间发生火灾时,中央级 FAS 可以使火灾车站和相邻车站从正常运行工况直接转换到火灾运行工况。同时,通过中央级 BAS,利用人工模式下发联动相应 BAS 区间的共用设备。

当列车在区间发生火灾事故时,中央级 FAS 可以接收列车无线电话报警,对车站级 FAS 发布、实施灾害工况指令,将相应救灾设施转为按预定的灾害模式运行。

当车站发生火灾时,若本站水源故障,中央级 FAS 启动备用车站消防水系统。

中央级 FAS 具有热备的功能,互相独立,当主机失效时,备机无间断无扰动替代主机工作,并保持系统记录不间断。FAS 具有同用户最直接的人机界面,每天 24h 有人值守,是整个 FAS 的指挥控制中心,其权限最高,负责全线的防救灾工作的统一指挥管理。

2. 车站级功能

车站级 FAS 可实现管辖范围内设备的自动监视与控制、重要设备的手动控制。车站级 FAS 能够实现管辖范围内实时火灾的报警功能,监视管辖范围内的火情,自动化管理火灾自动报警系统及防救灾设备,控制防救灾设施,显示运行状态,将所有信息上传至中央级 FAS。

接收中央级指令或独立组织、管理、指挥管辖范围内防救灾工作。可接收中央级 FAS 指令,但同时具有独立组织、管理、指挥站点管辖区内防灾救灾工作的能力。作为车站级 FAS 的监控管理中心,车站级 FAS 在脱离全线主干网和中央级 FAS 的情况下,能够成为独立的区域监控指挥中心。车站级 FAS 是全线 FAS 的一个组成部分,通常情况下与全线级 FAS 联网工作,并完全具备离网独立工作的功能,所有本站联动和报警设备均能在车站级 FAS 综合控制室实现,从而避免了完全依赖于中央级 FAS 所带来的风险。

3. 就地控制级功能

就地控制级 FAS 设备主要是指设置在地铁车站、车辆段的智能型光电感烟探测器、智能感温探测器、远红外对射光束探测器、防爆型可燃气体探测器、防爆型火焰探测器、极早期报警探测器(含底座)、消火栓报警开关、手动报警按钮(带电话插孔)、监控模块等设备。

就地控制级 FAS 设备功能就是能够直接完成烟雾探测,现场灭火、阻隔火源蔓延、控制烟雾等功能。

三、火灾自动报警系统的设备

城市轨道交通火灾自动报警系统的设备主要由中央级设备、车站级设备、现场级设备和全线报警信息通信传输网络等组成。如图 6-1 所示为火灾自动报警系统构成图。

1. FAS 中央级设备组成

(1)控制中心。中央级 FAS 设置于控制中心的中央控制室内,主要由中央级火灾报警控制器(网络型)、中心调度 GCC、打印机等必要设备构成中央级局域网络,完成机房、调度大厅与其他系统的信息共享。

在控制中心一般设 FAS 大屏幕或模拟显示屏,以图形的方式直观地显示全线各区域的火灾报警及故障信息,支持全线的防灾、救灾指挥。各车站显示终端能按照车站建筑平面分级、分区显示本站系统的详细信息,包括火灾报警部位、设备安装位置、设备运行状态、故障报警信号、有关消防设施动作返回信号等。

一般地,OCC 机房内,配置 2 套互为备用的火灾报警控制器(网络型)、配置 1 套供某线 FAS 中央级与各换乘线路 FAS 中央级以及 TCC 系统的接口设备(包括硬件和软件)、OCC 网管室内配置 2 套互为冗余热备份的工业控制型 PC 操作工作站,作为系统的维护工作站,并配置 1 台打印机。

一般地,OCC 调度大厅内,配置 2 台互为冗余热备份的工业控制型 PC 操作工作站,作为中心调度 GCC,并配置 1 台打印机。FAS 控制中心系统结构如图 6-2 所示。

(2)维修中心。一般情况下,在车辆段综合维修中心设置 1 套火灾报警控制器(网络型)、1 台维修中心工作站(工业级 PC 机)、1 台打印机和 1 套在线式 UPS 电源等,构成 FAS 全线维护中心设备维护管理系统。该系统可实现全线 FAS 的在线监视及查询功能,能够在线监视全线设备的故障等状态,为运营维护提供便利。某地铁线维修管理系统结构示意如图 6-3 所示。

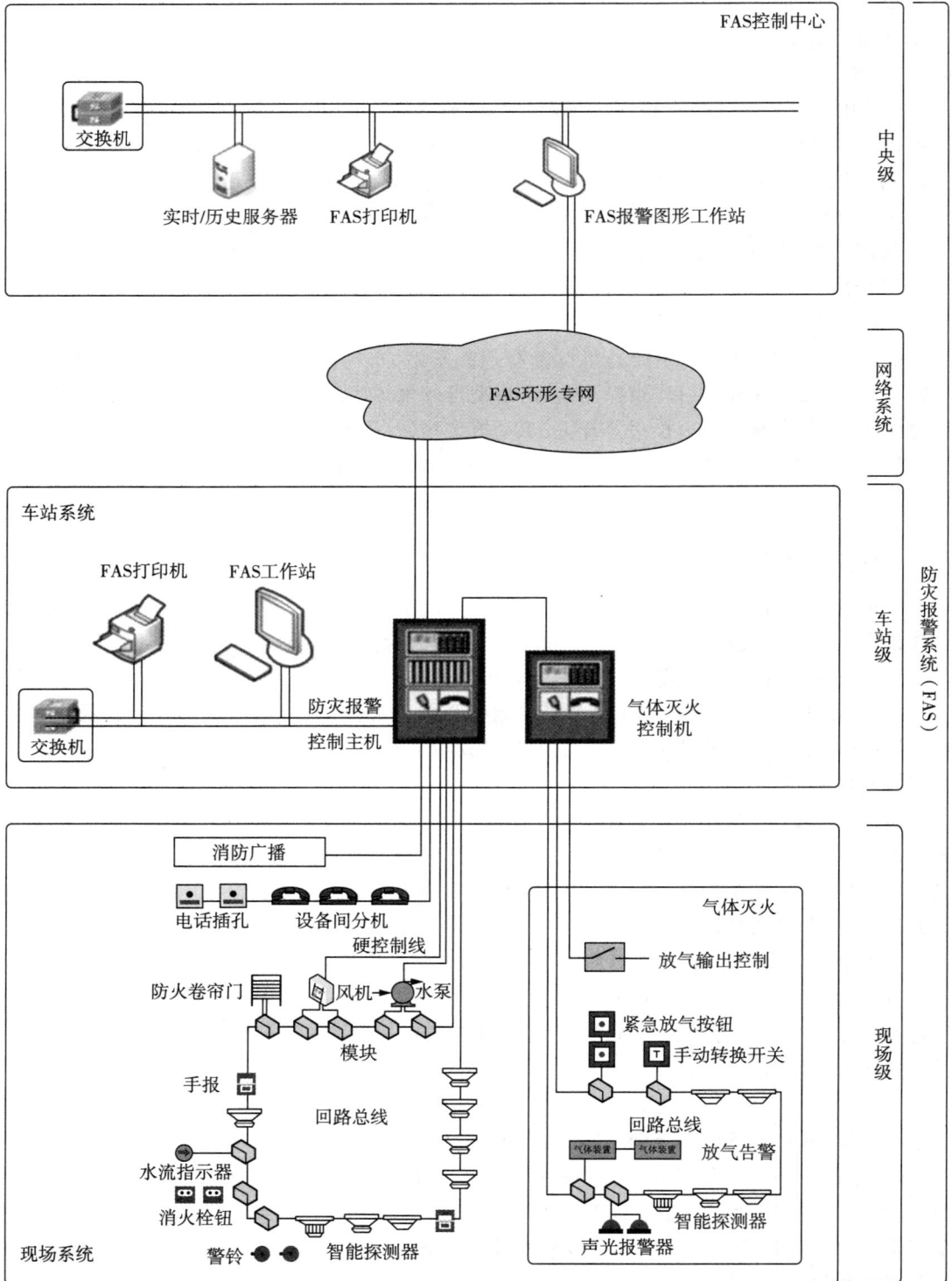

图 6-1　火灾自动报警系统构成图

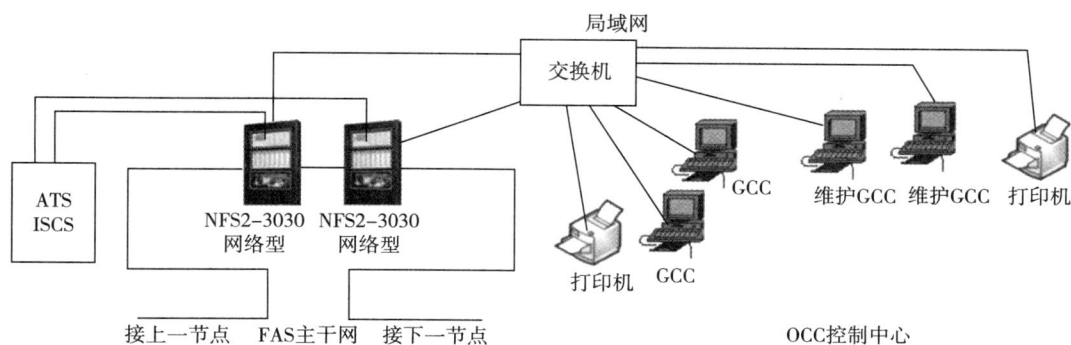

图 6-2 FAS 控制中心系统结构图

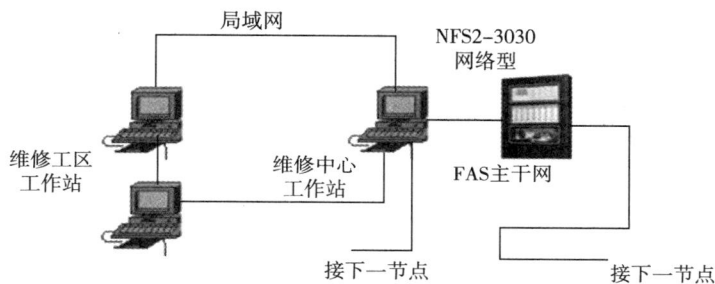

图 6-3 某地铁线维修管理系统结构示意图

2. 网络系统

FAS 全线主干网络为对等网络,控制中心、备用中心、各车站、车辆段的火灾报警控制器均作为 FAS 全线主干网络的节点,某线网络构成如图 6-4 所示。FAS 利用通信系统提供的单模光纤组建 FAS 全线专用网络,车站级的 FAS 信息通过光纤网络传输至 OCC 和备用中心,任意车站均能监视和控制其他车站的信息。

全线主干网的节点能在任意时刻与相关节点组成自愈环网。光纤网络发生一个开路点时,不影响整个网络的正常通信。当发生 2 个或 2 个以上开路点时,与中央级火灾报警控制器保持连接的网段能保持正常工作。脱离与中央级火灾报警控制器连接的网段,可以自动形成子网络,同时在子网络中至少有一个节点设备能够通过简单的键盘操作,成为能够监控子网络的临时中央级。网络故障时,网络故障信息上报控制中心。

当控制中心和备用中心均在线时,全网络正常通信,每一个节点上的所有信息都可以被控制中心和备用中心接收,控制中心和备用中心具有冗余中心管理功能,都可以对全网节点进行监控。当控制中心发生故障时,备用中心仍旧在线,自动接管控制中心功能,而由于主备中心功能显示和控制的信息完全一样,都是全网所有节点和外围设备的监控,当发生主控中心离线时很容易就可以把备用中心功能转成控制中心功能,实现对全网的完全监控。

当全网与控制中心脱离但与备用中心相连时,备用中心和各车站级控制主机及 GCC 等自动重组成一个子网络,同时备用中心上的 GCC 自动接管控制中心,从而实现对全网的监控,指挥联动各种防灾措施,完成主备份中心转换功能。

当控制中心和备用中心都脱离主干网时,各个断开的网段会自动重组成相对独立的子

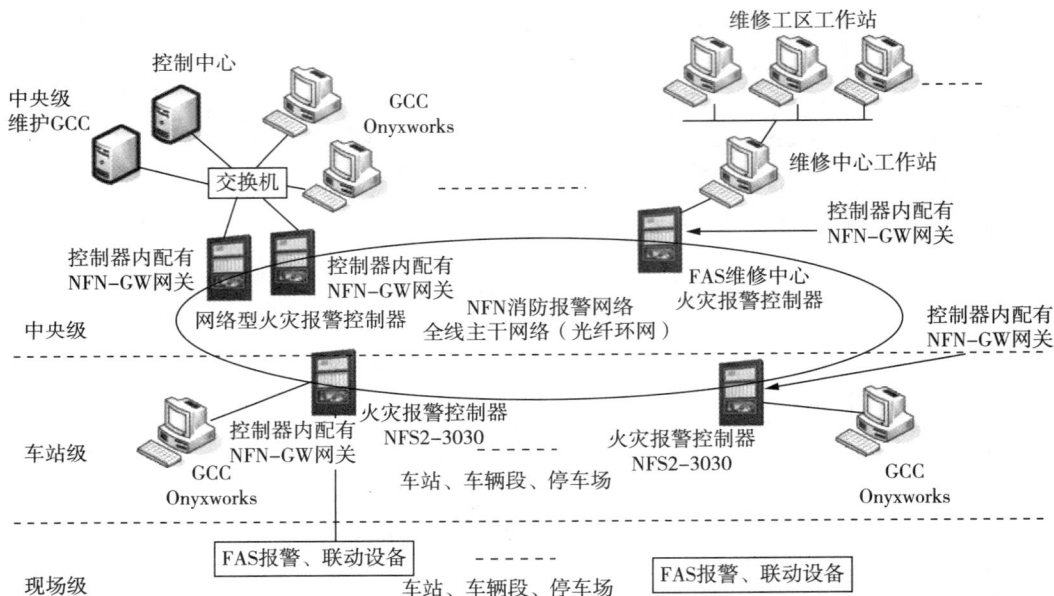

图 6 - 4　某线网络构成示意图

网,控制中心授权,具备权限的操作员通过输入密码,可以使某处的车站级 GCC 升级为子网络的管理中心,保障子网络的局部中心控制系统维持运行,从而最大限度地保障了 FAS 网络系统在发生网络重大意外事故的状况下,仍旧能够保持最大程度的集中通信与控制能力。

3.FAS 车站级设备组成

(1)车站。FAS 车站级由设在车站控制室的火灾报警控制器(联动型)通过环型总线方式与现场的火灾探测器、手动火灾报警按钮、警铃、输入输出模块等设备组成火灾自动报警监控网络,负责监视车站和与车站相邻各半个区间的火灾设备的运行状态、接收火灾报警信息。FAS 在车站不单独设置火灾事故广播,与车站通信系统广播合用;平时为车站广播用,火灾时,通信自动将广播音响切换到火灾事故广播状态,指导乘客的安全疏散。

各站的车站控制室内,各配置 1 套火灾报警控制器(联动型)、1 套车站级 GCC、1 套消防电话主机等设备。各车站的车站控制室内设置 IBP 盘,完成与紧急情况下有关的消防设备手动控制的功能,FAS 车站级系统构成如图 6 - 5 所示。

(2)车辆段。车辆段由消防控制与运转待班调度结合设置消防值班室。在车辆段运用库的消防值班室内设置火灾自动报警控制器和消防联动控制盘,完成与紧急情况下有关的消防设备手动控制的功能。在车辆段综合楼、停车列检库、信号楼等大型建筑单体内设置区域火灾报警控制器,与现场的火灾探测器、手动火灾报警按钮、电话插孔、输入输出模块等设备组成车辆段 FAS 监控网络,负责监视车辆段内的 FAS 设备运行状态、接收火灾报警信息。FAS 在车辆段、停车场综合楼、维修中心、运用库、检修库办公区域设置消防广播系统,火灾时,配合通信设置的广播,一起自动将广播音响切换到火灾事故广播状态。

一般车辆段消防值班室内,配置 1 套火灾报警控制器(联动型)、2 台车站级 GCC、2 套消防电话主机、2 套在线式 UPS 电源、2 套联动盘、6 套区域火灾报警控制器与相关系统接口等

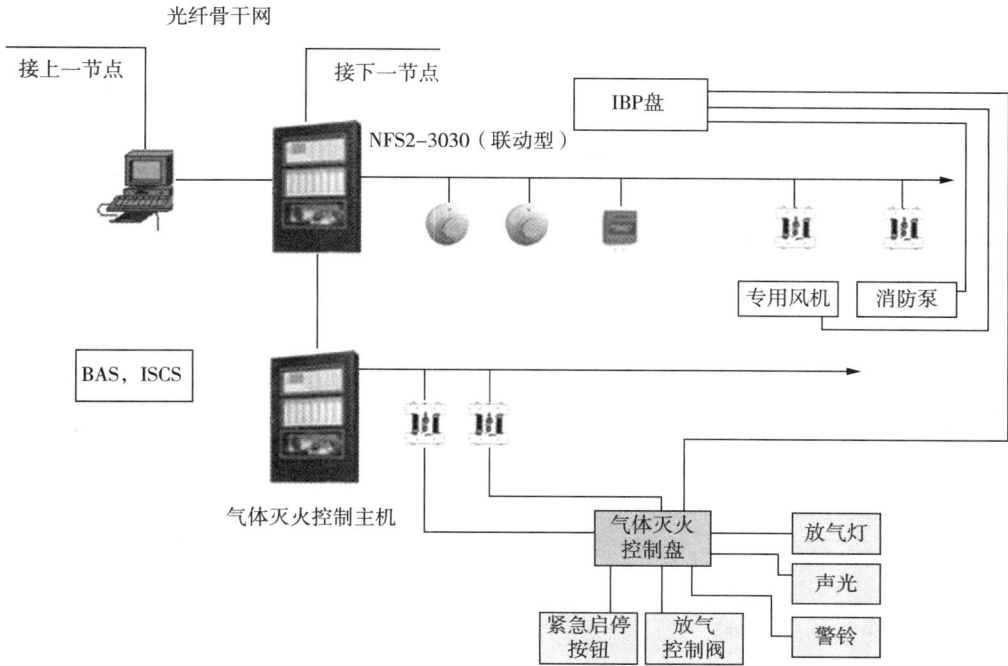

图 6-5　FAS 车站级系统构成

设备,区域控制器与主控制器之间采用光纤进行连接。区域火灾报警控制器负责所管辖建筑单体火灾信息的监视和控制,并与车辆段火灾报警控制器联网。FAS 车辆段、停车场系统构成如图 6-6 所示。

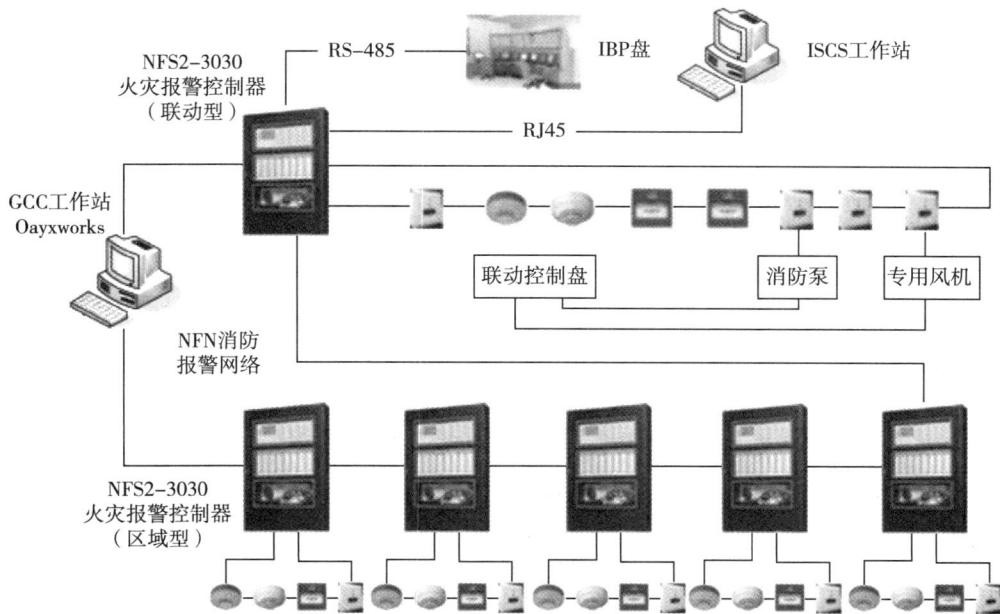

图 6-6　FAS 车辆段、停车场系统构成

　　车辆段火灾自动报警控制器作为全线 FAS 网络的一个节点，纳入全线系统，由控制中心统一管理；车辆段各区域报警控制器通过光纤组成火灾自动报警控制网络，负责监视车辆段的 FAS 运行状态、接收火灾报警信息。

　　FAS 在各站点内设置一套独立的消防电话系统。各车站控制室和车辆段维修中心、主变电站保护监控室由通信系统设置公务电话，可直拨市消防局 119 火警台。控制中心由通信专业设置调度电话总机，各车站控制室和车辆段维修中心、停车场、主变电站保护监控室设置调度分机。

　　4. 就地控制级设备组成

在全线 FAS 保护范围内的车站和区间配置有各类就地级设备，包括各类探测器、警铃、各类输入输出模块、消防电话分机、手动火灾报警按钮（带电话插孔）、消火栓按钮等。

车站的站厅、站台、附属用房等地区设置智能光电感烟探测器、智能感温探测器，站台板下设置电缆通道，变电所电缆夹层设置缆式线型感温探测器。站厅层两端附属用房、公共走廊设置警铃，区间内设备用房设置智能光电感烟探测器。城市轨道交通常用火灾探测器如图 6-7 所示。

现场级设备

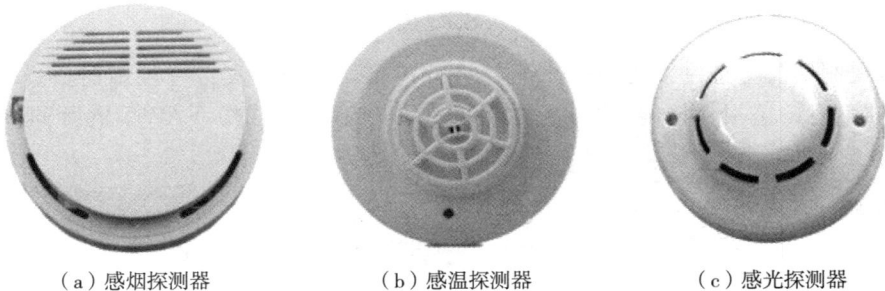

（a）感烟探测器　　　　（b）感温探测器　　　　（c）感光探测器

图 6-7　火灾探测器

　　一般地，设有自动报警的场所均设有手动火灾报警按钮（带消防电话插孔）；出入口超过 60m 的设有智能光电感烟探测器和手动火灾报警按钮（带消防电话插孔）；出入口超过 30m 的设有手动火灾报警按钮（带消防电话插孔）；车站内消火栓箱内设有消火栓按钮并带有启泵指示灯。手动火灾报警按钮如图 6-8 所示，消防电话插孔如图 6-9 所示。

　　一般，地下区间外侧墙每隔 50m 设置一个手动火灾报警按钮（带消防电话插孔）；地下区间每个消火栓处设置一个消火栓按钮并带启有泵指示灯。

　　模块采用集中与分散相结合的方式设在接受 FAS 监控的风机、风阀、水泵、非消防电源等设备附近，控制设备启、停和采集运行状态、故障等信号。模块箱主要设置在环控电控室、照明配电室、空调机房、消防泵房、变电所、钢瓶间等位置。

　　车辆段火灾自动报警系统设置在车辆停放和各类检修车库的停车部位、燃油车库。可燃物品仓库等设置智能型光电感烟探测器、智能感温探测器、红外对射感烟探测器、防爆型可燃气体探测器、防爆型火焰探测器、消防电话、消火栓按钮、手动火灾报警按钮（带电话插孔)、输入输出模块等设备。

　　FAS在地铁区间不单独设置消防报警电话,利用通信系统设置的区间轨旁电话作为消防报警电话,其布线满足消防要求。下列部位设置消防专用电话分机:高低压室、通信设备室、信号设备室、通风空调电控室和屏蔽门设备室、综合监控设备室等重要设备房门外以及值班室、消防水泵房和通风空调机房、电梯机房的墙上设置消防壁挂电话。

图6-8　手动报警装置图

图6-9　消防电话插孔

四、火灾自动报警系统运行模式

　　火灾自动报警系统运行模式包括监视模式及报警模式。

　　1. 监视模式

　　在正常情况下,火灾报警控制器及车站现场设备均处于监视模式下,车站图形显示终端显示车站各防火分区、防烟分区的平面布置图及车站现场设备状态,并将状态及状态改变情况实时上报控制中心。

　　2. 报警模式

　　报警模式包括自动确认模式、人工确认模式及消防联动模式。

　　(1)自动确认模式

　　任何一个报警区域,如有一个智能火灾报警探测器报警,同时有一个手动报警按钮报警,或者两个及以上的智能火灾探测器同时报警,则火灾报警系统自动确认报警。火灾确认后,火灾报警控制器发出指令、控制相关消防设备并发送指令至设备监控系统,设备监控系统接受并执行指令,按照预先设置的程序使相应的设备投入火灾工况模式运行,指令执行完成后给火灾自动报警系统一个反馈信号,并传送至控制中心。

　　(2)人工确认模式

　　如果报警区域为电视监控系统可监控的区域,可由车站控制室的值班人员将电视监控系统切换到报警区确认;如电视监控系统监视不到报警区域,则值班人员应采用通信工具通知现场值班人员到报警现场确认。经人工确认火灾后,人工启动火灾报警系统进行消防联动,并发出指令至设备监控系统,设备监控系统接受并执行指令,按照预先设置的程序使相应的设备投入火灾工况模式运行,指令执行完成后给火灾报警系统一个反馈信号,并传达至控制中心。

(3)消防联动模式

全线消防联动由火灾自动报警系统 FAS、环境与设备监控系统 BAS、综合监控系统 ISCS 等三个系统共同完成,如图 6-10 所示,在车站、控制中心大楼、车辆段(停车场)分别按照不同的方式完成火灾时的消防联动。

车站火灾探测及报警与消防联动控制是由 FAS、BAS、ISCS 共同完成,FAS 实现火灾探测及报警功能,并实现专用消防设备的消防联动(即车站的闸机、防火卷帘、消防水泵、专用排烟风机及非消防电源的切除由 FAS 联动并接收反馈状态),BAS 实现环境与机电设备消防联动,ISCS 协调其他相关系统实现消防联动控制。FAS 发出的火警指令具有最高优先权,当发生火灾时,通过车站的数据接口,向 ISCS 和 BAS 发出报警信息和火灾模式指令,按模式指令 BAS 将其所监控的设备运行模式转换为预定的救灾状态。车站 IBP 盘由 ISCS 设置用于手动控制消防设备。

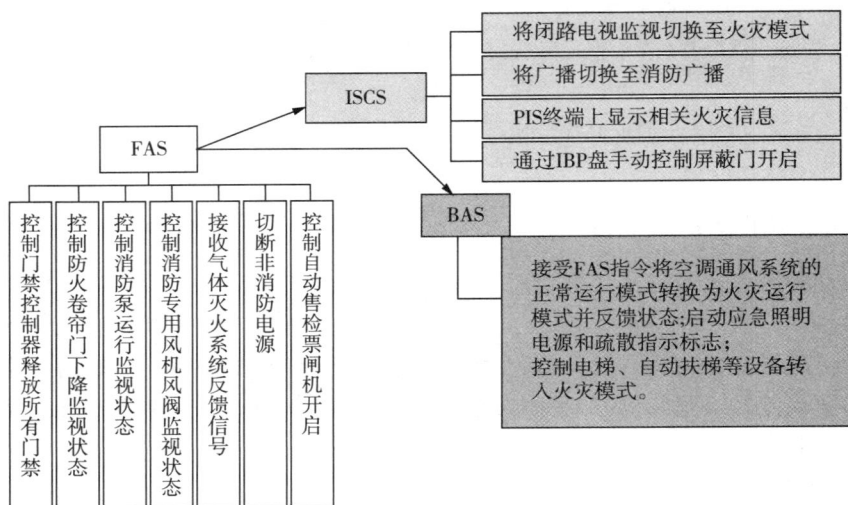

图 6-10 火灾自动报警系统消防联动

控制中心大楼、车辆段与停车场的火灾探测及报警与消防联动控制由 FAS、BAS 共同完成。当发生火灾时,FAS 启动消防水泵并监视水泵的状态、切断非消防电源、监控专用消防风机,BAS 实现环境与机电设备消防联动。FAS 发出的火警指令具有最高优先权,当发生火灾时,通过数据接口,向 BAS 发出报警信息和火灾模式指令,按模式指令 BAS 将其所监控的设备运行模式转换为预定的救灾状态。在控制中心大楼、车辆段与停车场由 FAS 设置消防联动控制柜。

知识拓展:

在地铁遇火灾记住这些逃生方法

当今,地铁已成为各大城市的重要交通工具之一,客流量大,人员集中,一旦发生火灾,后果十分严重。

发现火情后,首先应报警,然后寻找附近的灭火器材进行灭火,力求把初起之火控制在最小范围内,并采取一切可能的措施将其扑灭。若初期火灾扑救失败,应及时关闭车厢门,防止火势蔓延,赢得逃生时间。

逃生时应采取低姿势前进(但不可匍匐前进,以免贻误逃生时机),不要做深呼吸,可能的情况下用湿衣服或毛巾捂住口鼻,防止烟雾进入呼吸道;同时注意选择逃生路线,如果发生火灾,地铁里会有一个排风装置、送风装置,这个时候乘客要冲着风来的方向走,也就是说要顶着风走,迎面而来的是风而不是浓烟,有助于大家逃生。

在逃生过程中要坚决听从地铁工作人员的指挥和引导,决不能盲目乱窜,已逃离地下建筑的人员不得再返回地下,万一疏散通道被大火阻断,应尽量想办法延长生存时间,等待消防队员前来救援。

任务二 自动灭火系统

引导案例

2015 年 4 月 27 日,我国研制的首列"细水雾"地铁车辆,在中国北车集团大连机车车辆有限公司下线,近日将上线进行各项试验。细水雾灭火系统在国内地铁中尚属首次应用,这项地铁灭火领域具有前瞻性的技术,为地铁火灾防范提供了全新理念。

某地铁 1 号线增购车辆所配备的灭火系统,由火灾报警系统和细水雾灭火系统两大部分构成。当火灾发生时,通过安装在客室内的吸气式火灾烟感探测器,将火灾信号传递给安装在司机室的中央火灾警报系统控制面板,由司机确定火灾后,开启细水雾灭火系统,再由安装在车厢下面的氮气罐储存的气体,推进水罐里的水,使两者混合产生细水雾,通过细水雾灭火管路,在火灾发生的区域由喷嘴释放,用于灭火。灭火管路分布于各个车厢,每节车厢按位置划分为两个灭火区域,每个区域均布 4 个喷头,只有发生火灾的区域,才释放细水雾进行灭火。

细水雾灭火系统相对于以往地铁车辆的消防系统,对使用的环境要求更低,维护更加方便,并且减小了火灾对乘客的危害。这项技术在今后的其他地铁车辆项目上具有广泛的应用前景。

思考:你见过高压细水雾灭火系统吗?你觉得在地铁配置自动灭火系统有必要吗?

☞ 相关知识

地铁消防应根据不同部位的环境条件、器材安装、设备特点等要求,选择相应的灭火系统和器材。

(1)在车站的公共区应以消火栓系统为主,将整个车站覆盖在消火栓的保护范围内;

(2)在车站的设备用房,由于仪器众多、设备复杂,在此类相

自动灭火系统概述

对封闭的区域应以气体自动灭火系统为主；

（3）自动喷水系统在公共区的作用不是很显著，甚至会造成地滑影响人群疏散的速度，因而在车站的公共区可不设置自动喷水灭火系统；

（4）在区间隧道中要沿线布设消火栓灭火系统，条件允许时还可在区间隧道中加装移动式灭火系统。移动式灭火系统宜采用泡沫灭火剂。

无论是在车站、区间隧道、地铁列车上，都要配备一定数量的灭火器。

在城市轨道交通工程中，自动灭火系统保护对象的火灾类型主要包括 A 类和 E 类火灾。诸如主变电站、变配电站、信号设备室及车站控制室等保护对象，属于车站的重要部位，不但设备价格昂贵，而且发生火灾等意外事故时容易导致城市轨道交通中断，影响整个城市轨道交通的运行安全。因此上述场所均采用自动灭火系统进行保护。

自动灭火系统由存储输送灭火介质的管网子系统和探测报警的控制子系统组成，平时由后者监视防护区的状态，并按预先设定的控制方式启动灭火装置，达到扑救防护区火灾的目的。

目前轨道交通常用的自动灭火系统主要归纳为以下几大类：水灭火范畴的高压细水雾灭火系统、卤代烃类化学气体灭火系统和惰性气体类灭火系统。

一、高压细水雾灭火系统

1. 高压细水雾灭火系统的原理

高压细水雾灭火系统的原理是水流在高压下通过特殊喷嘴，分解成细小水滴，均匀覆盖到保护区域，通过窒息、冷却等作用来实现灭火。高压细水雾自动灭火系统作为预防和扑救火灾的新技术，已在国外大型工程项目及地铁中应用。其主要灭火机理是：

（1）汽化吸热降温作用

由于高压细水雾水滴尺寸很小，比表面积很大，因而水滴的表面换热系数增大，在环境温度升高时，可以迅速汽化。由热力学可知，水的汽化潜热很大，可达大约 $2257kJ/kg$，远比水的温升吸热量（$387kJ/kg$）大得多，因而可吸收大量热量，降低现场环境及设备的温度。

（2）隔绝氧气窒息作用

水滴在汽化过程中吸收大量热量，同时体积迅速膨胀，可扩大 1700 多倍。对于封闭空间而言，随着水的迅速汽化，水蒸气在空气中所占的比例迅速增大，使得氧气的含量降低到不足以支持燃烧，从而造成隔绝氧气的作用来达到灭火的目的。

（3）衰减热辐射作用

细水雾具有屏蔽辐射热作用，减少火源对周围物体的热辐射，同时阻止火灾的扩散，对火灾起遮挡作用。

（4）洗涤烟气作用

燃烧的灰粒、烟尘颗粒与细水滴黏合而得到洗刷，减少了空气中的烟尘含量，降低了烟气毒性，有利于保护现场精密电气设备和人员安全疏散。

2. 细水雾灭火系统的特点

地铁中需要应用高压细水雾灭火的场所大量是电气设备间（电气开关、计算机、通信设备、高压电气等），高压细水雾的电气安全性在此表现得尤其重要。在大量高压细水雾扑灭弱电与高低压电气防护空间内电气火灾的全尺度工程试验表明,高压细水雾系统能在很短的时间内(45s)能迅速有效地扑灭弱电及高低压电气房内电缆火灾,且无复燃现象。灭火过程中及灭火后,非故障设备如计算机、配电柜,一直处于正常工作状态,表明高压细水雾灭火系统在弱电及高低压电气场所具有良好的电气绝缘性,对电气设备安全无不利影响。并且高压细水雾具有良好的除烟、消毒作用,进一步减少了烟气对电气设备的危害,保护人员的安全。

高压细水雾灭火系统的特点见表 6-1 所列。

表 6-1　高压细水雾灭火系统的特点

优　点	缺　点
(1)灭火介质水源容易获取,灭火的可持续能力强; (2)优良的火情抑制能力,既起冷却作用又有效隔绝辐射热; (3)有效去除火灾区域内的烟气; (4)可承受一定限度的通风,对防护区密闭要求相对较低; (5)无浓度方面的限制,对人体无害,环保性能高; (6)既可局部应用,保护独立的设备或设备的一部分,又可作为全淹没系统,保护整个防护区; (7)对大中空间场所的保护具有技术和经济方面的优势	(1)灭火速度较气体灭火系统慢; (2)系统选型和设计受水雾本身和被保护对象的影响大,个性化要求高; (3)灭火介质为水,这样对保护区电源系统的要求也较高; (4)系统喷放后对电子、电气设备造成的二次危害程度,需要通过实体火灾试验来确定

通过开展高压细水雾在地铁设备用房安全性试验表明,高压细水雾作用于 35kV 等级交流耐压试验、带电直流牵引电气设备(防护等级为零),直接喷放试验时均未发生设备短路或故障现象。高压细水雾作用于带电状态下的直流牵引设备后,柜体对地绝缘经简易处理后,能够 10 分钟内迅速恢复。

二、气体灭火系统

气体灭火系统是指灭火剂以液体、液化气体或气体状态存贮于压力容器内,灭火时以气体(包括蒸汽、气雾)状态喷射作为灭火介质的灭火系统。气体灭火系统能在防护区空间内形成各方向均一的气体浓度,而且至少能保持该灭火浓度达到规定的浸渍时间,实现扑灭该防护区的空间、立体火灾的作用。

气体灭火系统如图 6-11 所示,是一种能实现火警信号采集、信息报告、系统信息处理、声光报警控制、相关环控设备联动

气体灭火系统

控制和气体释放全过程自动控制的一种设备,布置在高低压室、环控电控室、信号设备室及通信设备室等重要的设备房内。

1. 卤代烃类气体灭火系统

(1)卤代烃类气体灭火系统的原理

卤代烃类气体灭火剂通过化学作用抑制燃烧过程中的化学反应达到灭火目的。常用的有两种,即七氟丙烷和三氟甲烷,按贮存压力又分为 2.5MPa(低压)与 4.2MPa(高压)两类。

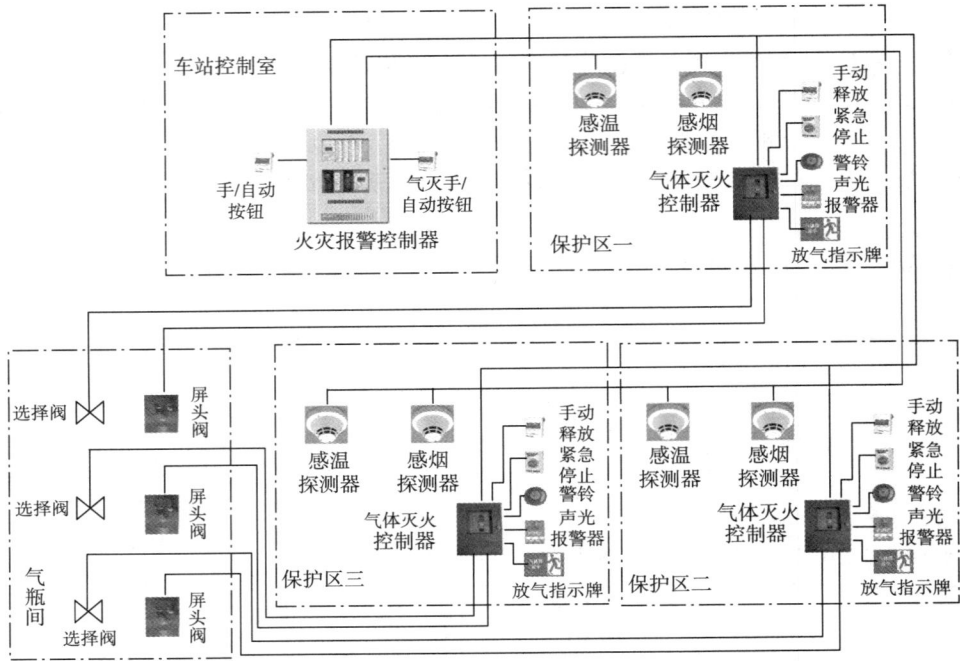

图 6-11 气体灭火系统线路图

影响其灭火效果的主要因素与其他气体灭火系统相同,一方面是防护区封闭情况,另一方面是灭火介质来源受限,不可以持续灭火。

2)卤代烃类气体灭火系统的特点

表 6-2 卤代烃类气体灭火系统的特点

优 点	缺 点
适用范围广,适用于任何一种防护区类型,对中、小空间场所的保护具有技术和经济方面的优势	在灭火过程中产生的热腐蚀产物(如 HF)容易对精密仪器造成损害,气体喷放后需要及时开启排风系统
灭火效率高,其单位体积防护区空间所用气量要远低于通过物理作用达到灭火目的的其他灭火剂,该类系统储气量较少,单个气瓶占用的面积较少,是惰性气体类灭火系统的1/2	卤代烃灭火剂与哈龙气体都属于氟系列的灭火剂,在大气中存活时间长,同时温室效应值高,不利于环保
前期造价较低,在规模小、防护区集中的车站,在造价上有一定的优势,与惰性气体灭火系统比较,造价比约为 3∶4	灭火介质单价高,占初期投资比例高,维护充装费用要高于惰性气体灭火系统

2. 惰性气体类灭火系统

(1)惰性气体类灭火系统的原理

惰性气体类灭火系统主要靠物理窒息作用将防护区内的氧气浓度降低至不支持燃烧的范围而达到灭火的目的。影响其灭火效果的主要因素与其他气体灭火系统相同,一方面是防护区封闭情况,另一方面是灭火介质来源受限,不可以持续灭火。目前最常见的有三种,即氮气、烟烙尽 INERGEN(IG-541)和氩气。惰性气体灭火介质取自于大气,属环保型灭火剂。

(2)惰性气体类灭火系统的特点

惰性气体类灭火系统的特点见表 6-3 所列。

表 6-3 惰性气体类灭火系统的特点

优 点	缺 点
是纯天然的洁净气体灭火剂,使用它灭火时,只是将气体放回大自然中去,不会对大气臭氧层产生任何破坏作用,是真正的绿色环保灭火剂	高达 15MPa(20MPa)的储存压力使系统对各产品部件的承压标准、密封效果、输送管道的施工质量及维护管理提出了较高的要求
在灭火过程中无任何分解物,平时以气态储存,喷放时不会形成浓雾或造成视野不清,使人员在火灾时能清楚地分辨逃生方向	以窒息的物理作用灭火,设计浓度高,气瓶数量多
系统保护距离较长,一般在车站两端各设置一个气瓶室即能满足消防系统要求,建筑布置灵活,能充分体现组合分配式系统的优点	惰性气体单个气瓶室占用的面积相对卤代烷灭火系统大,虽然总的气瓶室数量少,但气瓶室占用的总面积与卤代烷灭火系统相差无几
维护充装费用要低于卤代烃类气体灭火系统	灭火时会产生较高正压,所以对防护区结构要求较高

(3)IG-541 系统

① 灭火原理

作为灭火药剂的 IG-541 气体,由 52%的氮气、40%的氩气和 8%的二氧化碳这三种自然存在于大气中的气体组成,对扑灭 A、B、C 类火灾有效。当 IG-541 气体依规定的设计灭火浓度喷放于需要保护的区域中时,可以在 1min 之内将区域内的氧气迅速降至 12.5%,使燃烧无法继续进行。同时,在这样低的氧气浓度下,由于保护区域中的二氧化碳浓度已从自然状态下的低于 1%提高到 4%,促使人的呼吸速率比平时加快,可

IG-541 气体灭火系统

以在单位时间内吸入更多的氧气以维持正常的生命所需。其中的氩气,还具有加强 IG-541 气体在所保护区域中的流动性、进一步提高灭火效率的作用。

② IG-541 系统的组成

IG-541 气体灭火系统由管网系统和报警控制系统组成。

表 6-4 IG-541 气体灭火系统组成

IG-541 系统	
管网系统	报警控制系统
IG-541 气体钢瓶及瓶头阀、不锈钢启动软管、电磁阀、高压软管、集流管、放气阀、单向阀、减压装置、选择阀、压力开关、喷嘴和气体输送管道等	控制盘(含继电器模块、蓄电池)、光电感烟探测器、差定温感温探测器、警铃、蜂鸣器及闪灯、气体释放指示灯、手拉启动器、紧急止喷按钮、手/自动转换开关、辅助联动电源箱(含蓄电池)等

IG-541气体灭火系统的管网系统如图6-12所示。

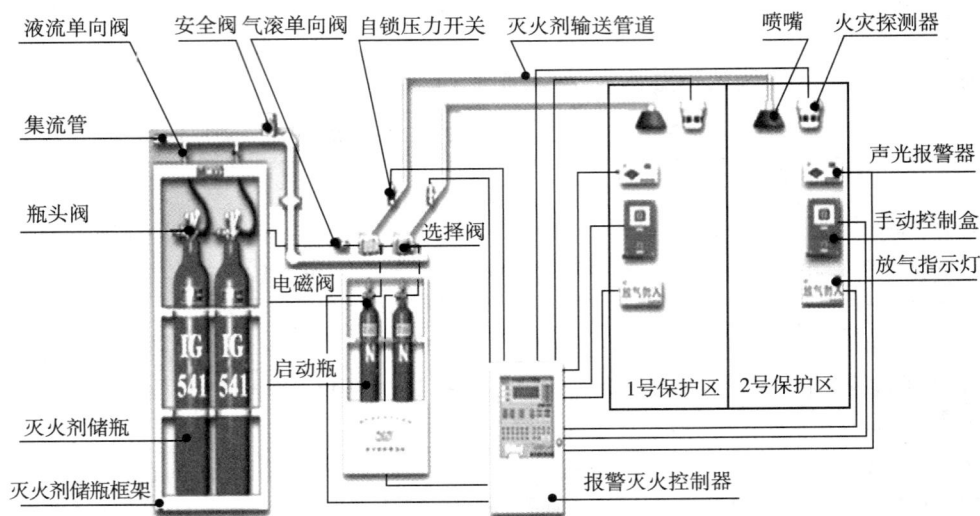

图6-12 IG-541气体灭火系统的管网系统

③ IG-541系统的操作方式

表6-5 IG-541系统的操作方式

自动控制	手动控制	应急操作
第一步,防护区内的单一探测回路探测到火灾信号后,控制盘启动设在该保护区域内的警铃,同时向火灾自动报警系统提供火灾预报警信号	手拉启动器被拉动后,系统将不经过延时而被直接启动,释放 IG-541 气体。在释放 IG-541 气体灭火系统同时,关闭防火阀	通过操作设在气瓶室的 IG-541 气体区域选择阀上的紧急机械启动器(先启动)和钢瓶瓶头阀上的紧急机械启动器(后启动),来开启整个气体灭火系统
第二步,同一防护区内的两个回路都探测到火灾信号后,控制盘启动设在该防护区域内外的蜂鸣器及闪灯,同时向火灾自动报警系统输出火灾确认信号,并进入延时状态(延时时间为30s)		
第三步,30s延时结束时,控制盘输出有源信号至钢瓶及选择阀上的电磁阀,气体通过管道进入防护区		

知识拓展:

在商场、汽车站、地铁站、学校、医院、办公楼等公共场所,都有消防器材的身影。近年来,绿色瓶身的水基型灭火器在北京各地铁站现身,被装在绿色灭火器箱内。

水基型灭火器,内部主要成分由表面活性剂等物质和处理过的纯净水搅拌而成,以液态形式存在。这种灭火器在喷射后,呈水雾状,能瞬间蒸发火场大量热量,迅速降低火场温度,抑制热辐射,表面活性剂在可燃物表面迅速形成一层水膜,隔离氧气,有降温、隔离双重作用,同时参与灭火,从而达到快速灭火目的。

目前北京地铁站一般都配备了干粉灭火器,而水基型灭火器是在此基础上的一种补充。地铁站与其他公共场所不一样,因为地铁站多数处于地下空间,属半封闭场所,按照使用要求,常规配备干粉灭火器就能满足灭火需求。但是,消防人员考虑到地铁场所相对封闭,尤其是在人流量较多的时段,在相对密闭的空间使用干粉灭火器容易给乘客造成恐慌。考虑到这个因素,消防部门在干粉灭火器的基础上,配备了水基型灭火器,这也是针对特殊场所灭火设备的一种补充。水基型灭火器与常见的干粉灭火器不同,这种灭火器喷射后呈水雾状。在地铁站内如果发生火情,在有选择的情况下,尽量使用水基型灭火器,这样可以减少对乘客正常乘车产生的影响。

任务三 消防系统维护及故障处理

引导案例

2022 年 6 月 9 日晚,呼和浩特市地铁 2 号线诺和木勒站地铁停运后,呼和浩特市赛罕区消防救援大队山丹街消防救援站在此开展了"三方、三定、三创"夜间实战化灭火救援演练。

演练过程中,参演人员通过实地查看并听取负责人介绍,全面了解了地铁站各项功能、消防设施分布、电器线路铺设、固定消防设施、防火措施等情况;实地检查了消防控制室、泵房、火灾自动探测报警及灭火系统等重点部位;重点熟悉了站台站厅的疏散通道、消防设施、周边交通道路、消防水源、消防环境等情况,修订了灭火救援预案,更新了消防作战软件"智源北疆"APP 数据库。

现场侦查后,指挥员下达命令,模拟不同环境开展针对性拉动演练。模拟情景一:电机房起火,气体灭火设施瘫痪,内攻人员从地面逃生通道逆向进入,开启移动灭火设施,利用墙壁消火栓灭火。模拟情景二:地铁车间起火且有人员被困,内攻人员从主通道进入,灭火救人,并设置内攻人员遇险科目,启动紧急救援小组援助。演练中,全体参演队员视演练如实战,反应快速、沉着应对,各项环节衔接紧密,人员之间协调配合,严格按照方案展开行动。

此次演练进一步明确了地铁灾害事故的处置流程和方法,提升了队伍的灾害处置能力,确保队伍拉得出、打得赢,为党的二十大胜利召开保驾护航。

思考:你了解地铁消防系统设备的常规保养吗? 你参加过消防演练吗?

一、消防系统的维护

火灾自动报警系统中所有设备都应做好日常维护工作,注意防潮、防尘、防电磁干扰、防冲击、防碰撞等各项安全防护工作,保持设备经常处于正常运行状态。

1. 消防系统的巡视

设备定期巡视是确保系统正常运行的重要手段。通过定期巡视可以及时发现系统中存在的问题,及时发现,及时处理,确保系统安全,使其正常运行。同时要求巡视人员认真、仔细、全面,要有高度的敏感性和责任感,及时发现问题所在。同时要求巡视人员每次巡视后都应进行详细的记录,消防系统巡视内容见表6-6所列。

表6-6 消防系统巡视内容

系统		巡视内容
火灾自动报警系统	主机	检查系统主机电源是否正常;检查系统主机显示是否正常;检查主机消防电话是否正常;检查系统主机火警报警情况;检查系统主机监视报警情况;检查系统主机故障报警情况;检查系统主机历史记录情况
	工作站	检查图形工作站运行是否正常(无火灾、无故障);检查图形工作站的键盘、鼠标、打印机、UPS工作是否正常(键盘、鼠标、打印机均能正常使用、UPS电源正常);图形工作站的火灾报警实时软件运行是否正常(无火警、无故障)
	网络	通过图形工作站查看该工作站与本站的系统连接正常;通过图形工作站或火灾报警主机查看系统网络节点连接是否正常
	外围设备	(1)观察探测器外观是否良好、完整;观察探测器状态指示灯是否处于正常状态(巡检灯闪); (2)观察手动报警器的外观是否良好、完整;观察手动报警器状态是否正常(巡检灯闪); (3)观察模块箱或模块盒外观是否良好、完整;观察各种功能模块外观是否良好、完整;观察各种功能模块状态指示灯是否处于正常状态(巡检灯闪); (4)观察电话插孔、挂箱电话的外观是否良好、完整;观察电话插孔、挂箱电话状态指示灯是否处手正常状态(巡检灯闪)
气体灭火系统	气体灭火报警系统	(1)观察防护区的警示标识牌是否良好、牢固并能阅读;观察防护区的疏散指示灯是否良好、完整; (2)检查控制盘电源是否正常(主电正常);检查控制盘是否正常工作;检查紧急启动开关、紧急停止开关、手/自动转换开关是否在原位并处于正常工作状态;观察保护区范围内的警铃、声光报警器、放气指示灯等设备是否良好; (3)观察保护区内感烟探测器、感温探测器是否正常工作;观察保护区内的消防管线是否良好
	气体灭火管网系统	观察保护区内的管道及喷嘴是否良好、畅通;观察气体管道是否良好、无凹凸或机械损伤;检查气瓶是否良好、气瓶上的压力指示器指针是否处于绿色区域;检查气瓶瓶头阀、高压软管、集流管、电磁阀、选择阀等设备是否良好;检查气瓶间的各种铭牌、指示标志是否在原位,并且完整

2. 消防系统的维护

检修人员必须严格按照检修规程对系统进行维护及保养,以使系统正常稳定地运行,并按照规定进行管理。

（1）火灾自动报警系统的维护与管理

① 火灾自动报警系统应保持连续正常运行，不得随意中断。

② 每日应检查火灾报警控制器的功能，并按要求填写相应的记录。

③ 每季度应检查和试验火灾自动报警系统的下列功能，并按要求填写相应的记录。

a. 采用专用检测仪器分期分批试验探测器的动作及确认灯显示。

b. 试验火灾警报装置的声光显示。

c. 试验水流指示器、压力开关等报警功能、信号显示。

d. 对主电源和备用电源进行 1～3 次自动切换试验。

e. 用自动或手动检查消防控制设备的控制显示功能。

f. 检查消防电梯迫降功能。

g. 应抽取不小于总数 25％的消防电话和电话插孔在消防控制室进行对讲通话试验。

④ 每年应检查和试验火灾自动报警系统下列功能，并按要求填写相应的记录。

a. 应用专用检测仪器对所安装的全部探测器和手动报警装置试验至少 1 次。

b. 自动和手动打开排烟阀，关闭电动防火阀和空调系统。

c. 对全部电动防火门、防火卷帘的试验至少 1 次。

d. 强制切断非消防电源功能试验。

e. 对其他有关的消防控制装置进行功能试验。

⑤ 点型感烟火灾探测器投入运行 2 年后，应每隔 3 年至少全部清洗一遍；通过采样管采样的吸气式感烟火灾探测器根据使用环境的不同，需要对采样管道进行定期吹洗，最长的时间间隔不应超过一年；探测器的清洗应由具有相关资质的机构根据产品生产企业的要求进行。探测器清洗后应进行响应阈值及其他必要的功能试验，合格者方可继续使用。不合格的探测器严禁重新安装使用，并应将该不合格品返回产品生产企业集中处理，严禁将离子感烟火灾探测器随意丢弃。可燃气体探测器的气敏元件超过生产企业规定的寿命年限后应及时更换，气敏元件的更换应由具有相关资质的机构根据产品生产企业的要求进行。

⑥ 不同类型的探测器应有 10％但不少于 50 只的备品。

（2）气体灭火系统的维护与管理

① 气体灭火系统投入使用时，应具备下列文件，并应有电子备份档案，永久储存：

a. 系统及其主要组件的使用、维护说明书。

b. 系统工作流程图和操作规程。

c. 系统维护检查记录表。

d. 值班员守则和运行日志。

② 气体灭火系统应由经过专门培训，并经考试合格的专人负责定期检查和维护。

③ 应按检查类别规定对气体灭火系统进行检查，并做好检查记录。检查中发现的问题应及时处理。

④ 与气体灭火系统配套的火灾自动报警系统的维护管理应按《火灾自动报警系统施工及验收规范》（GB 50116－2013）执行。

⑤ 每日应对低压二氧化碳储存装置的运行情况、储存装置间的设备状态进行检查并记录。（仅针对低压二氧化碳灭火系统）

⑥ 每月检查应符合下列要求：

a. 低压二氧化碳灭火系统储存装置的液位计检查，灭火剂损失 10% 时应及时补充。

b. 高压二氧化碳灭火系统、七氟丙烷管网灭火系统及 IG-541 灭火系统等系统的检查内容及要求应符合下列规定：

灭火剂储存容器及容器阀、单向阀、连接管、集流管、安全泄放装置、选择阀、阀驱动装置、喷嘴、信号反馈装置、检漏装置、减压装置等全部系统组件应无碰撞变形及其他机械性损伤，表面应无锈蚀，保护涂层应完好，铭牌和保护对象标志牌应清晰，手动操作装置的防护罩、铅封和安全标志应完整；灭火剂和驱动气体储存容器内的压力，不得小于设计储存压力的 90%；预制灭火系统的设备状态和运行状况应正常。

⑦ 每季度应对气体灭火系统进行 1 次全面检查，并应符合下列规定：

a. 可燃物的种类、分布情况，防护区的开口情况，应符合设计规定。

b. 储存装置间的设备、灭火剂输送管道和支、吊架的固定，应无松动。

c. 连接管应无变形、裂纹及老化。必要时，送法定质量检验机构进行检测或更换。

d. 各喷嘴孔口应无堵塞。

e. 对高压二氧化碳储存容器逐个进行称重检查，灭火剂净重不得小于设计储存量的 90%。

f. 灭火剂输送管道有损伤与堵塞现象时，应按规定进行严密性试验和吹扫。

⑧ 每年应按规定对每个防护区进行 1 次模拟启动试验，并应进行 1 次模拟喷气试验。

⑨ 低压二氧化碳灭火剂储存容器的维护管理应按国家现行《压力容器安全技术监察规程》的规定执行；钢瓶的维护管理应按国家现行《气瓶安全监察规程》(TSG R0006—2014)的规定执行。灭火剂输送管道耐压试验周期应按《压力管道安全管理与监察规定》(TSGD0001—2009)的规定执行。

3. 气体灭火系统的操作

(1)一般要求

气体灭火系统应 24h 正常工作。系统主机处于自动状态。在各保护区门口的灭火控制单元上，功能隔离旋钮位于正常位置，只有电源显示灯亮。功能隔离旋钮的钥匙由车站值班员负责保管，存放于车站控制室内。不同的灭火控制单元(REL)对应不同的保护区，当需要在 REL 内进行手动释放气体操作时，一定要确保需要的保护区所对应的 REL 是正确的。有气体灭火系统保护的设备用房无人时，要求防护区的所有防火门处于关闭状态。当人员在进入设备间前应将门口的灭火控制盘上的隔离/正常旋钮放在隔离位置，并保证通向外部的防火门处于打开状态。在离开设备间时，应确保防护区的所有防火门处于关闭状态。在离开设备间后，应将门口的灭火控制盘上的隔离/正常旋钮恢复到正常位置。防护区内禁止吸烟。平时在进出设备间，需要操作 REL 设备时，应到车站控制室借用 REL 钥匙。在火警需要操作 REL 设备时，可以直接打碎 REL 的玻璃进行操作。气体灭火系统在气体喷放后，一定要等到防护区内的气体全部排完才能进入设备间。

(2)气体灭火系统在自动联动状态下的操作

气体灭火系统有两种确认火警的方式：其一是防护区内的感烟、感温探测器都报火警后，系统确认火警，同时将火警信号报到车站控制室 FAS 主机和图形显示系统上，行车值班员将 FAS 切换到自动状态;其二是可以人工确认火警后,人工按压 REL 内部的手动释放按钮,系统确认火警,同时将火警信号报到车站控制室 FAS 主机和图形显示系统,需要车控室人员将 FAS 切换到自动状态。

自动联动状态下的控制方式有自动控制方式、REL 内的手动控制方式和机械应急操作方式三种。在确保 REL 内的隔离旋钮在正常位置时,自动确认火警后,系统延时 30~40s,该防护区的气体释放。手动确认火警,且系统延时30~40s 后,该防护区的气体释放;当自动控制方式无法实现气体释放时,按下保护区门口 REL 内部的手动释放按钮,系统延时 30~40s 后,该防护区的气体释放;当保护区发生火情,自动控制和手动控制均无法进行时,应立即通知有关人员迅速撤离现场,并在 FAS 主机上启动相应的火灾联动模式,然后拔出相应保护区的起动钢瓶的电磁阀头上的止动簧片,压下手柄,即可开启电磁瓶头阀,释放起动气体,起动气体开启选择阀、瓶头阀,释放灭火剂,实施灭火。如果此时遇上电磁瓶头阀维修或起动气体储瓶充换氮气不能正常工作,可打开相应保护区的选择阀手柄,敞开压臂,打开选择阀,然后用瓶头阀上的手柄打开瓶头阀,释放灭火剂,实施灭火。

(3)气体灭火系统手动联动状态下的操作

若气体自动灭火系统处于手动联动状态下,在系统自动确认火警后,要在系统主机(EST)上将手动切换成自动。其余操作与自动联动状态下的操作方式相同。

二、消防系统的故障处理

消防系统故障及处理方法见表 6-7 所列。

表 6-7　消防系统故障及处理方法

序号	故障现象、原因分析与处理方法
1	故障现象:火灾报警控制器发出故障报警,故障指示灯亮,打印机打印探测器故障类型、时间、部位等
	原因分析:(1)探测器与底座脱落、接触不良;(2)报警总线与底座接触不良;(3)报警总线开路或接地性能不良造成短路;(4)探测器本身损坏;(5)探测器接口板故障
	处理方法:;(1)重新拧紧探测器或增大底座与探测器卡簧的接触面积;(2)重新压接总线,使之与底座有良好接触;(3)查出有故障的总线位置,予以更换;(4)更换探测器;(5)维修或更换接口板
2	故障现象:火灾报警控制器发出故障报警,主电源故障灯亮,打印机打印主电故障、时间
	原因分析:(1)市电停电;(2)电源线接触不良
	处理方法:(1)连续停电 8h 时应关机,主电正常后再开机;(2)重新接主电源线,或使用电烙铁焊接牢固
3	故障现象:火灾报警控制器发出故障报警,备用电源故障灯亮,打印机打印备电故障、时间
	原因分析:(1)备用电源损坏或者电压不足;(2)备用电池接线不良
	处理方法:(1)开机充电 24h 后备电仍报故障,则更换备用蓄电池;(2)用电烙铁焊接备用的连接线,使备电与主机良好接触

（续表）

序号	故障现象、原因分析与处理方法
4	故障现象：火灾报警控制器发出故障报警，通信故障灯亮，打印机打印通信故障、时间
	原因分析：(1)区域报警控制器或者火灾显示盘损坏或者未通电、开机；(2)通信接口板损坏；(3)通信线路短路、开路或者接地性能不良造成短路
	处理方法：(1)更换设备，使设备供电正常，开启报警控制器；(2)检查区域报警器与集中报警控制器的通信线路，若存在开路、短路、接地接触不良等故障，则更换线路；(3)检查区域报警器与集中报警控制器的通信板，若存在故障，则维修或更换通信板；(4)若因为探测器或模块等设备造成通信故障，则更换或维修相应设备
5	故障现象：强电串入火灾自动报警及联动控制系统
	原因分析：弱电控制模块与被控设备的启动控制柜的接口处，如卷帘、水泵、防排烟风机、防火阀等处发生强电的串入
	处理方法：控制模块与被控设备间增设电气隔离模块
6	故障现象：短路或接地故障引起的控制器损坏
	原因分析：传输总线与大地、水管、空调管等发生电气连接，从而造成控制器接口板的损坏
	处理方法：按要求做好线路连接和绝缘处理，使设备尽量与水管、空调管隔开，保证设备和线路绝缘电阻满足设计要求
7	故障现象：火灾自动报警系统误报警
	原因分析：(1)产品质量不合格；(2)设备选型或布置不当；(3)环境等因素
	处理方法：(1)产品技术指标达不到要求，稳定性比较差，对使用环境中的非火灾因素，如温度、湿度、灰尘、风速等引起的灵敏度飘移得不到补偿或者补偿能力差，对各种干扰及线路分析参数的影响无法自动处理而误报；(2)在选择火灾探测器种类时，要根据探测区域内可能发生的初期火灾的形成和发展特征、环境条件以及可能引起误报的原因等因素来决定，使用场所性质改变后未及时更换相适应的探测器；(3)电磁干扰对火灾自动报警系统设备的正常工作影响较大，为保证系统设备正常运行，要求控制室周围不布置干扰场强超过消防控制室设备承受能力的其他设备用房；气流可影响烟气的流动线路，对离子感烟探测器影响比较大，对光电感烟探测器也有一定的影响；感温探测器布置距离高温光源过近；光电感烟探测器安装在可能产生黑烟和大量粉尘、可能产生水蒸气和油雾等的场所

知识拓展：

2022 年 1 月 21 日，记者从兰州市消防救援支队了解到，随着兰州城市轨道交通的快速发展和日益完善，人们的出行也更加便利，保障轨道交通安全运行显得尤为重要。鉴于此，兰州消防斥资新添了既可上路又可上轨的路轨两用特种消防救援车辆，路轨两用消防车的投勤使用有效弥补了轨道、隧道、铁路抢险救援能力的短板。

据了解，此辆路轨两用车整车外形尺寸 9.1×2.5×3.5 米，可乘坐 10 人；增配压缩空气泡沫系统及可在铁路路轨上行驶的轨道行驶系统，既可以用于铁路隧道，也可作为常规城市抢险救援消防车使用。同时,该车还配有搜救、排烟、火场照明、红外探测,隧道与地下火灾救援和个人防护装备,车身自保喷淋系统以及路轨器材专用运输车。

路轨两用消防车"变形"的关键在于腹下的四个铁轮,车辆驾驶员将路轨两用消防车开到上轨处,车辆轮胎准确地骑在轨道上,当按下操控按钮,路轨两用消防车前后的 4 个铁轮下降与铁轨接洽,车体随之升高。平时凭借车轮在道路上行驶,进入地铁轨道后,则启动轨道行驶系统,可正反两个方向行驶,时速达到 30km/h。到达地铁内事故地点后,遂行火灾扑救和抢险救援作战行动。目前,路轨两用消防车已完成车辆牵引、轨道上线、动力性能、制动性能、行驶状态、打水等项目的测试。

下一步,兰州消防将进一步研究路轨两用消防车的运用和配置,熟悉专项操法,开展轨道交通实战拉动演练,积累经验,提升城市轨道交通救援能力。

复习思考题

一、填空题

1. 城市轨道交通遵照国家对火灾"_____"的方针,设置火灾自动报警系统(FAS)。
2. FAS 采取一体化网络、_____、_____的运营模式。
3. 火灾自动报警系统运作模式包括_____及_____。
4. 轨道交通常用的自动灭火系统主要归纳为以下几大类:水灭火范畴的_____、卤代烃类化学气体灭火系统和_____。
5. 作为灭火药剂的 IG-541 气体,由 52% 的_____、40% 的_____和 8% 的_____组成。

二、简答题

1. 地铁火灾有何特点?
2. 火灾自动报警系统有哪些功能?
3. FAS 有哪几部分组成?
4. 说明细水雾灭火系统的原理。
5. 说明气体灭火系统的原理。

项目七　低压配电与照明系统

思政视窗－工匠精神

王进，中共党员，1998年参加工作，国网山东省电力公司检修公司输电检修中心带电班作业工。是完成±660kV直流输电线路带电作业的世界第一人，先后获得"全国劳动模范""全国五一劳动奖章""全国青年岗位能手标兵"等荣誉称号。

王进主要负责变电站和输电线路的运行维护工作。工作时带高压电50万伏，作业地点离地面100多米，脚踩晃晃悠悠的电线，这种工作环境普通人想想都害怕，而王进却在这一岗位上坚持了21年。带电作业班的主要工作是对省主网500千伏及以上的线路进行不断电的应急抢修。这些线路是城市的电路"动脉"，一旦出现故障会导致整个城市的大停电。高空作业，从地面爬到作业点如同徒手爬上二三十层楼，而且，架在高空的线路导线仅有四根，安全距离只有40厘米。

在同事眼里，王进练就了三大绝活。第一个绝活是二郎神的眼睛，一眼准。进电场前，王进能快速找到参照物，准确把握安全距离。第二个绝活是孙悟空的身手，一招准。王进操作时总能找到最佳姿态。第三个绝活是唐三藏的心态，一心平。在五六十米高的高压线上，王进总能做到从容不迫。

业余时间，王进把热爱创新的工友聚到一起，组成"卓越带电作业创新团队"，王进和他的团队发明了由6个铝合金滑轮组成的走线手套。在线路巡视中，王进还摸索出了一套"紧凑作业法"，即在线路周期性巡视中加入预试工作，边巡视边对合成绝缘子、直线压接管进行红外测温，减少了重复外出作业次数，节约了生产费用。

王进发明的成果有35项，获得21项国家专利，12项发明专利。2011年，王进一战成名，成功完成了世界首次±660千伏直流输电线路带电作业。凭借着此项"绝活"和后续参与完成的一系列工器具的创新，王进摘得了国家科技进步奖二等奖。

学习目标：

1. 了解低压配电系统的构成、分类及供电方式；
2. 掌握低压配电系统的控制方式及常用的设备；
3. 了解照明系统的分类、配电方式；
4. 掌握照明系统的控制方式及常用的设备；
5. 了解低压配电及照明系统的维护和故障处理方法。

任务一　低压配电系统

☞ **相关知识**

城市轨道交通供电系统的根本作用是为城市轨道交通运营提供动力能源——电能。其供电电源一般取自城市电网,高压电通过输送或变换,以适当的电压等级供给设备,以保证电能的供应。

根据用电性质不同,城市轨道交通供电系统分为两部分:由牵引变电所为主组成的牵引供电系统和以降压变电所为主组成的低压配电与照明配电系统。

变电所

(1)牵引供电系统经由牵引变电所,将城市电网中压电降压,整流后变换成为城市轨道交通需要的750V或1500V的直流电传递给接触网,以提供列车动力电源。

(2)低压配电与照明配电系统则是以降压变电所为基础,将城市电网10kV中压配电降压为380V/220V或660V/380V的低压电,包含照明系统和低压配电系统两个子系统,是城市轨道交通供电系统的重要部分,主要作用是为低压设备提供和分配电能。

图7-1为供电系统与外部电源的供电系统图,虚线2上方为外部供电系统,虚线2下方为城市轨道交通供电系统,由城市轨道交通牵引变电所为主的牵引供电系统和以降压变电所为供电起始端的低压配电及照明系统。

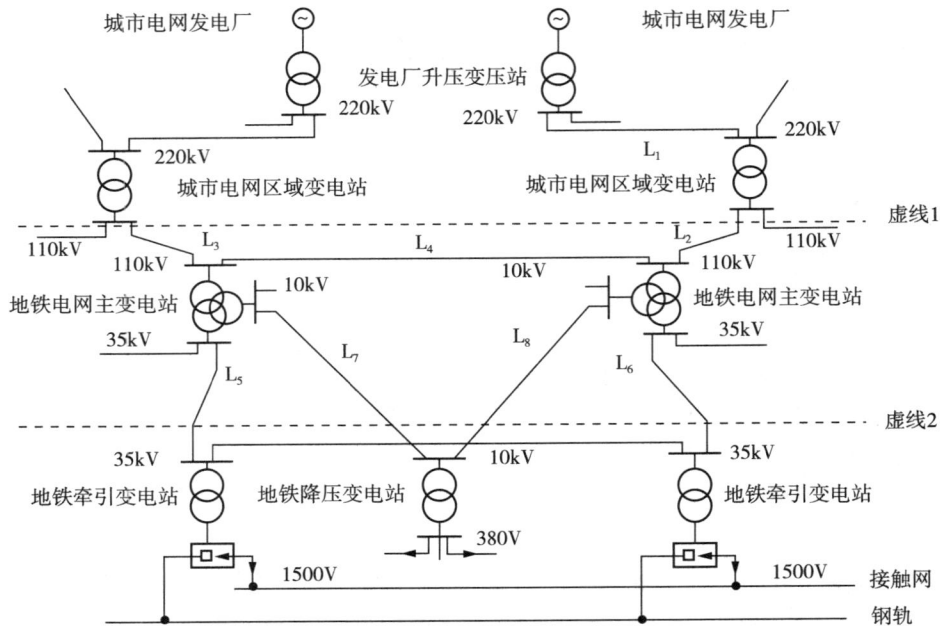

图 7-1　供电系统与外部电源的供电系统图

一、低压配电与照明系统作用

低压配电与照明系统在城市轨道交通中占有举足轻重的地位,它的可靠性、安全性决定了通信、信号、机电设备监控 BAS、自动售检票 AFC、防灾报警 FAS 以及消防等系统的运行质量。尤其是在非正常工况状态下,低压配电与照明系统是城市轨道交通正常运营不可缺少的重要保障。

低压配电系统概述

车站低压配电系统采用 380V 三相五线制、220V 单相三线制方式供电。它为站台、站厅和设备及管理用房的环控、给排水、消防、电梯、自动扶梯、自动售检票及通信、信号、站控室等系统设备供电和区间内动力设备、环控设备供配电。低压配电系统的基本要求:

(1)可靠性:保证地铁运营时期的持续不间断供电,保证运营高峰时期的用电负荷容量(变压器/线缆/开关/继电器),保证良好的配电质量,有良好的过电流和过电压保护,使整个系统能在恶劣的气候条件下可靠地运行。

(2)灵活性:主接线应力求简单、明显、没有多余的电器设备,投入和切除设备或线路时操作方便,处理事故时简单迅速。

(3)安全性:保证在进行一切操作时操作人员和设备的安全,能够尽量防止人身触电,安装必要的电器联锁和机械联锁,并能在安全条件下进行维护检修工作。保证设备的正常运行,火灾时能保证供电的正常运行。

(4)经济性:保证重点负荷的供电,经济运行,节约用电,让整个低压配电系统平稳运行。

二、低压配电系统的构成

供配电系统由供电系统、输电线路和用电负荷三部分组成。相应地,低压配电系统对应上述三个部分,分别为低压开关柜、低压电缆线路和低压配电箱。

变电所内设有低压开关柜,各级设备的负荷电源都从低压开关柜接引,通过低压电缆线路向各个用电设备配电,如图 7 - 2 所示。

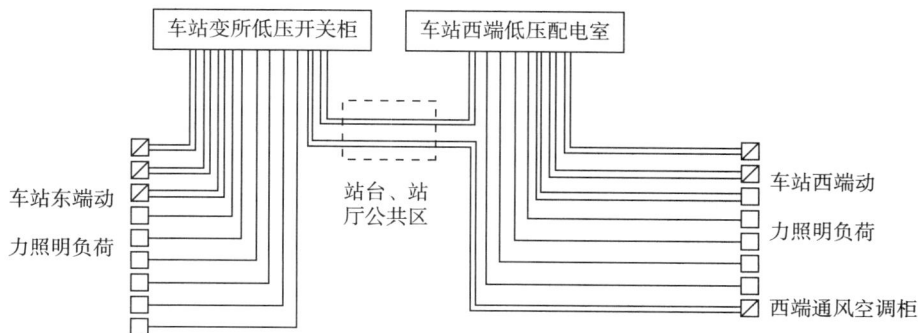

图 7 - 2　地铁车站低压配电方式示意图

低压配电系统的设计应满足以下原则:

(1)按负荷分级的原则进行配电。

(2)动力设备主要采用放射式配电。

(3)车站站厅层环控负荷中心附近设环控电控室,环控设备由环控电控室集中配电(特大负荷可直接由降压变电所直接配电)。

(4)环控电控室设备采用智能化低压配电装置。

(5)车站动力设备的起动应满足规范要求,一般单机容量≥75kW 时采用软起动方式。

(6)车站空调箱、大系统回排风机及排热风机结合工艺要求采用变频控制,实现节能运行。

(7)集水泵的自动控制和监视功能采用 PLC 完成。废水泵的保护采用电动机保护器完成,其控制采用 PLC 完成。

(8)全线同类型动力设备的控制箱(柜)接线设计应统一。

三、低压配电系统的分类及供电方式

1. 按用途分

低压配电负荷按照用途可分为动力设备负荷和照明设备负荷。

(1)动力设备负荷

动力设备负荷主要包括通信、防灾报警、信号、FAS、自动票务、站台安全门、风机、空调器、气体灭火、电扶梯、潜水泵、机电设备控制系统 EMCS、冷冻机组、空调水泵、冷却塔、清扫插座等。动力配电系统为车站和区间动力用电设备提供低压电源,包括风机、水泵、电扶梯、冷却塔、空调机组、室外多联机、插座等用电设备、设施。

（2）照明设备负荷

照明设备负荷包括站台、站厅照明、事故照明、广告照明、设备房照明、标示照明、区间照明等。

照明配电系统为车站和区间照明用电设备提供低压电源，包括一般照明、应急照明。

（2）按供电重要程度分

按供电重要程度不同分为：一级负荷、二级负荷、三级负荷。

① 一级负荷：包括通信系统、信号系统、火灾报警系统、气体灭火系统、机电设备控制系统、站台安全门、自动售检票设备、消防泵、废水泵、防淹门、站控室、车站风机及其风阀等。

一级负荷承担着地铁系统除牵引供电外，其他所有的重要设备的供电任务，要求运行安全等级高，运行不间断。如果系统发生断电情况，将会直接影响到地铁运营安全和服务质量。因此，一级负荷采用两路独立电源供给，并配有 UPS 电源。一级负荷设备由降压所低压柜两段母线各馈出一路电源至设备附近的双电源切换箱，经电源切换箱实现双电源末端切换后再馈出给设备，两路电源正常时一路工作，一路备用，并可互作备用。

② 二级负荷：包括污水泵、集水泵、扶梯、电梯、轮椅牵引机、民用通信电源、维修电源及冷水机组油加热器等。

二级负荷设备主要是车站内部的维修电源，以及为地铁配套服务的相关设备电源。如果发生断电的话，会明显影响车站的服务品质以及正常的检修作业和应急故障处理。二级负荷设备由降压所低压柜其中一段母线馈出一路电源至设备附近的电源配电箱后再馈出给设备。当所在母线故障失压后，母线分段断路器（母联断路器，联接两段母线）自动合闸，可由另一母线继续供电。当电网只有一路电源时，允许将其从电网中切除（人工切除）。

③ 三级负荷：包括冷水机组、冷冻水泵、冷却水泵、冷却塔风机、电开水器、清扫电源等。

三级负荷主要是车站内的一些次要的商业配套设施以及公共区及设备区的空调制冷系统。如果发生断电的话，对运行安全不造成影响，对服务品质会造成一定的影响但不影响比较重要的服务功能。三级负荷设备由降压所低压柜其中一段母线馈出一路电源至设备附近的电源配电箱后再馈出给设备。一路总进线电源故障时自动被切除，人工复位。在火灾情况下，FAS 系统直接切断三级负荷总电源。

四、低压配电系统的控制

为保障低压配电设备的安全使用，系统采用了多种控制设备，分别对各配电设备进行控制，如控制通风机运行、控制电梯运行的各种控制设备，控制方式一般分为就地控制和综合控制两种方式。

1. 就地控制

就地控制是指在设备附近便于直接控制的控制方式。例如，自动扶梯一般采用就地控制方式，事故状态下才会采用综控室联动控制方式，以紧急停止扶梯运行。

如图 7-3 所示为自动扶梯的就地控制按钮，其中，红色为紧急停机按钮，紧急情况下按此按钮，可以紧急停机。

2. 综合控制

综合控制是指在车站综合控制室由机电设备控制系统 EMCS 实现对风机、空调、水泵

图 7-3　自动扶梯的就地控制按钮

等设备的控制与监视,并将采集的信息送至中央控制室。

　　除了以上两种控制方式外,在环控电控室内可对各环控设备进行控制,以保证环控的整体运行。

五、低压配电系统的设备

1. 低压开关柜

　　低压开关柜是一个或多个低压开关设备和与之相关的控制、测量、信号、保护、调节等设备,所有内部的电气和机械的连接,用结构部件完整地组装在一起的一种组合体。低压开关柜将低压电力安全、可靠、合理地配置给各个用电负荷。中央控制室的计算机系统可与其联网,对各供配电回路的电参数进行监测,对断路器进行监视和控制。低压开关柜为封闭式户内成套设备,一般采用抽屉式柜体,便于运营维护,如图 7-4 所示。城市轨道交通车站低压配电系统采用 AC400V 三相五线制,故也称为 400kV 开关柜。

图 7-4　低压开关柜

低压开关柜的特点：结构紧凑、易于维护；预防和避免事故发生；减少设备维护和检修时间；可以实现数据资源共享；智能化。

低压开关柜的分类见表7-1所列。

表7-1 低压开关柜的分类

序号	名称	功能
1	母联柜	分配母线之间电能的传递，投切
2	馈线柜	分配电能
3	进线柜	接收电能并传递给主母线、配电母线
4	电机控制柜	风机、风阀等机电设备的控制
5	电容补偿柜	进行无功补偿，提高功率因数

地铁车站的400V开关柜主要由进线柜、母联柜以及对应各类负荷的馈线柜组成。进线柜和母联柜设置有框架断路器控制通断，柜门上方分别设有电气合闸按钮，电气分闸按钮，远方/就地转换开关，手投/自动转换开关，合闸指示灯，分闸指示灯，电源指示灯，故障指示灯等等。当电气按钮出现故障时，也可以使用断路器本体设置的机械式按钮控制分断。

正常情况下，开关柜（一、二类负荷）由双回路进线电源同时供电（两个进线断路器同时闭合，母联断路器分断）。当其中一回路进线电源失电时，此失电回路电源进线断路器自动分断，母联断路器自动闭合，开关柜由另一回路进线电源供电。当失电回路进线电源恢复供电时，母联断路器自动分断，原失电回路进线电源断路器自动闭合，开关柜自动恢复双回路进线电源供电。

2. 环控电控柜

环控电控柜，如图7-5所示，由400V设备供电，实现对通风空调等设备的监控、测量、控制和保护，它与就地设备、上位监控系统组成通风空调设备的三级控制，即就地控制、环控电控室控制、上位监控系统（BAS）控制。

图7-5 环控电控柜

环控电控柜的内部模块由一次侧(电控系统)和二次侧(智能低压系统)组成。电控系统由低压交流框架式断路器、低压交流塑壳式断路器、接触器、中间继电器、双电源切换装置等组成,实现对进线柜、馈线柜的电气控制。智能低压系统由智能低压网关 PLC、电机保护控制模块、I/O 模块、软启动器等组成,采用现场总线连接。

每个网关配置 3 条 DeviceNet 总线,网关 PLC 通过冗余现场总线连接 BAS 系统。网关 PLC 通过 DeviceNet 总线实时读取总线上的所有低压设备信息并且控制这些低压设备,完成智能化模块与 BAS 的数据交换和管理。

3. 低压配电箱

低压配电箱如图 7 - 6 所示,一般是按电气接线的规则,将开关设备、测量仪表、保护电器和辅助设备组装在封闭或半封闭金属柜中,构成低压配电箱。正常运行时可借助手动或自动开关接通或分断电路,故障或不正常运行时借助保护电器切断电路或报警。借测量仪表可显示运行中的各种参数,还可对某些电气参数进行调整,对偏离正常工作状态进行提示或发出信号。

图 7 - 6　低压配电箱

低压配电箱具有体积小、安装简便,技术性能特殊、位置固定,配置功能独特、不受场地限制,应用比较普遍,操作稳定可靠,空间利用率高,占地少且具有环保效应的特点。

低压配电箱的用途:合理的分配电能,方便对电路的开合进行操作。有较高的安全防护等级,能直观地显示电路的导通状态。便于管理,当发生电路故障时有利于检修。

4. 自动转换开关

地铁一些重要用电设备如通信、信号、消防、售检票、站台门等系统设备对用电的连续性和可靠性有极高要求。在这些设备供电系统中都设有两路供电线路,当常用电源线路出现故障(失压、欠压、超压、断相),备用电源线路在常用电源线路被切断后应很快投入。

自动转换开关电器(Automatic Transfer Switching Equipment,ATSE),如图 7 - 7 所示,主要适用于额定电压交流不超过 1000V 或直流不超过 1500V 的紧急供电系统,当常用

电源出现故障时,能自动在常用电源和
备用电源之间进行切换。由于是自动
操作,大大缩短了备用电源投入时间,
提高了供电的可靠性,保证连续不断供
电。与此同时由于配电系统中很多故
障是非稳定的,当故障消失后,又能很
快恢复。

ATSE 具有电压鉴别和故障判别
时间功能。当故障时间小于设定时间,
开关不转换,避免了开关频繁操作损坏
负载。当故障时间大于设定时间,开关
能自动切换,保证备用电源自动投入。

图 7-7 自动转换开关电气

当常用电源故障被排除,恢复供电后,ATSE 电压鉴别系统对常用电源进行鉴别,确定无误,
ATSE 又将负载换接至常用电源,恢复常用电源供电。

ATSE 可分为 PC 级和 CB 级两个级别。PC 级自动转换开关电器能接通、承载一定的
短路电流,但没有切断短路电流的能力,其前端需要设置短路保护电器。CB 级开关配备过
电流脱扣器,它的主触头能接通并分断短路电流,由于 CB 级 ATSE 自身具有对负载侧用电
设备和电缆的过载保护功能,可避免将负载故障扩大化。PC 级就是只完成 ATSE 的基本功
能——双电源转换;而 CB 级 ATSE 除了转换功能以外,还被赋予过电流(短路)保护的
功能。

ATSE 操作机构应具有可靠的电气与机械联锁以防止同时接通常用电源和备用电源,
造成两个电源短路。PC 级 ATSE 操作机构不应使负载电路与常用电源和备用电源均保持
长期断开,但是可以有预定断开时间,以便完成换接过程。在某些情况下,可提供一个休止
位置;CB 级 ATSE 可具有预定的断开时间或断开位置。

5. EPS 应急电源

应急电源系统(Emergency Pover Suppls,EPS)是在停电时,能在不同场合如机场、地
铁、高速公路、医院、体育场馆等为各种用电设备供电的系统。它适用范围广、负载适应性
强、安装方便、效率高。采用集中供电的应急电源可克服其他供电方式的诸多缺点,减少不
必要的电能浪费。在应急事故、照明等用电场所,它与转换效率较低且长期连续运行的 UPS
不间断电源相比较,具有更高的性能价格比。

EPS 应急电源系统主要包括整流充电器、蓄电池组、逆变器、互投装置和系统控制器
等部分,具体原理为:当交流电源失去后,蓄电池提供 220V 直流电源供电,经过逆变器将
直流电逆变为交流电输出,一般可持续 1h 供电;当电源恢复后,又自动切换回交流 380V
供电,并利用整流器将交流电转变为直流电给蓄电池充电,保证蓄电池持续带电。系统内
部设计了电池检测、分路检测回路。其中逆变器是核心,通常采用 DSP 或单片 CPU 对逆
变部分进行 SPWM 调制控制,使之获得良好的交流波形输出;整流充电器的作用是在市
电输入正常时,实现对蓄电池组适时充电;逆变器的作用则是在市电非正常时,将蓄电池
组存储的直流电能变换成交流电输出,供给负载设备稳定持续的电力;互投装置保证负载

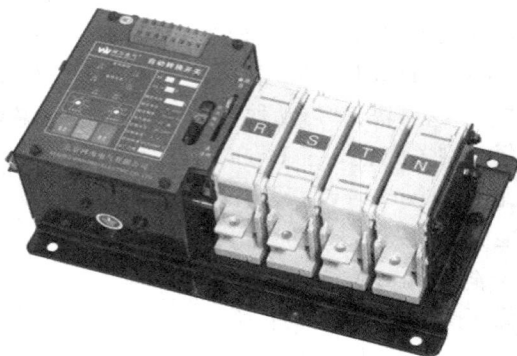

在市电及逆变器输出间的顺利切换;系统控制器对整个系统进行实时控制,并可以发出故障告警信号和接收远程联动控制信号,并可通过标准通信接口由上位机实现 EPS 系统的远程监控。如图 7-8 所示,即为 EPS 应急电源系统工作原理图。EPS 应急电源装置实物图如图 7-9 所示。

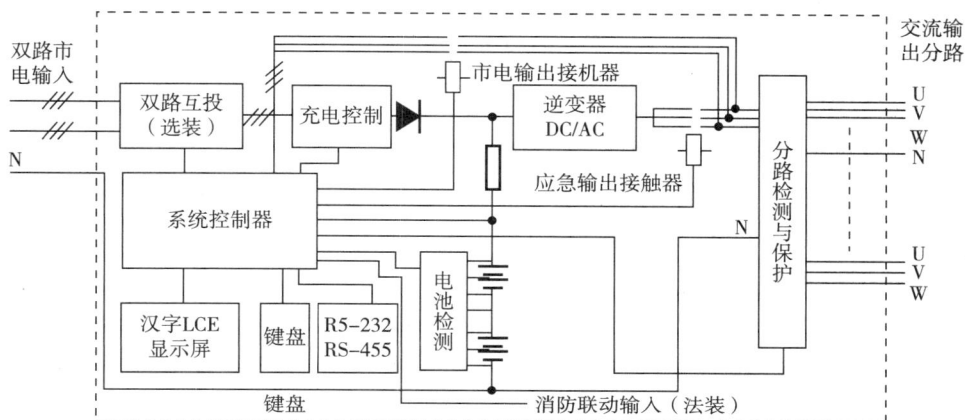

图 7-8 EPS 应急电源工作原理图

图 7-9 EPS 应急电源装置实物图

当市电正常时,由市电经过互投装置给重要负载供电,同时进行市电检测及蓄电池充电管理,然后再由电池组向逆变器提供直流能源。在这里,充电器是一个仅需向蓄电池组提供相当于 10% 蓄电池组容量(A·h)的充电电流的小功率直流电源,它并不具备直接向逆变器提供直流电源的能力。此时市电经由 EPS 的交流旁路和转换开关所组成的供电系统向用户的各种应急负载供电。与此同时,在 EPS 的逻辑控制板的调控下,逆变器停止工作处于自动关机状态。在此条件下,用户负载实际使用的电源是来自电网的市电。因此,EPS 应急电源也是通常说的一直工作在睡眠状态,可以有效地达到节能的效果。

当市电供电中断或市电电压超限(±15%或±20%额定输入电压)时,互投装置将立即投切至逆变器供电,在电池组所提供的直流能源的支持下,此时用户负载所使用的电源是通过 EPS 的逆变器转换的交流电源,而不是来自市电。

当市电电压恢复正常工作时,EPS 的控制中心发出信号对逆变器执行自动关机操作,同时还通过它的转换开关执行从逆变器供电向交流旁路供电的切换操作。此后,EPS 在经交流旁路供电通路向负载提供市电的同时,还通过充电器向电池组充电。

知识拓展:

电气线路或设备绝缘损伤后,在一定的环境下,对靠近的物质(穿线金属管、电气装置金属外壳、潮湿木材等)会发生漏电,使局部物质带电。当电气设备发生漏电即碰壳短路时,设备外壳、保护接零线(保护接地线)、零线(大地)将形成闭合回路,漏电电流很大,会使熔断器动作而切断电源。但是由于诸多原因的存在,如熔断器规格可能人为加大数倍或被铜丝代替、接地装置不符合要求造成接地电阻较大、接地线接地端子连接不牢、保护装置失灵或设置不合理等,过流保护装置可能起不到过流保护作用,这样漏电一旦发生,将持续存在,从而导致触电或电气火灾事故。

任务二　照明系统

引导案例

2022 年 6 月 13 日至 19 日是全国节能宣传周,活动主题是"绿色低碳,节能先行";15 日是全国低碳日,落实"双碳"行动,共建美丽家园。

今年,武汉地铁加强亮化专项节能管理,根据白天日照情况,优化线网车站照明控制策略,优化调整地下车站通风空调运行方式,多举措控制能耗强度,把节能降耗工作落到实处。今年 1 至 5 月份,线网照明、设备用电与去年同期相比均有下降。

武汉地铁 1 号线为全程高架线路,今年 4 月底开启"省电模式":白天光照充足的情况下,关闭线上运营列车内的灯光,关闭时间为上午 8 时至下午 6 时。

"白天列车车厢内照明灯虽然关闭着,但依然很明亮。"乘务班组长程雄介绍说,如果遇天气变化光线昏暗或突发应急情况,列车司机可随时一键开启车内灯光,满足市民需求和应急处置要求。

武汉地铁前期已完成 1 号线列车的灯具改造,全线 72 列列车实现 LED 灯源照明,车厢更明亮,实现延长照明灯具寿命同时降低能耗。

1 号线开启"省电模式"后,列车照明日均关闭 10 小时,也就是说,全天 18 个小时的运营时间里,一半以上时间列车照明是关闭的。

　　绿色低碳,节能先行。近年来,武汉地铁在节能降耗上下足功夫,持续推进运营车站、库区灯具技术改造,3 年内改造灯具 8 万余盏。

　　思考:地铁车站如果没有完善的照明系统将会是何种局面? 如何设计既节能环保又满足要求的照明系统呢?

一、照明系统的功能及设计原则

1. 照明系统的功能

地铁车站中的地下光环境较为特殊,主要表现在长期没有自然光,导致车站内外亮度差异大。因此,在进行照明设计时,必须对地下照明进行精密的设计,使照明系统具有下列功能。

(1)保证站内环境的明亮和乘客的舒适性。

(2)保证车站照明能够辅助乘客更好地完成乘降等活动,并能够保证在特殊、危险时刻的疏散活动。

照明系统概述

(3)地铁日益成为人们文化活动的一个组成场所,车站的照明系统也需具备一定的艺术感染力和文化内涵。

2. 照明系统的设计原则

根据对地铁车站照明功能的多方面要求,在照明系统设计过程中,需注意以下基本原则:

(1)避免使出入地铁的人员感受到过大的亮度差别。

(2)保证停留在地铁站内人员的安全性和舒适感。为了提供舒适的环境,地铁中的灯具布置需要具备照度充足均匀、维修方便、安全、灯泡安装容量小、布置整齐美观、与建筑空间相协调、光线射向适当、无眩光、无阴影等特点,如图 7-10 所示。

图 7-10　地铁照明示意图

（3）光源的光色和灯具的安装位置都不能与信号图像相混淆。灯具的颜色一般为正常白色，不能因为美观等设置其他颜色，如红色、绿色等具有特殊指示含义的颜色。

（4）照明方式按照视觉工作程度、照度、显色性、配光及布置方法等因素选择。照度标准参照《城市轨道交通照明》GB/T 16275—2008，见表 7-2 所列。

表 7-2 照度要求

位置	平均照度(lx)	事故照度(lx)	参考平面
车站控制室	500	100	工作面
售票机、闸机	500	15	工作面
站长室	300	100	工作面
管理用房	300	5	工作面
电控室、配电室	200	15	工作面
各种机房	200	5	工作面
站内楼梯及自动扶梯	200	10	地面
地铁出入口、楼梯及通道	150	10	地面
车站集散厅	150	10	地面
车站站台	150	10	地面
洗手间	75	5	地面
区间隧道、风道	5	3	轨道平面或地面
道岔区	10	3	轨道平面
高架区间	10	10	轨道平面

（5）安全节能环保。地铁中，为了实现节能，照明系统设置自动开关时间。

（6）具备有一定的时代感，反映车站的主题和文化。

3. 照明光源、灯具选用

灯具选择要从亮度的要求、颜色以及节能的角度来考虑。灯具布置要兼顾照度充足均匀；维修方便、安全；灯泡安装容量小；布置整齐美观；与建筑空间相协调；光线射向适当、无眩光、无阴影。

（1）设备用房内选用 T8 型三基色、中色温、功率不小于 36W 的直管荧光灯，设备区的走廊等区域可选用紧凑型荧光灯。直管荧光灯应配用电子镇流器，紧凑型荧光灯则自带镇流器。

（2）有吊顶的设备及管理用房选用带格栅的双管荧光灯，环控机房等无吊顶的设备用房选用壁装式或管吊式荧光灯，且灯具要求安装在便于检修的地方，不可布置在设备及风管的正上方，泵房内要求选用防水防尘灯具。

（3）站台下照明采用 36V 安全特低电压供电，采用防水、防潮灯。

（4）区间照明灯具应该具有防水、防尘、耐腐蚀的特点，灯具应该具有一定的遮光性能。光源一般采用 60W 白炽灯，节能型荧光灯。

(5)有火灾危险的场所照明采用防爆灯。

二、照明系统的分类

1. 按照明位置分类：

(1)站台、站厅公共区的一般照明、疏散照明、事故照明、广告照明，如图 7-11 所示；

图 7-11　地铁站台照明示意图

(2)出入口的一般照明、事故照明、广告照明，如图 7-12 所示；

图 7-12　地铁出入口照明示意图

(3)设备及管理用房的一般照明、事故照明、出入口疏散诱导指示照明，如图 7-13 所示；

图 7 - 13　地铁管理用房照明示意图

　　(4)电缆廊道的工作照明及区间隧道的一般照明、事故照明、隧道照明,如图 7 - 14 所示。

图 7 - 14　隧道照明示意图

　　2. 按重要性分:

　　根据各场所照明负荷的重要性,照明负荷可分为三个等级:应急照明、公共区工作照明、节电照明为一级负荷,应急照明为特别重要负荷;设备区域工作照明、各类指示牌照明为二级负荷;广告照明为三级负荷。

　　一般照明分为工作照明和节电照明。工作照明占公共区域照明总容量的2/3,在运营高峰过后可以进行关闭。节电照明是为了节电而设置的照明,约占公共区域照明的1/3,一般不断电。

应急照明又称为事故照明,是在正常照明系统因电源发生故障,不能提供正常照明的情况下,供人员疏散、保障安全或继续工作的照明。应急照明分为疏散照明、安全照明和备用照明。

疏散照明:当正常照明因电源故障熄灭后,在事故情况下为确保人员安全地从室内撤离而设置的照明。地铁的疏散照明由疏散照明灯、出口标志灯、指向标志灯组成。车站公共区的疏散照明为正常照明的一部分;在地下站站厅、站台的出口,车站通向站外的出入口处均应设置出口标志灯,其安装高度以 2.2~2.5m 为宜;在站厅、站台楼梯、通道及通道拐转弯处等不能直接看见或不能看请出口标志灯的位置设指向标志灯,其安装间距不大于 20m。疏散照明灯具自带蓄电池,并保证供电时间不少于 30 分钟。

安全照明:在正常电源发生故障时,为确保处于潜在危险中人员的安全而设的应急照明。

备用照明:平时可以和正常照明一样工作,在正常照明出现故障时,为保证正常活动继续而设置的照明。在地铁中,如车站控制室、综合监控室、消防水泵房等在火灾时仍需正常工作的场所,应急照明应保持正常照明的照度;如配电室、通信设备室、信号设备室、变电所等重要的设备用房,其备用照明的照度不应低于正常照明照度值的 10%。

三、照明系统的配电方式

照明系统根据属性、用途及重要性的不同,配电方式也不同,一般来说,车站照明系统采用 380V 三相五线制、220 单相三线制方式供电,检修坑内照明及插座采用交流 24V 配电。接地故障的保护方式采用 TN-S 接地故障保护系统。照明电缆采用五芯铜芯交联聚乙烯阻燃电缆。室内照明采用树干式和放射式相结合的供电方式。场区照明采用三相方式供电。如图 7-15 所示为某地铁车站照明系统的配电原理方框图。

1. 一般照明

一般照明采用交流双电源交叉方式供电。

原则上在车站站台、站厅的两端各设置一照明配电室,室内集中安装各类照明配电控制箱。工作照明、节电照明、设备及管理用房照明的电源,分别在 400V 降压所的低压柜两段母线上各馈出一路电源,与照明配电室的两个配电箱连接,以交叉供电方式,向站台、站厅、设备及管理用房供电。

2. 事故照明

地铁中的事故照明一般通过市电电源和后备电源两种方式供电。事故照明电源是由 400V 降压所的低压柜两段母线上各馈出一路电源,经 EPS 应急电源柜再馈出至各照明配电室的应急照明配电箱后配出。

事故照明正常情况下采用交流双电源互为备用供电,是由降压所的低压柜两段母线上各送出一路电源,经事故照明配电室送出给各事故照明,一路失电另一路接入电路。疏散诱导指示照明由事故配电箱分配给单独回路供电,如此设计可保证事故照明不受到其他照明负荷的干扰,在事故发生时仍然可以正常使用。

当两路电源均失电后,事故照明通过后备电源供电。后备电源在发生火灾或者重大险情时可以起到良好的保障作用,常用的后备电源主要有由发电机组等组成的旋转型后备电

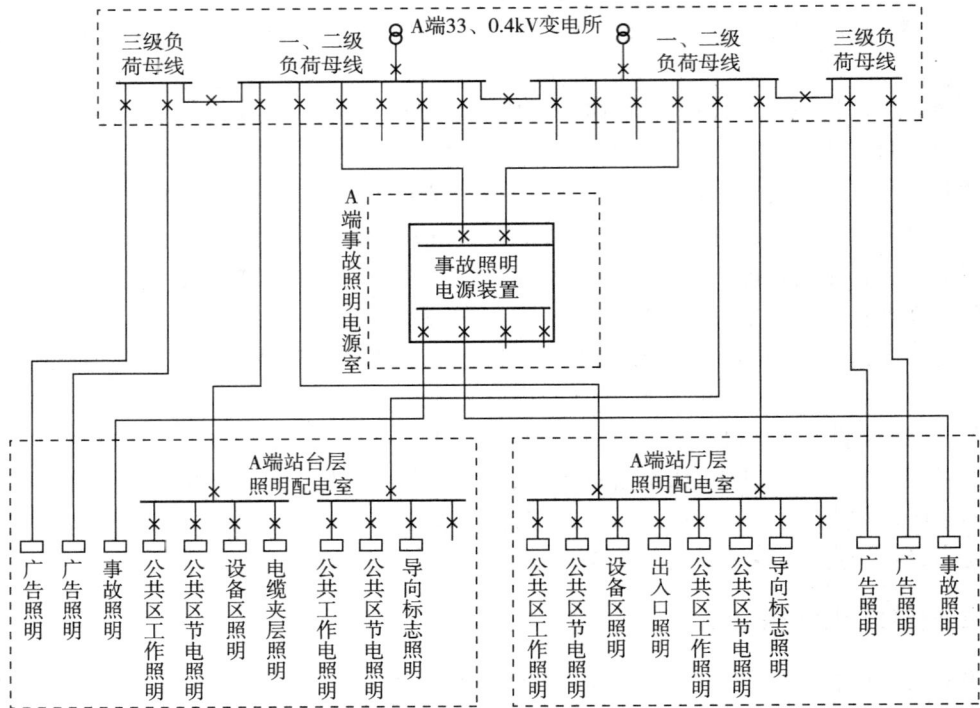

图 7-15　照明系统的配电方式

源和由充电机、蓄电池组、逆变器、自动切换装置及交流配电屏组成的静止型后备电源。主要分为 EPS 和 UPS 两大类。EPS(Emergency Power Supply)是应急电源,在市电故障时,能够继续向负载供电,确保不停电,以保护人民生命和财产的安全。UPS(Unintermpible Power System)是不间断电源,在市电出现异常和突然中断时,它能持续一定时间为设备供电,给用户充裕的时间应对工作。

3. 广告照明

广告照明分布于站台、站厅公共区,采用日光灯灯箱的形式。由降压所的低压柜引三类负荷电源馈出送至照明配电室内广告照明配电箱后统一分配供给。三级负荷的广告照明与正常的其他照明的供电电源是分开的。采用一路电源供电,在照明配电室就地控制,在电源故障时自动切除,人工复位。

4. 区间隧道照明

区间隧道照明分为工作照明和事故照明。工作照明由降压所的低压柜引一、二类负荷电源至站台配电室的区间隧道照明总配电箱后配出,事故照明由 EPS 电源装置引电源至事故照明总配电箱后配出。区间隧道照明一般均安装在行车方向的左侧隧道壁上,区间隧道的工作照明和事故照明相间交叉布置,间隔一般为 10m 一个,照明灯一般为 36W 荧光灯或 11W 节能灯;高架区间照明只有工作照明,安装在接触网的立柱上,一般为 70W 高压钠灯。

四、照明系统的控制

1. 控制方式

车站照明系统可分为三级控制：

（1）就地级控制

各设备及管理用房进门处设有就地开关箱，可控制相应设备及管理用房的工作照明。区间隧道照明受设于隧道两端入口处的区间隧道照明配电箱控制。

（2）照明配电室集中控制

照明配电室内设有相应照明场所的照明配电箱，可在室内集中控制相应场所的工作照明、节电照明、事故照明及广告照明。

正常情况下，配电箱所有开关均应全部合上，以便通过就地级控制和站控室 EMCS 集中控制相应场所照明。

（3）站控室 EMCS 集中控制

站控室内可通过机电设备控制系统 EMCS 实现对站台、站厅公共区的工作照明、节电照明、广告照明的手动/自动控制转换和人工控制及区间隧道一般照明手动控制。

在机电设备控制系统 EMCS 上可监控站台、站厅公共区一般照明、节电照明、广告照明的工作状态（手动/停/自动）。

此外，根据需要应急照明也可在 EMCS 监控中进行控制。应急照明应具有防灾报警系统集中强启动功能。

2. 控制模式

车站照明在不同的时段，不同的区域，根据客流量及运营需求也会采取不同的控制模式，见表 7-3 所列，车站照明控制模式主要有正常模式—白天、正常模式—夜间、节电模式—白天、节电模式—夜间、停运模式、区间维修模式、公共区火灾模式。

表 7-3　车站照明控制模式表

区域 模式	站厅层			站台层				出入口		
	工作	节电	设备区	工作	节电	设备区	区间	工作	飞顶	导向
正常模式-白天	打开	打开	打开	打开	打开	打开	关闭	关闭	关闭	关闭
正常模式-夜间	打开	打开	打开	打开	打开	打开	关闭	打开	打开	打开
节电模式-白天	关闭	打开	打开	关闭	打开	打开	打开	关闭	关闭	关闭
节电模式-夜间	关闭	打开	打开	关闭	打开	打开	打开	打开	打开	打开
停运模式	关闭	关闭	打开	关闭	关闭	打开	关闭	打开	打开	打开
区间维修	关闭	打开	关闭	关闭	打开	关闭	打开	打开	打开	打开
公共区火灾	关闭	关闭	关闭	关闭	关闭	关闭	关闭	关闭	关闭	关闭

应急照明在车站的站台、站厅及出入口为长明灯，不设集中控制，车站附属房间及设备用房采用就地控制。事故时应急照明由 DC220V 电源供电，供电时间不少于 90 分钟。

照明模式按照时间表进行控制，见表 7-4 所列。

表 7-4 车站照明时刻表

执行时间	时间段	执行模式	备注
夏季照明时间表 （5月—9月）	末班载客车后5分钟—首班载客车前15分钟	停运模式	运营前检查
	首班载客车前15分钟—6:00	夜间正常模式	飞顶照明开
	6:00—17:30	白天正常模式	飞顶照明关
	17:30—末班载客车后5分钟	夜间正常模式	飞顶照明开
冬季照明时间表 （10月—4月）	末班载客车后5分钟—首班载客车前15分钟	停运模式	运营前检查
	首班载客车前15分钟—7:30	夜间正常模式	飞顶照明开
	7:30—16:00	白天正常模式	飞顶照明关
	16:00—末班载客车后5分钟	夜间正常模式	飞顶照明开

五、照明系统的设备

车站主要的低压照明设备包括照明配电箱、照明灯具、疏散指示、安全出口灯、导向照明、广告照明和智能照明系统等。

1. 照明配电箱

照明配电箱，一般包括照明配电箱和广告照明配电箱。该配电箱安装在车站照明配电室、车辆段照明控制室、个别设备房等处，用于集中控制相应场所的工作照明、节电照明、导向照明、广告照明。可实现照明配电室就地控制和车控室集中控制。一般情况下，照明配电箱为工作照明、节电照明和导向照明提供电源；广告照明配电箱为车站广告照明提供电源。照明配电箱如图7-16所示。

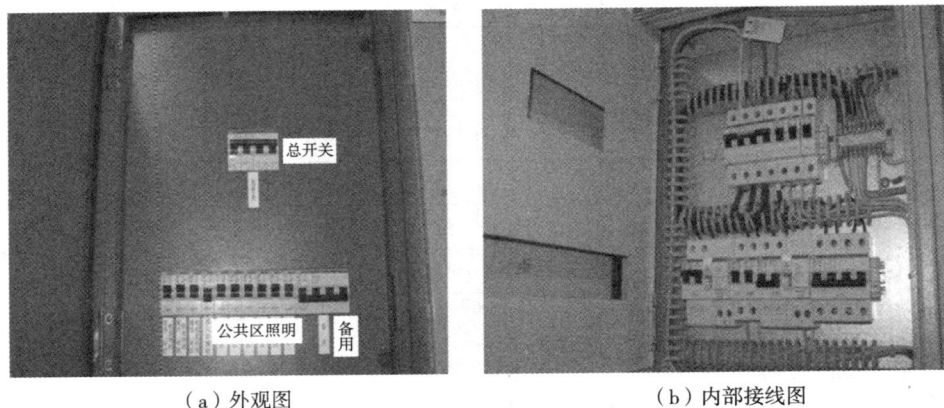

（a）外观图　　　　　　　（b）内部接线图

图7-16 照明配电箱示意图

照明配电箱内应包含断路器、接触器、空气开关、中间继电器、熔断器、接线铜排等基本电气元件。

2. 照明灯具

地铁车站及场段常用灯具主要包括荧光灯管、金属卤化物灯、LED 灯具等。

(1)荧光灯

荧光灯作为通用性极强的灯具,经济实惠且种类繁多,应用范围广泛,是地铁车站站厅及站台公共区主要使用的灯具。

一般荧光灯又称日光灯,是气体放电式光源。它由灯管、镇流器和启辉器三部分组成。灯管由灯头灯丝和玻璃管壳组成,其结构如图 7-17 所示。灯管两端分别装有一组灯丝与灯脚相连。灯管内抽成真空,再充以少量惰性气体氩和微量的汞。玻璃管壳内壁涂有荧光物质,改变荧光粉成分可以获得不同的可见光光谱。

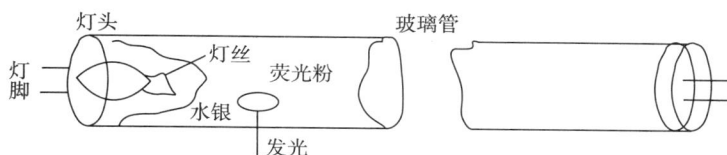

图 7-17　荧光灯管结构图

荧光灯可分为直管形与紧凑形两种。直管形荧光灯按启动方式又分为预热启动、快速启动和瞬时启动三种。预热启动式是荧光灯中用量最大的一种,它的管径有 T12(管径 35mm)、T8(管径 25mm)、T5(管径 16mm)等几种。T5 灯需要搭配电子镇流器使用,功率范围在 14～35W 左右。紧凑形荧光灯一般使用直径为 10-16mn 的细管弯曲或拼结成一定形状(U 形、H 形、螺旋形等),以缩短放电管线形的长度。

(2)金属卤化物灯

金属卤化物灯,如图 7-18 所示,是在高压汞灯基础上发展起来的,它克服了高压汞灯显色性差的缺点。在高压汞灯内添加了某些金属卤化物,通过金属卤化物的循环作用,不断向电弧提供金属蒸气,金属原子在电弧中受电弧激发而辐射发光。

图 7-18　金属卤化物灯

它具有光色好、光效高、受电压影响小等优点,是目前比较理想的光源。

(3)LED 灯具

LED(Lighting Emitting Diode)照明即是发光二极管照明,是一种半导体固体发光器件,能直接发出红、黄、蓝、绿、青、橙、紫、白色的光。LED 照明产品就是利用 LED 作为光源制造出来的照明照具。

根据设计规范,车站轨行区普遍使用 LED 灯具,每隔 10m 设置一盏区间照明,LED 区间照明由照明回路或应急回路供电,经由灯具背后的电源变换器向灯具供电。

3. 疏散指示

地铁车站常用疏散指示,如图 7-19 所示,可分为壁挂式疏散指示、嵌入式疏散指示、吊挂式疏散指示、地埋式疏散指示等等。疏散电源根据不同情况可以是 24V 直流电或 220V 交流电,内部设有电源模块、电路板、蜂鸣器和接线端子。

壁装式疏散指示设置于车站设备区通道及主要出入口处或场段库区内,背后有用于固定于墙面的穿孔结构。

嵌入式疏散指示主要设置在车站公共服务区,疏散指示整体镶嵌在墙壁或立柱内侧,尽量避免与乘客碰撞导致发生意外。

吊挂式疏散指示通常设置于设备房入口,公共区门楣处,采用铁链铁索等吊挂安装方式。

地埋式疏散指示主要设置于高架站公共区地面及轨行区检修通道地面,根据高架站站台无法安装壁挂式疏散的特殊环境而设置,根据不同区域会安装不同型号的疏散如圆形地埋疏散、方形地埋疏散和一些特别定制件。

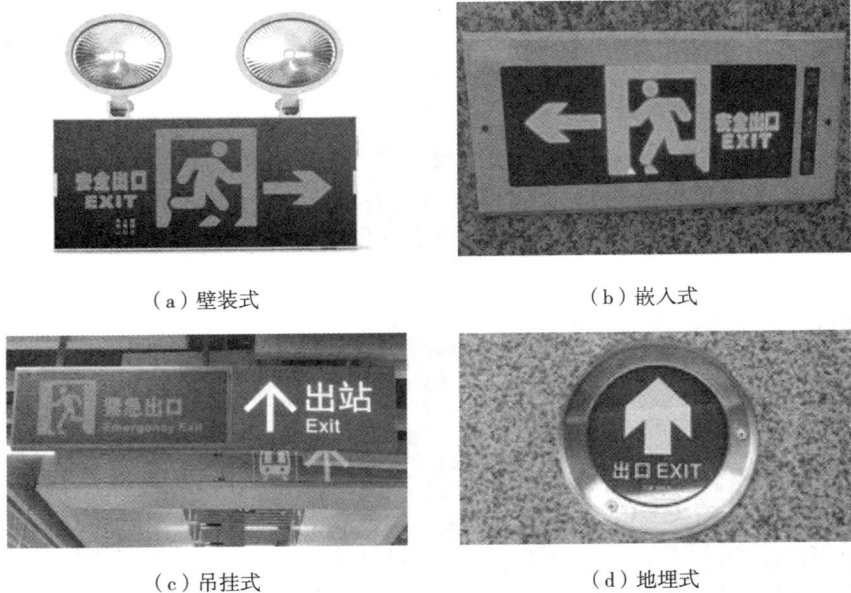

(a)壁装式　　　　(b)嵌入式

(c)吊挂式　　　　(d)地埋式

图 7-19　疏散指示

4. 智能照明系统

智能照明系统包括:网关(含耦合、接口模块)、开关驱动模块、系统电源模块、时间控制模块、照明手动控制面板、彩色可视化触摸屏等。

智能照明系统采用先进、成熟的分布式照明自动监控系统,通过网络总线将分布在各现场的控制器连接起来,共同完成中央集中管理和分区本地控制。所有照明回路采用多种控制形式,可实现集中控制、区域就地控制;中央监控功能停止工作不影响各分区功能和设备运行,总线通信控制也不应因此而中断。

智能照明系统具有可扩展性。智能照明系统可提供开放的通信网关,或具有通信网关功能的软件和硬件设备。该通信网关能满足与标准、通用、开放的通信协议进行通信,如Modbus、Devicenet 等,从而对本系统的数据进行读写及操作。智能照明系统具有编程插口,便于进行系统维护。

除控制面板外,电源模块、网关、时间控制模块等安装在智能照明自带的箱体内,自带箱体安装在靠近车站控制室端的照明配电室内。开关驱动模块安装在照明配电箱内,手动控制模块安装在照明配电室内,可视化集中监控触摸屏安装在车控室内。

知识拓展:

365 天运转不停地地铁列车,是城市用电大户。记者从北京地铁公司获悉,近年来,北京地铁在节能降耗上下足了功夫,通过 LED 照明和通风空调节能改造等措施,推动"节约型地铁"建设。近年来,电费在运营成本中的占比逐年降低,2019 年降至 11%,低于国内 20%的行业水平。

记者了解到,京港地铁所辖各线车站中,照明设施采取"一站一策"的策略。京港地铁优化车站公共区域及区间照明的时间,针对站厅、站台等地的工作照明、导向照明及广告照明,不再采用整条线路统一开闭的方式,而是将这些照明设施的开启时间设定为每座车站当站首班车前 15 分钟,关闭时间设定为当站末班车后 10 分钟。同时,根据不同季节自然光照度情况,合理利用地面站、高架站及地下站出入口附近的自然采光,实现节能。

京港地铁 17 号线在站台轨道旁设置了动态媒体电子屏,前期通过深入研究和反复测试,自 17 号线南段开通以来,其全线站台轨旁 LED 电子屏亮度始终保持在 60%,在满足乘客日常出行需求的同时,更加节能环保。经计算,与设置 100% 亮度相比,目前 17 号线站台轨旁全电子屏每小时可节省用电约 43.5 度,全年将可节省用电约 27 万度。

京港地铁 4 号线——大兴线、14 号线也开展了 LED 照明节能改造项目,在车站不同区域选取不同色温的灯具,如站厅、站台区域采用偏白光的灯光,明亮但不刺眼;卫生间则采用更柔和的偏黄色灯光,在降低照明系统电力消耗的同时,提升了乘客的视觉舒适度。

同时,京港地铁 4 号线——大兴线、14 号线实施列车运行等级优化,即根据客流情况不断优化调整驾驶等级,如在客流量较大的早晚高峰期,在部分区间会使用加速模式,在客流量较小的平峰期,则会调整为其他模式节约电能,在保障乘客服务的基础上,实现了节能的效果。

此外,地铁公司推广使用 16 万支 LED 绿色照明,经第三方机构检测,节电率达到 50%以上;在 66 座车站实施了通风空调系统节能改造,实现了系统综合节能 30% 以上。2022年,京港地铁还将继续挖掘和推进节能低碳项目,在地铁 16 号线开展空调通风系统节能试点;利用车辆段及高架站屋顶开发光伏发电,用于日常工作用电等项目,进一步降低能源消耗,压缩成本。

任务三　低压配电与照明系统的维护和故障处理

引导案例

2012 年 6 月 11 日 6 时 16 分,南京地铁 1 号线一列车正常从奥体中心站运行至安德门站 200m 处,随车巡检人员发现地铁供电接触网绝缘子瓷瓶破损,南京地铁运营分公司随即启动了接触网应急抢修预案。为确保运营安全,避免早高峰和白天时段故障扩大,对地铁运营造成更大影响,地铁控制中心立即组织进行设备抢修。6 时 29 分,破损瓷瓶更换完好,接触网供电恢复正常。

受此影响,安德门站开往迈皋桥站的列车最长延误 13min,但故障发生时间在早高峰前,未对乘客出行造成较大影响。

思考:地铁供电系统日常巡检是否必要? 为什么?

☞ 相关知识

一、低压配电与照明系统的维护

1. 低压配电与照明系统的巡检

巡检是指按照一定的标准、一定的周期、一定的方法对设备规定的部位、项目进行检查,开展预防性维修,预防事故发生,减少停机时间,延长设备寿命,降低维修费用,保证设备正常运行。

巡检以"望、闻、问、切、嗅"为主要手段,必要时,使用仪器进行检查。

(1)望:以眼观察各类照明灯具工作是否正常、指示灯指示是否正常、电流表和电压表指示是否正常、转换开关及空气开关位置是否正确、接触器和继电器及开关触点是否有电弧灼痕、水位及水位指示是否正常等。

(2)闻:以耳聆听接触器和继电器线圈及灯具镇流器交流声是否正常、接触器和继电器吸合声是否正常、各类电机及相关机械工作声音是否正常等。

(3)问:询问车站值班人员及其他工作人员是否存在设备故障及故障现象等。

(4)切:以手转动各开关和按动各按钮,检查其功能是否正常;触摸蓄电池侧表面检查其温升是否正常;触摸各开关及电力和电线绝缘表面,检查其温升是否正常;触摸各电机外表面,检查其温升是否正常等。

(5)嗅:以鼻嗅吸检查是否有电气烧焦臭味、机械摩擦产生的异味等。

照明配电系统巡检操作实践见表 7-5 所示。

表 7 - 5 照明配电系统巡检操作实践

巡检周期	项目	巡检工作标准	巡检工作内容
周检	照明配电箱	1. 外观正常; 2. 无明显异常	1. 检查照明配电箱外观、显示、按键、时间是否正常,试灯、消音功能检查; 2. 做好检查记录,如果发现问题及时报修或修复
	双电源控制箱	1. 运行无异常,外观干净,环境无异常; 2. 两路电源工作正常	1. 检查双电源控制箱是否正常运行,外观是否完好并除尘; 2. 做好检查记录
	EPS 控制箱	1. 工作正常; 2. 外观干净无异常; 3. 内部元器件正常	1. 检查 EPS 控制箱工作环境; 2. 检查 EPS 控制箱设备外观; 3. 做好检查记录
月检	智能照明	1. 外观正常,时间正确,试灯正常,无异常信息,网关指示灯正常,主备电工作正常,孔洞已封堵,打印机工作正常; 2. 外观及内部干净清洁	1. 检查主机外观、状态、时间、信息、主备电、网关、封堵; 2. 清洁智能照明
	双电源	1. 外观正常; 2. 主备电源工作正常	1. 检查双电源外观; 2. 检查系统运行稳定情况; 3. 检查主备电源是否工作正常
	导向标志	1. 外观干净,无破损; 2. 安装牢固,接线可靠	1. 检查外围设备的外观; 2. 检查接线松动情况
季检	照明配电箱	1. 外观正常; 2. 各指示灯正常; 3. 内部元器件无发热情况	1. 检查照明配电箱外观是否正常; 2. 检查各指示灯是否正常; 3. 检查内部元器件无发热情况
	车站灯具	1. 车站灯具满足车站照度要求; 2. 车站灯具无明显外观损坏	1. 车站灯具能否满足车站照度要求; 2. 车站灯具有无明显外观损坏; 3. 有无照明死角
	疏散指示	1. 能正常工作; 2. 绝缘电阻在规定值以上	1. 检查疏散指示是否能正常工作; 2. 做好检查记录
年检	灯具照度测试	车站灯具照度满足运营需求	1. 对车站灯具照度进行测试; 2. 灯具完好率是否达标
	防雷接地测试	防雷、接地合格	1. 接地电阻是否合格; 2. 能够满足防雷需求

2. 低压开关柜的操作

低压配电与照明系统常用操作主要是低压开关柜安全操作。

(1)送电操作

① 在变压器送电前,低压总柜控制面板上的指令开关应置于"停止"位置,次级分户开关和电容柜开关应处于断开位置。

② 低压总柜的手动操作:变压器送电后,检查低压总柜的电压表指示应在正常范围。将低压总柜控制面板上的指令开关转到"手动"位置,按下操作面板上的绿色"启动"按钮,低压总柜将合闸送电。

③ 低压总柜的自动操作:将低压总柜控制面板上的指令开关转到"自动"位置,在高压环网柜给变压器送电后,低压总柜将自动延时合闸送电。

④ 在紧急情况下,低压总柜合不上闸时,可用手按下万能式断路器的绿色"启动"按钮合闸供电。

(2)停电操作

① 在低压总柜停电前,首先检查所有次级分户开关和电容柜开关应处于断开位置。

② 按下低压总柜控制面板上的红色"停止"按钮将停止供电,检查指示灯应熄灭,电压表指示应归零。

③ 在紧急情况下,低压总柜分不了闸时,可用手按下万能式断路器的红色"停止"按钮分闸停电。

④ 联络柜的手动操作:将控制面板上的指令开关转到"手动"位置,按下控制面板上的绿色"启动"'按钮(或红色"停止"按钮),联络柜将合闸(或分闸)。在紧急情况下,可按下万能式断路器的绿色"启动"按钮(或红色"停止"按钮),联络柜将合闸(或分闸)。

⑤ 联络柜的自动操作:将控制面板上的指令开关转到"自动"位置,在低压总柜得电后联络柜将延时自动合闸,在低压总柜失电后将自动分闸。

安全注意事项:

自动空气开关跳闸或熔断器熔断时,应查明原因并排除故障后,再行恢复供电,不允许强行送电,必要时允许试送电一次。长时间停电后首次供电时,应供、停三次,已警示用户,若有触电者可迅速脱离电源。

3. 环控电控柜的操作

(1)进入环控电控室前,须将门口"气体灭火控制盘"转换开关由"自动"状态转至"手动"状态;离开环控电控室后,须将门口"气体灭火控制盘"转换开关由"手动"状态转至"自动"状态。

(2)在环控电控柜日常巡视中,人与带电体保持可靠安全距离0.7m以上,禁止将头部与身体部位伸进电缆小室内,只能在电缆小室外察看。

(3)先将环控电控柜供电运行中的末端设备停机,再对环控电控柜断电,断电后进行验电、挂警示牌。

(4)检修抽出式抽屉时,小心操作,禁用猛力操作,以防损坏设备。

(5)严禁带电维修和更换元器件,停送电时,由一人操作、一人监护。恢复送电时,先要确认工器具及人员出清,并保持安全距离。

（6）作业完毕,确保将系统和设备恢复到正常使用的状态,规范填写低压配电各项检修记录表。

二、低压配电与照明系统的故障处理

低压配电与照明系统是机电设备的一部分,其故障处理须遵循"先通后复"的原则。任何作业均必须保证运营安全,包括行车、乘客和工作人员的安全。需要在轨行区内进行的抢修作业和可能侵入轨行区的抢修作业,必须在停运后进行,最大可能减少故障对地铁正常运营的影响。

对于普通工作人员,应掌握故障的应急处理。设备发生故障时,为了不造成更大范围的影响,由工作人员依照"先通后复"原则及相关规则暂作技术处理,并按手续报专业维修人员处理。当发生严重漏水等事故时,工作人员要立刻暂停自动扶梯等设备,以防止设备漏电对乘客造成伤害。当无法确定设备是否接地或者带电时,千万不可轻易接触带电设备,做好安全防护,保证其接地后再进行操作。

1. 低压配电系统的常见故障处理

低压配电系统的常见故障及处理方法见表7-6所列。

表7-6　低压配电系统的常见故障及处理方法

序号	故障现象、原因分析与处理方法
1	故障现象:母线连接处过热
	原因分析:(1)母线过负荷运行;(2)母线接触不良;(3)对接螺栓过松或过紧;(4)螺母滑扣、弹簧垫圈等失效
	处理方法:(1)减轻负荷;(2)检查母线接触不良原因,再采取相应的措施;(3)对螺栓的松紧进行调节;(4)对滑扣螺母和失效弹簧垫圈进行更换
2	故障现象:运行中三相不平衡
	原因分析:(1)配电变压器的二次侧三相电压不平衡;(2)三相负荷不平衡;(3)相线接地引起的不平衡;(4)配电变压器的二次侧的零线断路
	处理方法:(1)调节或更换变压器;(2)调整三相负荷;(3)查明相线接地地点并排除故障;(4)查明零线断路地点并重新接好零线
3	故障现象:熔体熔断
	原因分析:(1)负载发生短路引起的故障;(2)过负荷引起的故障;(3)配电盘以上的线路短路
	处理方法:(1)检查短路负载并排除故障;(2)减轻线路负荷或停止部分负荷的运行;(3)查明配电盘以上的线路的短路点并进行处理
4	故障现象:配电盘上的电器烧坏
	原因分析:(1)接线错误引起的短路;(2)电器容量过小;(3)环境恶劣,污染严重
	处理方法:(1)检查并重新接线;(2)更换大容量的电器;(3)采取防尘措施或更换防尘能力强的电器

（续表）

序号	故障现象、原因分析与处理方法
5	故障现象：电压过低
	原因分析：(1)系统电压过低；(2)负荷过大；(3)低压线路过长；(4)变压器调节开关调节不当
	处理方法：(1)与供电部门联系，提高系统电压；(2)减轻负荷；(3)更换截面积较大的导线；(4)重新调整调节开关的位置

2. 低压配电系统设备的常见故障处理

(1)双电源切换箱常见故障处理

双电源切换箱常见故障及处理方法见表7-7所示。

表7-7　双电源切换箱常见故障及处理方法

序号	故障现象、原因分析与处理方法
1	故障现象：两路电源失电
	原因分析：(1)两路市电失电；(2)两路电源熔断丝烧断；(3)两路空气开关跳闸或故障；(4)两路接触器故障；(5)控制回路故障
	处理方法：(1)通知生产调度；(2)检查更换熔断丝；(3)检查短路设备，更换故障空气开关，恢复送电；(4)检查更换故障接触器；(5)检查控制回路故障并排除
2	故障现象：一路电源失电
	原因分析：(1)一路市电失电；(2)一路电源熔断丝烧断；(3)一路空气开关跳闸；(4)一路接触器故障；(5)控制回路故障；(6)手动/自动转换开关损坏；(7)按钮开关损坏
	处理方法：(1)通知生产调度；(2)检查更换熔断丝；(3)检查短路设备，恢复送电；(4)检查更换故障接触器；(5)检查控制回路故障并排除；(6)检查更换损坏的转换开关；(7)检查更换损坏的按钮开关
3	故障现象：不能自动切换
	原因分析：(1)另一路市电失电；(2)另一路电源熔断丝烧断；(3)另一路空气开关跳闸或故障；(4)手动/自动转换开关损坏；(5)另一路电源接触器线圈回路断路；(6)另一路电源接触器线圈烧坏断路；(7)另一路电源接触器卡死
	处理方法：(1)通知生产调度；(2)检查更换熔断丝；(3)检查短路设备，更换故障空气开关，恢复送电；(4)检查更换损坏的手动/自动转换开关；(5)检查接通接触器线圈回路；(6)检查更换接触器线圈；(7)检查更换卡死的接触器
4	现象：手动不能启动
	原因：(1)市电失电；(2)电源熔断丝烧断；(3)空气开关跳闸或故障；(4)接触器故障；(5)控制回路故障；(6)手动/自动转换开关损坏；(7)按钮开关损坏
	处理方法：(1)通知生产调度；(2)检查更换熔断丝；(3)检查短路设备，更换故障空气开关，恢复送电；(4)检查更换故障接触器；(5)检查控制回路故障并排除；(6)检查更换损坏的转换开关；(7)检查更换损坏的按钮开关

（2）EPS静态开关常见故障处理

当控制器检测到主用电源电压过低或停电时,静态开关动作,馈线回路由蓄电池通过逆变器供电;当主电源恢复时,控制器断开蓄电池电源,静态开关动作,恢复主电源向负荷供电,自动切换时间不大于0.0035s。EPS静态开关常见故障见表7-8所列。

表7-8　EPS静态开关常见故障及处理方法

序号	故障现象、原因分析与处理方法
1	故障现象:市电失电后,逆变器无法投入,导致站厅、站台及区间应急照明熄灭
	原因分析:逆变器故障
	处理方法:更换逆变器,步骤如下
	(1)关闭切换单元电源,关闭直流输出开关;(2)将主用、备用电源关闭;(3)对主用、备用电源验电;(4)拆除逆变器抽屉柜螺栓,拆除逆变器电源线;(5)更换为新的逆变器
2	故障现象:电池故障报警
	原因分析:电池检测板故障
	处理方法:处理电池检测板报警故障,步骤如下
	(1)在EPS面板上查看电池故障编号;(2)打开电池柜找到与报警对应的电池,查看是否有异常;(3)对电池检测板排线进行检查,是否有破损;(4)对电池检测板插接件重新插拔,如仍然无法修复,更换电池检测板;(5)更换新电路板,手/自动切换双电源设备恢复正常
3	现象:应急无输出
	原因:(1)直流断路器未合上;(2)电池电压不足;(3)电池柜与主机柜连线未接好
	处理方法:(1)合上直流断路器;(2)给电池充电;(3)检查连线并接好

（3）低压配电箱元器件常见故障处理

低压配电箱元器件常见故障及处理方法见表7-9所示。

表7-9　低压配电箱元器件常见故障及处理方法

序号	故障现象、原因分析与处理方法
1	故障现象:空气开关跳闸
	原因分析:(1)开关本体受损;(2)回路短路或接地故障;(3)负载设备故障;(4)开关额定电流值与开关实际负载电流值不匹配;(5)开关整定值(长延时倍数与动作时间、短延时倍数与动作时间、瞬动倍数与动作时间)与开关实际负载电流值及上下级开关不匹配
	处理方法:(1)必要时更换开关本体;(2)用万用表检查回路;(3)测量负载设备及线路绝缘;(4)更换开关或调整负载;(5)调整整定值
2	故障现象:空气开关合不上闸
	原因分析:(1)空气开关内部烧坏或机构脱扣;(2)线路、负载短路或接地故障
	处理方法:(1)更换空气开关;(2)用万用表检查负载、回路
3	故障现象:控制按钮失灵
	原因分析:(1)进线电源缺相;(2)控制按钮损坏;(3)二次回路熔断丝烧坏
	处理方法:(1)用万用表检查进线电源;(2)更换控制按钮;(3)用万用表检查,并更换熔断丝

（续表）

序号	故障现象、原因分析与处理方法
4	现象:指示灯不亮
	原因:(1)进线电源缺相;(2)指示灯损坏
	处理方法:(1)用万用表检查进线电源;(2)用万用表检查指示灯,如损坏,则更换指示灯

3. 照明系统的常见故障处理

照明系统的常见故障及处理方法见表7-10所列。

表7-10　照明系统的常见故障及处理方法

序号	故障现象、原因分析与处理方法
1	故障现象:短路,熔断丝熔断,电路被切断
	原因分析:(1)接线错误,相线与零线相碰接(2)导线绝缘层损坏,在损坏处碰线或接地(3)用电器具内部损坏(4)灯头内部松动致使金属片相碰短路(5)房屋失修或漏水,造成线头脱落后相碰或接地(6)灯头进水等
	处理方法:检修时,可利用试灯来检查短路故障,一般按以下步骤进行 (1)首先将故障分支线路上的所有灯开关断开,并拔下插头,取下插座熔断器;然后将试灯接在该分支线路总熔断器的两端(应取下熔断器的熔体),串接在被测线路上,随后合闸送电。如果试灯不发光,说明线路正常,应对每一只灯、每一个插座进行检查;如果试灯正常发光,说明该线路存在短路故障,要先找到故障点排除该线路故障,再对每一只灯、每一个插座进行检查。 (2)检查每一只灯时,可依次将每只灯的开关合上,每合一个开关都要观察试灯(试灯的功率与被检查灯的功率应相差不大)是否正常发光(试灯接在总熔断器处)。当合上某只灯的开关时,若试灯发光,则说明故障存在于该灯上,可断电进一步检查。如果试灯不发光,则说明故障不在该灯上,可检查下一只灯,直至查出故障点为止。插座检查亦是如此。 (3)也可用万用表的电阻挡在断电情况下进行电路分割检查来找出故障点
2	故障现象:开路,电路无电压,照明灯不亮,用电器不能工作
	原因分析:熔丝熔断、导线断路、线头松脱、开关损坏、铝线端头腐蚀严重等
	处理方法:照明电路开路故障可分为全部开路、局部开路和个别开路3种。 (1)全部开路。这类故障主要发生在干线上、配电和计量装置中以及进户装置的范围内。通常,首先应依次检查上述部分每个接头的连接处(包括熔体接线桩),一般以线头脱离连接处这一故障最为常见;其次,检查各线路开关动、静触头的分合闸情况。 (2)局部开路。这类故障主要发生在分支线路范围内。一般先检查每个线头的连接处,然后检查分路开关。如果分路导线截面较小或是铝导线,则应考虑芯线可能断裂在绝缘层内而造成局部开路。 (3)个别开路。这类故障一般局限于接线盒、灯座、灯开关,以及它们之间的连接导线的范围内。通常,可分别检查每个接头的连接处,以及灯座、灯开关和插座等部件的触点的接触情况(对于荧光灯,则应检查每个元件的连接情况)

（续表）

序号	故障现象、原因分析与处理方法
3	故障现象:漏电
	原因分析:(1)导线或电气设备的绝缘受到外力而导致的损伤;(2)线路经长期运行,导致绝缘老化变质;(3)线路受潮气侵袭或被污染,造成绝缘不良
	处理方法:查找漏电方法有四步 (1)首先判断是否确实漏电。可用兆欧表摇测其绝缘电阻的大小,或在总闸刀上接一只电流表,接通全部开关,取下所有灯泡。若电流表指针摆动,则说明存在漏电现象。指针摆动的幅度,取决于电流表的灵敏度和漏电电流的大小。确定线路漏电后,可按以下步骤继续进行检查 (2)判断是相线与零线间漏电,还是相线与大地间漏电,或者两者兼而有之。方法是切断零线,若电流表指示不变,则是相线与大地漏电;若电流表指示为零,则是相线与零线间漏电;电流表指示变小但不为零,则是相线与零线、相线与大地间均漏电 (3)确定漏电范围。取下分路熔断器或拉开刀闸,若电流表指示不变,则说明总线漏电;电流表指示为零,则为分路漏电;电流表指示变小但不为零,则表明是总线、分路均有漏电 (4)找出漏电点。经上述检查,再依次拉开该线路灯具的开关,当拉到某一开关时,电流表指示返零,则该分支线漏电,若变小则说明除这一分支线漏电外,还有别处漏电;若所有灯具拉开后,电流表指示不变,则说明该段干线漏电。依次把事故范围缩小,便可进一步检查该段线路的接头以及导线穿墙处等地点是否漏电。找到漏电点后,应及时消除漏电故障

三、低压配电与照明系统的故障应急预案

1. 低压配电系统的故障应急预案

地铁车站停电的范围和造成的影响是非常大的,在应对车站大面积停电的时候,我们应以"安全第一",在事故处理过程中坚持"统一指挥、快速反应、各司其职、密切配合"的原则,力争尽快修复故障、恢复正常运营,减小事故造成的影响。

(1)把乘客的安全放在第一位,在安全得到保证的基础上,最大限度地提高服务质量水平。

(2)在事故发生后的第一时间内,车站值班人员和列车司机就应利用广播向乘客发布相关信息,稳定乘客情绪,引导乘客配合地铁工作人员的指挥有序地进行疏散。

(3)告知乘客列车运行状况,必要时规劝乘客选择其他交通方式出行。

车站客运组织工作分成以下几个方面进行:

① 车站人员疏散

当车站动力供电中断影响到乘客的正常出行,或列车牵引供电中断造成停站的列车无法继续运行时,需要进行车站人员疏散。

车站照明中断后,车站工作人员应安抚乘客情绪并寻求乘客配合,同时立即将存放在车站的大功率应急照明灯布置在车站关键部位,以利于乘客的有序疏散。在疏散过程中,要打开所有闸机通道和边门,关闭自动售票机,并及时播放应急广播进行引导。此外,还要在关键点位进行人员布控,包括闸机、楼梯(电扶梯)口和出入口,这些地点都是容易造成乘客拥堵的关键"节点",需要重点加强引导和防范。此外,对站台两端端头门也应进行控制,防止

乘客误入区间。在此过程中,车站人员应联系驻站民警维持好疏散秩序,并重点做好对特殊乘客(老、弱、病、残、幼等)的照顾。在条件允许的情况下,尽可能做好对已购票乘客的票务处理工作,如现地退票或授权乘客可持票在限定期限内再次乘坐地铁。如果形势紧急,则应以疏散为主。待乘客全部疏散完毕后,对车站进行关闭,并在所有出入口发布闭站公告。

② 区间人员疏散

当列车牵引供电中断造成列车在区间无法运行并在短时间内无法恢复时,需要对列车上的乘客进行区间疏散,列车在区间疏散应得到行车调度员的许可。

列车在区间停车后,司机应第一时间与行车调度员联系,确认故障情况,听从行车调度员的指挥。在停车过程中,司机应保证列车通风系统正常运行,并通过列车广播对乘客进行引导,稳定乘客情绪。在疏散之前,行车调度员应通知车站派人进入区间进行向导。引导人员在进入区间之前,应按规定穿着荧光背心,携带通信工具及应急照明设备。如果区间有岔线或是临时存车线,还应在这些部位安排人员进行防护,以防乘客进入,在站台端头也应安排人员进行接应。环调则应负责开启区间照明,启动环控"列车阻塞"模式,对区间进行送风。

当车站接应人员到达故障车停留位置以后,行车调度员下达区间疏散的命令,司机打开距离车站较近一端的列车紧急疏散门进行疏散。当乘客由区间进入车站后,再按车站人员疏散程序将这部分乘客疏散出站。

③ 地面交通接驳

如果大面积停电发生在客流高峰时段,影响范围广且短时间内不易恢复时,为及时将地铁乘客转移到目的地,减轻车站压力,应及时启动地面交通接驳方案,联系城市客运管理部门,安排公交车和出租车进行支援。

在与公交客管部门进行联系时,应当说明地铁车站出入口的位置、预计疏散的乘客人数,以及需要接驳的公交车(或出租车)数量。

2. 照明系统的故障应急预案

地下照明系统一旦发生故障,机电值班人员必须立即报告项目部和机电公司生产调度(无论影响时间长短),项目部值班人员接到报告后,应了解清楚故障地点、事故原因、影响范围和现场应急照明情况,尽快确定全线影响范围,迅速将现场情况报告本公司值班领导和运营公司有关部门,通知相关抢险救援小组,立即携带发电机、移动照明灯、工具材料迅速赶往现场,步骤如下:

(1)一旦发生照明系统故障时,现场机电值班人员先确认应急和事故照明情况,尽快联系供电公司电站值班人员了解故障原因,并报告项目部。

(2)值班人员和生产调度,同时根据照明影响范围及事故性质做好装接应急照明的准备。当故障发生在某一车站时,临近车站值班人员听从项目部安排,准备好手提应急灯、工具等抢险用具,随时听命赶赴事故车站增援。

(3)车站发生照明故障时,机电值班人员应尽快判明是否进线失压。使用万用表及试电笔测量相关双电源柜及照明箱进线,检查三相电压是否平衡,是否有失压缺相。如果发现电源进线失压缺相,尽快联系供电值班人员确认故障原因,并随时保持与机电公司调度、项目部的通信联系和信息反馈。如果双电源柜或照明开关箱故障,应先检查事故照明,确认还要做好装接应急抢险临时照明的准备。现场只有一人情况下,不得进行带电抢修和接线工作。如果故障不能处理应视情况通知项目部启动相应的抢险预案和抢险项目。影响范围不大情况下也要汇报项目部,待夜班再处理,并通知本站变电要求配合。

(4)车站发生双路失压且仅有事故照明时,严禁从事故箱内往外接引临时电源。

(5)车站工作照明、事故照明均发生故障时,现场机电值班人员除立即向生产调度和项目部汇报现场情况外,应根据现场具体情况,取得项目部同意后立即从动力电源控制箱接引临时电源,装接好应急抢险照明。现场机电值班人员除保持与机电公司调度项目部联系外,还应协助车站乘务人员疏散乘客。

(6)发生大面积供电故障,各种照明、动力配电设备设施均发生失压的故障时,现场机电值班人员除立即向生产调度和项目部不间断汇报情况外,还应立即与车站内现场指挥人员,携带手提应急灯等照明工具协助疏散乘客。如果需疏散洞内乘客时,应迅速在洞内装接临时抢险照明,为抢险项目部到来提前做好准备,待抢险项目部到达后启动汽油发电机供给临时电源,以确保乘客安全疏散。乘客疏散完毕后,及时拆除洞内临时照明,为恢复供电和通车做好准备。

(7)车站发生渗漏水影响照明灯具线路时,车站机电值班人员应迅速赶到现场,确认进水情况及线路受损情况、影响范围和危害程度,并判断事态发展趋势,马上汇报项目部、生产调度室。根据现场情况,机电值班人员应设法将影响范围和危害程度降至最低,在保障人身安全的前提下,及时对进水线路及时抢修,并断开相关线路电源。当照明灯具线路进水无法控制时,应断开线路电源,并及时为车站接引临时照明,保障乘客安全和列车运营,同时迅速上报。如进水范围影响太大,照明不能保障运营安全时,要迅速报告上级调度,准备抢险抢修,还要通知车站主要负责人准备疏散乘客,保障人身安全。

(8)车站照明线路发生短路起火时,机电值班人员应迅速赶到现场,确认起火地点位置、火势大小、危害程度、人员设备情况,同时确认照明、风机、消防供水等设备状况立即上报机电公司生产调度和项目部。确认起火线路后,及时切断相关电源,做好自身防护,携带照明灯具,启用消防设施、器具进行初期火灾的扑救,确认断电后方可用水扑救。及时清理货源附近易燃物品,火势难以控制时,必须立即拨打火警电话,同时上报,并随时保持联系,及时反馈信息。断开起火照明线路同时检查其他线路照明是否正常,能否保证列车运营和乘客疏散。如果影响范围太大,应立即在站内接引临时照明,以确保乘客安全疏散。扑救火灾后,协同有关单位查找起火原因,白天不能及时修理的,上报机电公司调度和项目部,夜间进行抢修,能够及时抢修的尽快抢修,最快速度恢复投入运营。

知识拓展:

触电急救方法

1. 急救原则

现场急救的原则是迅速、就地、准确、坚持。

(1)迅速:要动作迅速,切不可惊慌失措,要争分夺秒、千方百计地使触电者脱离电源,并将触电者移到安全的地方。

(2)就地：要争取时间，在现场(安全地方)就地抢救触电者。

(3)准确：抢救的方法和施救的动作姿势要正确。

(4)坚持：急救必须坚持到底，直至医务人员判定触电者已经死亡，再无法抢救时，才能停止抢救。

2. 脱离电源

(1)脱离低压电源的方法

① 拉开触电地点附近的电源开关。但应注意，普通的电灯开关只能断开一根导线，有时由于安装不符合标准，可能只断开零线，而不能断开电源，人身触及的导线仍然带电，不能认为已切断电源。

② 如果距开关较远，或者断开电源有困难，可用带有绝缘柄的电工钳或有干燥木柄的斧头、铁锹等利器将电源线切断，此时应防止带电导线断落触及其他人体。

③ 当导线搭落在触电者身上或压在身下时，可用干燥的木棒、竹竿等挑开导线，或用干燥的绝缘绳索套拉导线或触电者，使其脱离电源。

④ 如果触电者由于肌肉痉挛，手指紧握导线不放松或导线缠绕在身上时，可首先用干燥的木板塞进触电者身下，使其与地绝缘，然后再采取其他办法切断电源。

⑤ 触电者的衣服如果是干燥的，又没有紧缠在身上，不至于使救护人员直接触及触电者的身体时，救护人员才可以用一只手抓住触电者的衣服，将其拉脱电源。

⑥ 救护人员可用几层干燥的衣服将手裹住，或者站在干燥的木板、木桌椅或绝缘橡胶垫等绝缘物上，用一只手拉触电者的衣服，使其脱离电源。千万不要赤手直接去拉触电者，以防造成群伤触电事故。

(2)脱离高压电源的方法

① 立即通知有关部门停电。

② 戴上绝缘手套，穿上绝缘鞋，使用相应电压等级的绝缘工具，拉开高压跌落式熔断器或高压断路器。

③ 抛掷裸金属软导线，使线路短路，迫使继电保护装置动作，切断电源，但应保证抛掷的导线不触及触电者和其他人。

(3)注意事项

① 应防止触电者脱离电源后可能出现的摔伤事故。当触电者站立时，要注意触电者倒下的方向，防止摔伤；当触电者位于高处时，应采取措施防止其脱离电源后坠落摔伤。

② 未采取任何绝缘措施，救护人员不得直接接触触电者的皮肤和潮湿衣服。

③ 救护人员不得使用金属和其他潮湿的物品作为救护工具。

④ 在使触电者脱离电源的过程中，救护人员最好用一只手操作，以防触电。

⑤ 夜间发生触电事故时，应解决临时照明问题，以便在切断电源后进行救护，同时应防止出现其他事故。

复习思考题

一、填空题

1. 根据用电性质不同，城市轨道交通供电系统分为两部分：_____和以降压变电所为主组成的低压配电与照明配电系统。

2. 供配电系统由_____、_____和_____三部分组成。

3. 低压配电负荷按照用途可分为_____和_____。

4. 车站照明系统可分为三级控制:_____、_____和站控室 EMCS 集中控制。

二、简答题

1. 低压配电系统的系统构成有哪些?

2. 低压配电系统设备的负荷分类,不同负荷的供电方式有何区别?

3. 低压配电系统的控制方式有哪些?

4. 照明系统的组成及负荷分类有哪些?

参 考 文 献

[1] 齐伟,丁尚. 城市轨道交通车站设备[M]. 上海:上海交通大学出版社,2017.

[2] 刘焕海,叶剑锋. 轨道交通车站机电设备维护[M]. 北京:人民交通出版社,2016.

[3] 陈昌进. 城市轨道交通通风空调、给排水、低压配电检修工[M]. 北京:人民交通出版社,2016.

[4] 朱济龙,唐春林. 城市轨道交通车站机电设备[M].2 版. 北京:机械工业出版社,2018.

[5] 张杨、李助军. 城市轨道交通车站消防与给排水系统维护[M]. 成都:西南交通大学出版社,2018.

[6] 杨辉. 城市轨道交通火灾自动报警系统检修工[M]. 北京:人民交通出版社,2017.

[7] 郝晓平. 城市轨道交通屏蔽门、电扶梯检修工[M]. 北京:人民交通出版社,2017.

[8] 仇海兵. 城市轨道交通车站设备[M].3 版. 北京:人民交通出版社,2021.

[9] 李红莲. 城市轨道交通车站机电设备[M]. 北京:机械工业出版社,2017.

[10] 上海申通地铁集团有限公司,轨道交通培训中心. 城市轨道交通车站机电设备[M]. 北京:中国铁道出版社,2013.

[11] 蒋芳芳. 城市轨道交通车站机电设备检修工——低压供电设备检修[M]. 北京:中国铁道出版社,2016.

[12] 邵震球,杨柏钟. 城市轨道交通车站设备[M]. 北京:机械工业出版社,2016.

[13] 李国庆. 城市轨道交通通风空调新技术及应用[M]. 北京:中国建筑工业出版社,2014.

[14] 陈舒萍. 城市轨道交通车站空调与通风系统[M]. 成都:西南交通大学出版社,2018.

[15] 张伟,王华. 城市轨道交通车辆空调系统原理与维修[M]. 北京:中国铁道出版社,2017.

[16] 曲秋蒔,许波. 城市轨道交通车站设备[M].3 版. 北京:人民交通出版社,2022.

[17] 卢剑,丁阳喜. 城市轨道交通车站设备[M]. 北京:北京出版社,2017.

[18] 钟艺,余振. 城市轨道交通车站设备[M]. 成都:西南交通大学出版社,2015.

[19] 刘剑飞,戴联华. 轨道交通概论[M]. 长沙:中南大学出版社,2020.

[20] 顾月霞. 城市轨道交通综合监控系统[M].2 版. 北京:人民交通出版社,2021.

图书在版编目(CIP)数据

城市轨道交通车站机电设备/邓小燕主编. —合肥:合肥工业大学出版社,2024.5
ISBN 978 - 7 - 5650 - 5612 - 3

Ⅰ.①城… Ⅱ.①邓… Ⅲ.①城市铁路—车站设备—机电设备 Ⅳ.①U239.5

中国国家版本馆 CIP 数据核字(2023)第 154175 号

城市轨道交通车站机电设备

邓小燕 主编 　　　　责任编辑 马成勋

出　版	合肥工业大学出版社	版　次	2024 年 5 月第 1 版	
地　址	合肥市屯溪路 193 号	印　次	2024 年 5 月第 1 次印刷	
邮　编	230009	开　本	787 毫米×1092 毫米　1/16	
电　话	理工图书出版中心:0551 - 62903204	印　张	15.5	
	营销与储运管理中心:0551 - 62903198	字　数	368 千字	
网　址	press. hfut. edu. cn	印　刷	安徽联众印刷有限公司	
E-mail	hfutpress@163.com	发　行	全国新华书店	

ISBN 978 - 7 - 5650 - 5612 - 3 　　　　　　　　定价: 45.00 元